Besser lernen

Martin Schuster
Hans-Dieter Dumpert

Besser lernen

Mit 18 Abbildungen

Prof. Dr. Martin Schuster
Universität zu Köln
Insitut für Psychologie
Humanwissenschaftliche Fakultät
Gronewaldstraße 2
50931 Köln
Schuster@uni-koeln.de

Dr. Hans-Dieter Dumpert
Augustinerstr. 5
50354 Hürth
dumpert@t-online.de

Bibliografische Information der Deutschen Bibliothek
Die Deutsche Bibliothek verzeichnet diese Publikation in der Deutschen Nationalbibliografie;
detaillierte bibliografische Daten sind im Internet über <http://dnb.ddb.de> abrufbar.

ISBN 978-3-540-29377-4 Springer Berlin Heidelberg New York

Dieses Werk ist urheberrechtlich geschützt. Die dadurch begründeten Rechte, insbesondere die der Übersetzung, des Nachdrucks, des Vortrags, der Entnahme von Abbildungen und Tabellen, der Funksendung, der Mikroverfilmung oder Vervielfältigung auf anderen Wegen und der Speicherung in Datenverarbeitungsanlagen, bleiben, auch bei nur auszugsweiser Verwertung, vorbehalten. Eine Vervielfältigung dieses Werkes oder von Teilen dieses Werkes ist auch im Einzelfall nur in den Grenzen der gesetzlichen Bestimmungen des Urheberrechtsgesetzes der Bundesrepublik Deutschland vom 9. September 1965 in der jeweils geltenden Fassung zulässig. Sie ist grundsätzlich vergütungspflichtig. Zuwiderhandlungen unterliegen den Strafbestimmungen des Urheberrechtsgesetzes.

Springer ist ein Unternehmen von Springer Science+Business Media
springer.de

© Springer-Verlag Berlin Heidelberg 2007

Die Wiedergabe von Gebrauchsnamen, Handelsnamen, Warenbezeichnungen usw. in diesem Werk berechtigt auch ohne besondere Kennzeichnung nicht zu der Annahme, daß solche Namen im Sinne der Warenzeichen- und Markenschutz-Gesetzgebung als frei zu betrachten wären und daher von jedermann benutzt werden dürften.

Satz und Herstellung: LE-TEX, Jelonek, Schmidt & Vöckler GbR, Leipzig
Einbandgestaltung: deblik, Berlin

SPIN 11567820   42/3100 YL   -   5 4 3 2 1 0   Gedruckt auf säurefreiem Papier

Inhaltsverzeichnis

1 Der Dreischritt des Lernens	1
Ein lehrreiches Erlebnis	1
Der basale Dreischritt des Lernens	2
Ein Gedächtnismodell hilft, das Lernen zu verstehen	5
Erweiterungen des basalen Dreischritts des Lernens	9
Der basale Dreischritt des Lernens bei verschiedenen Lernstoffen	10
Riesige Stoffmengen, die bereits zum Lernen vorbereitet sind	12
Die Zeit zum Lernen wird knapp	12
War das schon alles?	13
Wird Lernen jetzt mühelos?	14
2 Kleines ABC des Lernens	15
A = Assoziation und lernen wie ein Esel, der über eine Brücke geht	15
B = Beiläufiges Lernen	16
D = Durchblutung des Gehirns	19
E = E-Learning	20
F = Farbe	21
G = Gruppe	21
H = Lernen durch Handeln	22
I = Individuelle Unterschiede/Lerntypen	23
K = Kindern beim Lernen helfen	24
L = Lernhilfen selbst konstruieren	27
M = Missverständnisse durch den Lernbegriff	28
N = Natürliches Lernen	30
O = Ort	39
P = Personalisierung	41
R = Relevanz und Emotion	43
SCH = Schlaf	46

S = Selbstbelohnung 47
T = Tiefe der Verarbeitung 49
U = Unterteilungen und Gliederungen 49
V = Vielfältig verknüpfen 50
W = Wichtig nehmen 51
Z = Zeit, zu der gelernt wird/Zeitmanagement 52

3 Sorgen und Nöte beim Lernen und wie man damit umgeht 59

Der Stoff ist scheinbar kaum zu bewältigen 59
Braucht man das alles wirklich? 61
Unsicherheiten reduzieren 63
Nicht anfangen können 67
Langeweile bewältigen 69
Erfolgserlebnisse planen 70
Kränkungen durch Korrektur ertragen 71
Das Selbstgefühl stärken 73
Infantilisierung im Lernprozess 74
Ungerecht beurteilt werden 75
Sich nicht konzentrieren können 77
Einen Plan nicht einhalten können 78
Umschalten von: „Ich *soll* das lernen" zu „Ich *will* das lernen" 81
Angst vor Prüfungen, Angst beim Lernen 82

4 Die Lernstoffdiagnose mit dem Lernkompass 93

Lernkompass 94
Ein Beispiel 96

5 Auswendiglernen 99

Vokabeln und Sprachen 99
Das Lernen von Namen 108
Das Lernen von Aufzählungen, Listen und Gliederungen 115

Das Lernen von Zahlen	131
Das Auswendiglernen von Gedichten oder Texten	143
Lernen von Bewegungsfolgen	147
Zeitweiliges Merken: Welche Karten sind noch im Spiel?	153

6 Sinngemäßes Wiedergeben ... 155

Sinngemäßes Lernen aus geschriebenen Texten	155
Lernen aus gesprochenen Texten: Vorträge, Vorlesungen, Unterricht	179
Lernen von Ereignissen im Ereignisverlauf	185
Behalten von Witzen	186

7 Lernen für verschiedene Abfrageformen ... 189

Multiple-Choice (Mehrfachwahlantworten)	189
Texte niederschreiben	190
Mündliche Prüfung	191
Aufgaben lösen, Wissen auf Fälle anwenden	192

8 Sich besser erinnern ... 195

Sich an Ereignisse erinnern	196
Sich an Vorsätze erinnern	197
Etwas wiederfinden	199

9 Wissen, Verstehen, Kreativität ... 201

Lernziel Wissen	201
Lernziel Verstehen	201
Lernziel Anwendung des Stoffs	211
Kreativität	213

10 Lernprodukte, E-Learning und Nützliches im Internet 219

Das Internet 219
Lernsoftware 221

11 Anhang 227

Das kyrillische Alphabet: eine memotechnische Aufbereitung 227
Liste einiger italienischer Vokabeln mit Schlüsselwörtern 229
Lösung der Fotofragen von S. 209 231
Lösungsvorschlag für die Mind-map der Aufgabe auf S. 174 (A)
  und der Beispielaufgabe zur Codierung einer Zahl S. 141 (B) . 231
Eine Hilfe zum Erlernen des Alphabets 231
Software, die beim Lernen hilft 233

12 Literatur 241

Der Dreischritt des Lernens

Ein lehrreiches Erlebnis

Im ersten Kapitel geht es darum, was man machen muss, um zu lernen. Der „Dreischritt des Lernens" beschreibt Maßnahmen, die auf jeden Fall zum Lernen führen, ganz egal, wie sehr oder wie wenig man sich das vornimmt. Das wird Ihnen – bevor später Möglichkeiten des kreativen Lernens behandelt werden – schon einmal die Sicherheit geben, dass Sie auf jeden Fall einen Stoff lernen können, wenn Sie das wollen.

Vielleicht kommt Ihnen das, was hier im ersten Kapitel steht, bekannt vor. Sie könnten denken: „Das wusste ich doch schon, und so habe ich es auch immer gemacht." Tatsächlich wird eine fundamental neue Sicht des Lernens vorgestellt, die, hat man sie einmal wahrgenommen, aus dem Zustand „irgendwie hat es immer geklappt" in einen neuen Zustand führt: „Ich weiß genau, was ich machen muss, damit es klappt."

Ein Beispiel soll das erklären: Wir alle wissen seit langem, wie man Fahrrad fährt, und sind ja auch zufrieden damit. Die Pedale bewegen sich aufwärts und abwärts. Als ich (Schuster) aber in einen Club von Rennradfahrern aufgenommen wurde, musste ich zu meiner Überraschung feststellen, dass jedermann deutlich schneller fahren konnte als ich. Dabei war mein Rennrad genauso gut wie die Geräte der Mitfahrer. Zunächst dachte ich, es liege am Trainingsstand, aber mein Rückstand blieb über Wochen und Monate unverändert bestehen. Eines Tages fuhr ein freundlicher älterer Clubkollege (natürlich wieder beneidenswert leichtfüßig) neben mir her. Er betrachtete einige Zeit meinen Fahrstil und gab mir dann den Rat, den unbelasteten Fuß beim Fahren aktiv anzuheben, damit der andere Fuß nicht auch noch das unbelastete Pedal und das Gewicht des ganzen Beins mit hochdrücken müsse. Tatsächlich fuhr ich, als ich das probierte, automatisch schneller und leichter. Erst hatte ich von der ungewohnten Bewegung des Fußhebens etwas Muskelkater, aber dann bildeten sich bald die entsprechenden Muskelgruppen durch das Training aus.

Dass sich der eine Fuß senkt und der andere hebt, war mir natürlich klar gewesen, dass aber das Heben des Fußes aktiv mit Muskelarbeit betrieben werden muss, war mir gar nicht eingefallen.

Wir erinnerten uns an diese Episode, wenn wir Menschen beim Lernen beobachteten. So wie sie lernten, war es nicht schädlich. Aber es brachte auch nicht besonders viel. Viele Menschen lesen nämlich immer und immer wieder den Lernstoff durch, den sie behalten wollen. Dabei wenden sie viel Kraft und Energie auf. Sie schaffen es nur mit erheblicher Mühe, den Stoff mündlich oder schriftlich wiederzugeben.

Wie kommt es, dass viele Lernende offensichtlich unzureichende Methoden anwenden? Man wendet beim Lernen Erfahrungen an, mit denen man sich im täglichen Leben Tagesereignisse, Gespräche, Verabredungen, Namen usw. merkt. Man sieht und hört die Dinge, und man kann sich darauf verlassen, sie einigermaßen gut zu behalten. Und wenn man es dann mit einem umfangreicheren Lernstoff zu tun hat, macht man es genauso wie im täglichen Leben: Man liest den Stoff – eventuell sogar mehrmals – und hofft, ihn zu behalten.

Der basale Dreischritt des Lernens

Gibt es überhaupt eine richtige Lernmethode? Auf diese Frage haben wir eine Antwort gefunden, die durch neue wissenschaftliche Studien (zur Wirkung des unbekräftigten Abrufs) begründet ist. Sie lautet: Es gibt tatsächlich einen sicheren Weg richtigen Lernens, den wir den „basalen Dreischritt des Lernens" nennen.

Ist Lernen also letztlich für alle Menschen ganz gleich? Nein, es gibt Gemeinsamkeiten und Unterschiede. Gleich zu Beginn wollen wir auf fünf Aspekte des Themas „Lernen" hinweisen. Im Verlauf des Buchs werden später auch individuelle Lernvorlieben behandelt.

Erster Aspekt: Die sichere Ausgangsbasis des Lernens ist der „basale Dreischritt des Lernens". Er gilt für jeden Menschen.

Zweiter Aspekt: Es gibt Erweiterungen des basalen Dreischritts des Lernens, die ebenfalls für alle Menschen gleich sind.

Dritter Aspekt: Es gibt eine Reihe von Techniken, die zwar auch noch für jeden zutreffen, die aber von Lernstoff zu Lernstoff und von Lernsituation zu Lernsituation verschieden sind. Jemand bevorzugt vielleicht eine bestimmte Technik, während ihm eine andere weniger gefällt.

Vierter Aspekt: Es gibt verschiedene Lernstile, die von Person zu Person unterschiedlich sein können (zum Beispiel braucht einer zum Lernen absolute Ruhe, ein anderer lernt am besten mit Hintergrundmusik).

Fünfter Aspekt: Es gibt Lernstörungen, ja sogar regelrechte Lernblockaden. Glücklicherweise hat die nicht jeder. Solche Schwierigkeiten können individuell sehr verschieden sein.

Und jetzt sind Sie hoffentlich neugierig geworden auf den sicheren Weg des Lernens, auf den basalen Dreischritt des Lernens. Er besteht aus drei Schritten:

1. Schritt: Sie lesen (hören, sehen) eine kleine überschaubare Menge an Lernstoff, genau so viel, wie Sie sich unmittelbar merken können. Diesen Lernstoff lesen Sie aufmerksam. Versuchen Sie dabei, den Lernstoff wichtig zu nehmen.
Gleich nach dem Lesen soll der Lernstoff aus dem Gedächtnis wiedergegeben werden. Auch wenn das noch nicht die spätere sichere Wiedergabe garantiert, führt dieser unmittelbare Abruf schon zur Vertiefung der Gedächtnisspur.

2. Schritt: Nach einer Zeit von mindestens drei Minuten (die Sie nutzen können, um weitere Mengen des Stoffes aufzunehmen und unmittelbar zu wiederholen) versuchen Sie, die erste Lerneinheit noch einmal wiederzugeben. Das können Sie mit sich selbst mündlich (evtl. aufnehmen) oder schriftlich machen. Sie können sich (natürlich erst bei größeren Stoffeinheiten) auch von einer anderen Person abfragen lassen.

3. Schritt: Sie überprüfen, ob das stimmt, was Sie da wiedergegeben haben. Dabei nehmen Sie notwendigerweise den Ausgangsstoff noch einmal auf. Wenn die Wiedergabe nicht gelang, muss der basale Dreischritt noch einmal wiederholt werden. Wenn die Wiedergabe gelang, gehen Sie in der gleichen Weise mit den nächsten kleinen Lerneinheiten um.

Nehmen wir einmal an, Sie hätten italienische Vokabeln zu lernen. Da sehen Sie:

come	wie
il caffè	Kaffee
gli spaghetti (pl.)	Spaghetti
il parmigiano	Parmesankäse
arrivederci	auf Wiedersehen
lo zucchero	Zucker
la chitarra	Gitarre
il gelato	Speiseeis
la Germania	Deutschland
il radicchio	Radicchio
gli zucchini (pl.)	Zucchini
il cuoco	Koch
il prosecco	Prosecco (ital. Perlwein)
il lago	See
il ragù	Ragout (Fleischsoße mit Tomaten)
il cuore	Herz

Das sind 17 Vokabeln. Beim Durchsehen merken Sie, dass die meisten davon leicht zu behalten sind, weil sie dem Deutschen so ähnlich sind oder weil man sie – zum Beispiel im italienischen Restaurant – schon einmal gehört hat. Also beschließen Sie, diese 17 Vokabeln auf einmal zu lernen.

Jetzt lesen Sie diese Vokabeln der Reihe nach, und zwar sowohl auf Italienisch als auch auf Deutsch. Sie versuchen, sich diese Vokabeln zu merken; Sie sind sehr aufmerksam, sprechen vor sich hin, achten auf Dinge, die Sie schon wissen. Sie fangen an: „‚come' heißt ‚wie'; das ist aber komisch, das kenne ich nicht, ‚come' heißt ‚wie', was heißt ‚wie'? Ah, richtig, ‚come' heißt ‚wie'; ‚il caffè' heißt ‚Kaffee', das ist wie im Deutschen und ist männlich wie im Deutschen, also ganz einfach; ‚gli spaghetti (pl.)' ist auch ganz einfach wie im Deutschen, und kommt auch nur im Plural vor ..."

Nachdem Sie die 17 Vokabeln auf diese Weise „gelesen" haben, sind wahrscheinlich schon mindestens drei Minuten vergangen. Jetzt decken Sie eine Spalte im Buch ab und prüfen sich: „Was heißt ‚wie'? ‚come'. Was heißt ‚Kaffee'? Was heißt ‚Spaghetti'?" Diejenigen Vokabeln, die Sie jetzt nicht wissen, scheinen schwieriger zu sein. Für diese Fälle gibt es eine Sondertechnik, eine Erweiterung des basalen Dreischritts des Lernens, nämlich die „temporäre Eselsbrücke", die wir Ihnen später erklären. Aber vorher noch einmal zurück zur Basismethode des Lernens.

Größere Stoffgruppen werden mit entsprechend größeren Zeitverzögerungen wieder aus dem Gedächtnis abgerufen. Später geht es zum Beispiel um alle 125 Vokabeln einer Lektion. Diese können abgefragt werden, indem man abwechselnd die deutsche und die fremdsprachige Bedeutung abdeckt und auswendig sagt oder schreibt. Beim Lernen von Muskelnamen im Anatomiekursus betrachtet man beispielsweise alle Muskeln des Arms und sucht die lateinischen Namen im Gedächtnis. Umgekehrt kann man die lateinischen Namen auf einer Liste lesen und dann auf einem entsprechenden Bild die richtige Stelle dafür suchen.

Bei Texten versucht man, sich an die Inhalte eines Unterkapitels oder sogar eines ganzen Kapitels zu erinnern. Das hängt von der Schwierigkeit des Textes ab. Dabei werden Sie solche Stellen finden, die Sie noch sehr schlecht wiedergeben können. Diese behandeln Sie später noch einmal extra, und zwar durch: 1. Einprägen, 2. Abrufen mit einer kleinen Verzögerung, 3. Prüfen.

Wahrscheinlich werden Sie einwenden, dass Sie das schon immer so gemacht haben. Aber beachten Sie einen wichtigen Unterschied, der möglicherweise auch auf Sie zutrifft! Es gibt nämlich die trügerische Erfahrung des „scheinbaren Lernens". Für viele Menschen hat es fatale Folgen, dass sie der Meinung sind, sie hätten schon etwas gelernt, obwohl das in Wirklichkeit nicht der Fall ist. Wie kommt das?

Unmittelbar nach der Aufnahme einer Information kann man sie meist sicher wiedergeben. Das liegt an einer Art „Nachhall-Speichersystem". Es gilt nun, die Merkdauer des Gespeicherten zu verlängern. Aber wie? Viele Menschen glauben, Vokabeln allein durch wiederholtes Lesen lernen zu können. Aber das ist eine Täuschung. Ein Lernmodell soll das verdeutlichen:

Ein Gedächtnismodell hilft, das Lernen zu verstehen

Das Modell

Stellen Sie sich einen Sandkasten vor. Beim Aufnehmen einer Information wird – wie mit einem kleinen Griffel – eine sehr schwache Spur im Sand angelegt. Das bloße wiederholte Lesen einer Reihe von Vokabeln führt lediglich dazu, dass immer wieder die Rinne in der gleichen Art angelegt wird, nämlich nur oberflächlich. Es gelingt dabei nicht, diese Rinne zu vertiefen. *Wenn nichts weiter passiert, ist diese kleine Rinne durch Wind und Regen oder kleine Erschütterungen bald völlig verschwunden.* Beim Lernen kommt es aber auf die dauerhafte Spur an; sie ist das Ziel.

Wie wenig man durch wiederholtes Lesen lernt, zeigt das Beispiel eines Predigers, der seiner Gemeinde ein bestimmtes Gebet jahrelang täglich vorgelesen hatte. Als er eines Tages das Gebetbuch nicht fand, hätte er das Gebet eigentlich auswendig können müssen. Zu seinem großen Erstaunen und zu seiner Blamage konnte er das aber nicht. Tausendfach wiederholtes Lesen hatte nicht zum Behalten geführt.

Was bewirkt Lernen?

Die erste oberflächliche Gedächtnisrinne, die beim Lesen entsteht, wird durch das Sich-Erinnern vertieft! Der Abruf der Information ist wie ein Schwall Wasser, der durch die schwache Sandrinne geschickt wird und sie dabei tiefer auswäscht.

Allein durch den Informationsabruf werden mehr Details erinnerbar. Es konnte in wissenschaftlichen Untersuchungen gezeigt werden, dass allein eine mehrfache Wiedergabe in gewissen Zeitabständen zu mehr erinnerten Details führt. Dieses Resultat stellt sich also auch dann ein, wenn es beim Erinnern gar keine Rückmeldung über die richtigen Details gab. Um beim Bild von der Rinne im Sand zu bleiben: Erst wenn mehrfach Wasser durch die Rinne fließt, nimmt diese die Form an, die beim ersten oberflächlichen Eindruck intendiert wurde. Erst durch Wiederholung der Erinnerung (Abruf) wird die ursprünglich schwache Rinne bis auf ihre letzte Verästelung durchströmt.

Die gesuchte Information finden

Außerdem bahnt das Erinnern den Suchweg, mit dem die gespeicherte Erinnerung im Gedächtnis gefunden werden kann. Wenn man abrufen möchte, was zum Beispiel das italienische Wort ‚come' auf Deutsch heißt, dann muss das Gedächtnis den Ort finden, an dem diese Information liegt. Wenn die Erinnerungsspur noch sehr frisch, also sehr oberflächlich ist, dann findet man die Übersetzung des Wortes ‚come' vielleicht nur von einem einzigen Ausgangspunkt aus, zum Beispiel von dem, was man im

Zusammenhang mit ‚come' gelernt hatte. Vielleicht ist ein Ausgangspunkt das italienische Wort ‚caffè', der Anblick des Italienischlehrbuchs oder gar der Geruch des Zimmers, in dem man gelernt hat. Je mehr Gedächtnisabfragen es aber zwischenzeitlich gegeben hat – und zwar möglichst nicht nur in der Reihenfolge der Vokabeln im Buch – desto wahrscheinlicher ist es, dass man in jeder Lebenslage sofort den richtigen Speicherort findet. Und noch sicherer wird die Erinnerung, also die Wahrscheinlichkeit, dass man das Gelernte in jeder Lebenslage abrufen kann, wenn man sich den Lernstoff in verschiedenen Stimmungen, in verschiedenen Situationen, zu verschiedenen Tageszeiten und an unterschiedlichen Orten ins Gedächtnis ruft. Etwas zu lernen soll ja nicht dazu führen, nur am Schreibtisch mit der abgedeckten italienischen Vokabelspalte sich an das richtige Wort zu erinnern, sondern das Ziel ist, es immer dann gebrauchen zu können, wenn man es will, zu jeder Zeit, an jedem Ort im wirklichen Leben.

Also: Die Erinnerungsspur selbst und die „Finde"-Information, der Weg zur Information, werden bei jedem Abruf, bei jeder (richtigen!) Erinnerung fester. Die kleine Sandrinne, und auch die Rinnen, die das Wasser zu ihr führen, werden also durch jeden Gebrauch weiter ausgewaschen.

Wann geht es auch ohne den Dreischritt?

Der Griffel, der die Information beim ersten Bemerken in den Sand schreibt, greift umso tiefer, je mehr Emotion mit dieser Information verbunden ist. *Nur wenn eine starke Emotion durch die Information ausgelöst wird, kann sie gleich zu Beginn durch den Griffel tief eingeprägt werden.* Emotional bedeutsame Informationen, wie z.B. seinerzeit die Nachricht vom Tode John F. Kennedys, werden durch einen „Now-print"-Mechanismus sogar zusammen mit dem aktuellen Umfeld dauerhaft bildhaft eingeprägt, auch wenn man das gar nicht beabsichtigt hatte. Leider ist unser alltäglicher Lernstoff aber oft absolut emotionsfern und langweilig.

Sie merken, das „Sandkastenmodell" vom menschlichen Gedächtnis erklärt sowohl Alltagsbeobachtungen als auch wissenschaftliche Ergebnisse. Und mit diesem Modell kann man auch verstehen, warum es so schwierig ist, etwas einmal Gelerntes **umzulernen**.

Beispiel
Ein Bekannter konnte sich den Namen ‚Weinrich' nicht merken, weil er lange Zeit mit einer Person namens ‚Weyrich' zu tun hatte.

Wenn man das Sandkastenmodell zu Hilfe nimmt, wird die Schwierigkeit verständlich. Im Sand ist schon eine tiefe Rinne vorhanden. Jetzt wird dicht daneben eine neue, kleine Rinne angelegt. Da ist die Gefahr groß, dass der Wasserschwall erneuter Wiederholung nicht in die neue, kleine Rinne (‚Weinrich'), sondern stattdessen in die alte, tiefere Rinne (‚Weyrich') fließt.

Abb. 1: Eine kleine Rinne wird in den Sand gezogen; noch würde sie von jedem Regenguss weggewischt. In der Übertragung auf das Gedächtnis würde das bedeuten, dass dieser Eintrag leicht gelöscht und vergessen werden kann, wenn er nicht weiterhin geordnet durchflossen (also abgerufen) wird.

Abb. 2: Die Rinne beginnt, ein Flusslauf zu werden. Dieser sammelt das Wasser der Umgebung. In der Übertragung auf das Gedächtnis würde das bedeuten, dass die Spur nun stabil ist. Von ganz verschiedenen Ausgangspunkten aus könnte diese Gedächtnisspur aktiviert werden.

Abb. 3: Aus dem Flusslauf ist eine tiefe Schlucht geworden, die im weiten Umkreis alles Wasser sammelt. In der Übertragung auf das Gedächtnis könnte man diesen Zustand vergleichen mit der Lust des hohen Alters, von jeder beliebigen Ausgangsassoziation auf die gleichen zentralen Erinnerungen zu sprechen zu kommen.

Erweiterungen des basalen Dreischritts des Lernens

In unserem Lernbeispiel der Italienischvokabeln hatten wir bemerkt, dass einige Vokabeln schwerer zu behalten sind als andere. Hierfür gibt es eine Erweiterung des basalen Dreischritts des Lernens, nämlich die „temporären Eselsbrücken". „Temporär" heißen sie deshalb, weil sie nur das erste Lernen begleiten und erleichtern sollen. Später, wenn sie ihren Dienst erfüllt haben, eine tiefere Gedächtnisspur zu bahnen, werden sie nicht mehr gebraucht. Wenn Sie also beim Lernen der Vokabeln merken, dass Sie die italienische Bezeichnung für ‚Herz', nämlich ‚cuore', nicht behalten können, dann fällt Ihnen vielleicht ein, dass Sie im Englischen einmal von ‚core' gehört haben als etwas „Inneres". Dann könnten Sie sich sagen: „‚core' ist ja innen, das Innerste. Auf Italienisch muss das natürlich anders ausgesprochen werden, ‚cuore'." Und wenn Ihnen diese Eselsbrücke nichts sagt, dann vielleicht eine andere: ‚cuore' klingt so ähnlich wie ‚Kuhohr'. Und Sie stellen sich eine Kuh vor, wie sie auf der Wiese steht mit einem einzigen herzförmigen Ohr, weil ‚cuore' ja ‚Herz' heißt. Sie merken schon, dass solche Eselsbrücken sehr persönlich sein können und dann selbstverständlich nur ganz individuell funktionieren.

An dieser Stelle soll erwähnt werden, dass es auch „dauerhafte Eselbrücken" als Lernhilfen gibt. Diese sind nur dann sinnvoll, wenn Informationen zu behalten sind, die nur selten gebraucht werden, aber trotzdem zuverlässig abgerufen werden müssen. Ein Beispiel für solch eine Information könnte die PUK-Nummer des Handys sein. Techniken für dauerhafte Eselsbrücken werden wir Ihnen später vorstellen (z.B. die Loci-Technik für Aufzählungen und auch Zahlen und das phonetische System nur für Zahlen).

Der basale Dreischritt des Lernens bei verschiedenen Lernstoffen

Wir haben bisher den basalen Dreischritt des Lernens anhand des Lernens von Vokabeln demonstriert. Wie sieht es aber mit einem Text aus, z.B. aus einem Lehrbuch? Hier ist die Vorgehensweise ganz ähnlich wie beim Vokabellernen.

1. Schritt: Sie suchen sich eine Textmenge aus, die eine gewisse Einheit bildet und von der Sie denken, dass sie auf einmal leicht ins Gedächtnis aufgenommen werden kann. Sie lesen den Textabschnitt aufmerksam und suchen nach Gliederungspunkten sowie nach wichtigen Elementen. Sie achten darauf, ähnlich wie beim Vokabellernen, ob Ihnen schon etwas bekannt vorkommt.
Hier möchten wir auf eine Lernmethode hinweisen, die viele Studierende an dieser Stelle anwenden. Man schreibt sich etwas heraus, vielleicht auf Karteikarten, ordnet um, unterstreicht, denkt sich Fragen aus usw., und dabei bleibt es. Das alles ist brauchbar, aber es ist eben nur der erste Schritt des basalen Dreischritts des Lernens. Der zweite Schritt ist genau so wichtig.

2. Schritt: Nach einer Zeit von (mindestens) einigen Minuten versuchen Sie, das Gelernte wiederzugeben (Wissensabruf). Sie können sich die Bestandteile des Textes selbst noch einmal vorsagen, das Gelernte stichwortartig aufschreiben, sich abfragen lassen oder auch jemandem den Stoff erklären. Und Sie wissen jetzt auch, warum das so wichtig ist: Nur durch solche Abrufaktivitäten wird das Merken fester, die Erinnerungsspur tiefer.

3. Schritt: Sie überprüfen, ob das, an was Sie sich erinnerten, stimmt. Oft merken Sie selbst sofort, dass Sie etwas nicht wissen oder dass Sie unsicher sind, ob es so richtig ist. Dann müssen Sie noch einmal im Originaltext nachlesen. Lesen Sie dabei nicht einfach erneut den gesamten Originaltext, sondern nur Textstücke, die Sie beim Abruf als unsicher oder als Wissenslücke erkannt haben.

Wie sieht es aber mit dem basalen Dreischritt des Lernens aus, wenn man nicht einen Text, sondern Bewegungen zu lernen hat, z.B. Geige spielen, Ski laufen, die Kupplung beim Autofahren bedienen usw.? Ist es da nicht doch nur die reine Wiederholung, die zählt? Nehmen wir als Beispiel das richtige Zusammenspiel von Gas- und Kupplungspedal beim Anfahren des Autos. Ist es da die bloße Wiederholung, die den Lernerfolg ausmacht?

Beim Bewegungslernen sind zwei Lernziele zu unterscheiden:

- Zum einen möchte man erreichen, dass man eine Bewegung hundertprozentig richtig ausführen kann.
- Zum anderen will man einen Bewegungsablauf völlig „automatisch" ablaufen lassen, also ohne dass man bewusst darauf achten muss.

Damit eine Bewegung oder eine Bewegungsfolge richtig abläuft, bedarf es vieler Wiederholungen der Bewegungen, und das sind ja Abrufe. Es muss sich beim gelungenen Lernen allerdings um Abrufe handeln, bei denen man jedes Mal eine Rückmeldung darüber bekommt, ob die Bewegung richtig war oder nicht (3. Schritt des Dreischritts). Manchmal merkt man unmittelbar, ob eine Bewegung richtig ist, zum Beispiel beim Loslassen des Kupplungspedals. Wenn das Auto schön gleichmäßig losfährt, dann war es richtig. Wenn der Wagen ruckelt oder gar der Motor ausgeht, dann war es noch nicht in Ordnung. Bei anderen Arten von Bewegungen braucht man vielleicht eine Videoaufzeichnung, bei der man sich hinterher beobachten und korrigieren kann. Manchmal – wie beim Geigespielen – wird man wohl zunächst einen Lehrer brauchen. Der sollte dem Schüler genau sagen, worauf er beim Selbstüben zu achten hat.

Sobald man eine Bewegung korrekt ausführen kann, kommt das zweite Lernziel ins Blickfeld, nämlich die Automatisierung. Die Bewegung soll – sozusagen ohne Bewusstsein – ganz von selbst ablaufen. Dieses Lernziel wird natürlich nicht durch bloßes Wiederholen der Informationsaufnahme („Wie geht die Bewegung noch mal?"), sondern durch häufige Wiedergabe erreicht. Es ist auch hier die Wiedergabe der gelernten Bewegung, die für den Lernprozess grundlegend ist!

Riesige Stoffmengen, die bereits zum Lernen vorbereitet sind

Manchmal kommt der Lernstoff in großen Mengen auf uns zu. Dabei ist der Inhalt oft schon sehr stark reduziert und optimal gegliedert. Die Suche nach wichtigen Elementen kann man sich also sparen: Alles ist wichtig, und es muss genau so gelernt werden, wie es da steht. Ein Beispiel ist das Vorbereitungsmaterial zur Heilpraktikerprüfung, bei der man ein umfassendes Kompendium von 420 Seiten zu lernen hat, die dicht mit Lernstoff bepackt sind. Dazu gibt es noch zwei weitere Bücher sowie eine Sammlung von Prüfungsfragen. Der Lernstoff mag ja gar nicht so schwer zu verstehen sein, aber die Schwierigkeit besteht darin, solch eine Fülle von Begriffen und Fakten in den Kopf zu bekommen. Was kann man tun?

Hier ist wieder der basale Dreischritt des Lernens gefragt. Also: kleine Lernabschnitte wählen, am besten Sinneinheiten oder Gliederungspunkte des Textes. Lesen Sie diese Stücke in der oben beschriebenen aufmerksamen Weise durch. Dann machen Sie eine kurze Pause und geben wieder, was Sie behalten haben. Vielleicht sollten Sie das Behaltene auf ein Diktiergerät sprechen, damit Sie die Vollständigkeit Ihrer Wiedergabe überprüfen können. Wenn Sie feststellen, dass Sie alles vollständig und richtig wiedergeben konnten, gehen Sie zum nächsten Abschnitt weiter. Damit machen Sie genau das Gleiche, also: 1. einprägen, 2. abrufen, 3. prüfen.

Die Zeit zum Lernen wird knapp

Eine Frage, die uns als Autoren von Lernhilfebüchern immer wieder gestellt wurde, ja vielleicht die häufigste Frage war: „Es sind nur noch wenige Tage bis zur Prüfung, was kann ich jetzt noch tun?"

Viele Maßnahmen (die später noch beschrieben werden) benötigen eine gewisse Einübung, ja eine spielerische Muße, und greifen im letzten Moment nicht mehr. Ist die Zeit wirklich schon sehr vorangeschritten, dann heißt es, absolut schnörkellos und ohne viele Umwege zu lernen, also den basalen Dreischritt des Lernens zu verwirklichen: den Stoff lesen, kurz aus dem Kopf repetieren und mit dem nächsten Abschnitt ebenso weiterarbeiten. Aber auch jetzt sollte man noch Pausen einhalten, damit der Stoff sich setzen kann, auch jetzt sollte man nicht ganze Nächte durchlernen, das verhindert nämlich eine Speicherung des Stoffs.

Möglicherweise muss man etwas weglassen und entscheiden, was der wichtigere Teil des Stoffes ist. Dabei denken Sie nun vielleicht daran, alles Kleingedruckte, alle Abbildungstexte, alle Beispiele wegzulassen; diese scheinen schließlich durch ihre Form zu signalisieren, dass sie nicht so wichtig oder nur zusätzlich da sind. Aber Vorsicht: Gerade Beispiele und Fälle, die der Stoff vorgibt, kann man sich relativ leicht merken, und spätere Prüfungen gliedern sich – besonders wenn sie nicht so gut laufen – oft um diese Beispiele herum. Auch die Prüfer haben aus dem Stoff das Konkrete, eben diese Beispiele und Abbildungen, noch gut im Kopf! Prüfer wollen vielleicht sogar dem Prüfling einen Gefallen tun, indem sie diese Beispiele anbieten.

War das schon alles?

Bisher haben wir ein Lernprinzip erklärt, das ganz grundlegend ist. Sie, liebe Leserinnen und Leser, haben jetzt verstanden, dass die Abfrage des Stoffs eben nicht allein der Lernkontrolle dient, sondern zum Lernen selbst gehört. Das wird auch in manchen herkömmlichen Lerntipps verwirklicht, aber in der klaren und einfachen Anweisung wie hier im basalen Dreischritt des Lernens gab es diese Erklärung bisher nicht.

Spätestens jetzt werden Sie dennoch stöhnend fragen: „Gibt es denn nicht eine leichtere und trotzdem effektive Methode, wie ich mir einen solchen Lernstoff aneignen kann? Wozu lese ich ein Buch über Lernen, wenn ich für eine solch schwierige Situation kaum Erleichterung bekomme?" Auf solche Fragen können wir Ihnen drei Antworten geben. Aber möglicherweise wird Ihnen keine davon so recht gefallen.

Trotz aller modernen Erkenntnisse der Lernpsychologie gibt es den „Nürnberger Trichter", mit dem man jemandem Wissen wie mit dem Trichter einflößen kann, leider noch nicht.

Man muss sich die für das Lernen erforderliche Zeit nehmen. Also müssen Sie den Lernablauf vorausplanen! (Wie das im Einzelnen gemacht werden kann, lesen Sie auf S. 52.)

Und es gibt weitere Tipps, wie Sie einen „Lernbrocken" ein bisschen verdaulicher machen können. Im Laufe des Buchs werden viele Ideen geliefert. Hier schon einmal vorab ein paar für den ungeduldigen Leser:

Reichern Sie den Lernstoff an (vgl. S. 50 „Multiple Enkodierung"). Wenn Sie beispielsweise etwas über die Alzheimerkrankheit lernen wollen, machen Sie sich dazu eine konkrete Vorstellung (vielleicht kennen Sie einen Fall?). Beim Lernstoff „Wahnsinn" denken Sie z.B. an eine verrückte Person Ihres Bekanntenkreises. Der Sinn eines solchen Vorgehens besteht darin, Verbindungswege zu anderen Lernspuren zu schaffen, die schon im Netz Ihres Wissens vorhanden sind. Je mehr solcher Verbindungen gestiftet werden, desto besser.

Zum Lernen ist die gleichförmige Art der Darbietung im Lehrbuch ungünstig. Lernen braucht einzigartige Assoziationen. Also wäre es gut, sich für jede Buchseite Bilder zu suchen und anzuheften (z.B. aus einer Clipart-Sammlung). Zwei bis drei Bilder können eine Buchseite unverwechselbar machen. Es ist wissenschaftlich erwiesen, dass das Lernen aus gut bebilderten Lehrbüchern leichter gelingt. Machen Sie sich also eine eigene kleine Bebilderung!

Schließlich ist es hilfreich, den Lernstoff mit Sinn zu füllen. Zum Beispiel könnte man bei einer lateinischen Krankheitsbezeichnung im Lexikon nachschlagen, welches lateinische Wort darin enthalten ist. Vielleicht entdecken Sie dabei, dass Sie ein ähnliches Wort bereits kennen. Sie haben dann wieder einen Verbindungsweg geschaffen zu einer bereits vorhandenen Wissensspur.

Wird Lernen jetzt mühelos?

Nein. Dieses Buch macht Lernen manchmal leichter, bei einigen Aufgaben auch überraschend leicht. Es mag sogar helfen, überhaupt zum Lernziel zu kommen. Das Lernen macht aber weiterhin Mühe, sogar Lerntricks und Mnemotechniken machen etwas Mühe, denn diese muss man ja immerhin auch erst einmal lernen! Das ist aber ein kleiner Einsatz im Vergleich zu der Mühe, die später durch die Lerntechnik eingespart werden kann.

Manchmal wird das Lernen auch nur weniger ermüdend und macht mehr Spaß, weil man motivierter ist oder Fehler vermeidet, die einem den Lernstoff früher verleidet haben. Manche Lernarten, wie z.B. das Lernen von Bewegungsfolgen beim Spielen von Musikinstrumenten, erfordern aber ein gewisses Maß an Wiederholung (s.o.). Das lässt sich nicht immer abkürzen.

Kleines ABC des Lernens

Hier folgen kleine, voneinander unabhängige Textblöcke zu Themen, die für das Lernen wichtig sind. Wenn Sie Lust und Zeit haben, können Sie das Lern-ABC aber auch als fortlaufenden Text lesen.

Im Textblock N (= natürliches Lernen) finden Sie Beispiele, wie Menschen im Alltag Lernanforderungen bewältigt haben; aber auch in anderen Textteilen beziehen wir uns auf alltägliches „Lernleben".

A = Assoziation und lernen wie ein Esel, der über eine Brücke geht

Mit Assoziation und Ähnlichkeit stehen zwei der wichtigsten Grundprinzipien von Lernhilfen gleich zu Beginn unseres kleinen ABC des Lernens. Wenn wir leicht auf einen gesuchten Inhalt kommen wollen, müssen wir beim Lernen Assoziationen herstellen. Assoziationen können durch Ähnlichkeit entstehen, wie z.B. beim Reim „drei-drei-drei, Issos Keilerei", der uns durch die Klangähnlichkeit hilft, von „Keilerei" auf „drei" zu kommen. Tatsächlich ist noch eine weitere Assoziation zwischen Suchfrage und Lösung beteiligt, und zwar eine semantische Assoziation, dass Krieg zu Keilerei führt. Das ist eine Ähnlichkeit in der Bedeutung. Die Suchfrage „Wann war der Krieg in Issos?" führt also über zwei Ähnlichkeitsbeziehungen zu „drei-drei-drei". Es wäre allein aus der Eselsbrücke heraus auch die Jahreszahl „zwei-drei-drei" oder gar „sieben-neun-drei" möglich. Die Assoziationen durch Ähnlichkeit führen also nur in die Nähe der richtigen Antwort. Zuletzt muss man sich in jedem Fall wieder ein wenig an die Originalinformation erinnern. Wenn gar keine Originalerinnerung mehr da ist, hilft auch die Ähnlichkeitsassoziation nicht weiter.

Auch Ordnungen können zu der gesuchten Information führen und Assoziationsketten bilden, also z.B. auch Konzeptkarten. Die Stichworte der Konzeptkarte müssen dann eine Erinnerung an den Stoff wiederbeleben können. Immer gilt aber: Bei allen Lerntechniken, die auf dem Stiften von Assoziationen beruhen (und das sind fast alle), bleibt es letztlich bei einem Wiederbeleben der Originalinformation, die vorher gelernt worden sein muss. Bei längeren Abrufpausen kann die Originalinformation in einem Ausmaß vergessen sein, dass auch die richtige Assoziation nichts mehr bewirken kann. Bei häufigem Gebrauch eines Lerninhalts kann es hingegen so leicht werden, den richtigen Stoff zu erinnern, dass man der Hilfsassoziation gar nicht mehr bedarf und man den Umweg über diese Erinnerungshilfe nicht mehr gehen muss. Dann kann man sie auch getrost wieder vergessen.

In den folgenden Empfehlungen trifft man an vielen Stellen auf Eselsbrücken. Das sind Merkhilfen, die in die Nähe des gesuchten Stoffs führen, ihn aber nicht vollständig aufrufen. Irgendwo müssen eben die Namen z.B. der Gehirnnerven gespeichert sein, auch wenn die Eselsbrücke hilft, die Anfangsbuchstaben aufzufinden, und man mit der Eselsbrücke sicher sein kann, keinen vergessen zu haben. Die Eselsbrücke soll ja auch gar nicht immer benutzt werden. Je öfter man die Namen der Hirnnerven aufgesagt hat, desto weniger braucht man die Eselsbrücke, denn umso sicherer sind sie gespeichert. Eselsbrücken sind also ein Hilfsmittel, das man nutzen sollte; sie ersetzen aber das Wissen nicht – im Gegenteil: Später sollte das feste Wissen die Eselsbrücken ersetzen!

B = Beiläufiges Lernen

Im täglichen Leben kommt es immer auch automatisch zum Lernen. Ohne weitere Anstrengung erinnert man sich daran, was man jüngst gemacht hat oder wen man getroffen hat. Man lernt jemanden kennen und merkt sich ohne weiteres seinen Namen. Dies alles sind Lernsituationen, die dem menschlichen Lernen sehr entgegenkommen. Zum einen kann man aus dem allgemeinen Ablaufschema eines Tages heraus sehr gut rekonstruieren, was sich ereignet hat, zum anderen ist es recht leicht, sich gelegentlich einmal eine wichtige Information zu merken. Die Schwierigkeiten beginnen, wenn viele Informationen auf einmal gelernt werden sollen und wenn die Informationen zunächst keinem gut bekannten Schema folgen; dies trifft z.B. zu, wenn wir im Lehrbuch eines neuen Faches lesen.

Im beiläufigen Lernen passiert aber noch viel mehr. In der Schule werden die Vokabeln und die Grammatik einer Fremdsprache gelernt und gelehrt, und man übt das Sprechen; das Lernen ist mühevoll und das Kompetenz-Ergebnis oft recht mager. Ein Aufenthalt von nur wenigen Monaten in dem Land, in dem die Sprache gesprochen wird, führt bei den meisten

Menschen zu einer flüssigen Beherrschung der Vokabeln und der Grammatik. Solches Lernen geschieht keineswegs, indem man sich die Tempora und Flexionen bewusst klarmacht, sondern es vollzieht sich beiläufig, ohne dass man eine besondere Aufmerksamkeit darauf lenken muss. Auch die eigene Muttersprache hat man ja gelernt, ohne etwas über Nomen und Verben, über Gegenwarts- und Vergangenheitsformen zu wissen. Mit fünf Jahren beherrschen die Menschen weitgehend das komplexe Regelwerk ihrer Muttersprache, ohne aber Auskunft darüber geben zu können. Es ist äußerst fraglich, ob das Lernen der Muttersprache erleichtert würde, wenn man den Kindern die Grammatik bewusst machte. Neben dem absichtlichen, bewussten und willkürlichen Lernen gibt es also ein unwillentliches, nicht bewusstes, beiläufiges Lernen (in der Fachsprache der Psychologie spricht man von „implizitem Lernen").

Kann man sich die Prinzipien dieses Lernens zunutze machen, wenn man vor einem Lernabenteuer steht? Wie könnte das vor sich gehen? Nehmen wir das Lernen der Muttersprache als Modell. Das Kind hört diese Sprache ständig. Es beginnt, sie fehlerhaft zu sprechen und wird meist nicht korrigiert. Wenn das Zweijährige „Puppe" fordert, wird ein Erwachsener kaum korrigieren: „Du sollst sagen: ‚Könntest Du mir bitte mal die Puppe geben?'", sondern stattdessen einfach nach der Puppe greifen, um sie dem Kind zu geben. Das beiläufige Lernen kann man vielleicht als erwachsener Lerner auch nutzen.

Beiläufiges Fremdsprachenlernen

Sie können eine Fremdsprache im Radio oder Fernsehen einfach hören, und – siehe da – mit der Zeit verstehen Sie immer mehr davon (Spielfilme eignen sich da mehr als Sachtexte, weil die Handlung das Gesagte untermauert). Manche Fremdsprachen kommen aber in unseren Fernsehprogrammen nicht vor. In diesen Sprachen könnte man sich Spielfilme besorgen. Wenn es diese Filme auch in deutscher Sprache gibt, können Sie erst die fremdsprachige Version sehen, dann die deutsche, um zu überprüfen, ob Sie den Kern der Handlung auch in der Fremdsprache schon verstehen konnten.

Sollte man selbst Sätze in der Fremdsprache bilden/sprechen, auch wenn sie falsch sind? Zu dieser Frage gibt es keine Forschungsergebnisse, aber es könnte sein, dass dies nur dann funktioniert, wenn man dem ständigen Strom der neuen Sprache ausgesetzt ist und bald darauf Gelegenheit hat zu hören, wie der eigene Satz richtig formuliert und ausgesprochen wird. Eher ist es günstig, Sätze, die man verstanden hat, innerlich – in der gerade gehörten Aussprache – nachzusprechen. Zum Beispiel könnten Sie bei einer Film-DVD einen Satz aussuchen, der Ihnen gefällt: Zunächst hören Sie ihn nur, dann lassen Sie die DVD ein wenig zurücklaufen, um dann den entsprechenden Satz erst leise und dann laut mitzusprechen oder ihn gar zu notieren.

> **Beispiel**
>
> Es gibt eine Sprachlernmethode, die Birkenbihl-Methode, bei der das beiläufige Lernen genutzt werden soll. Es gibt kein Vokabel- und Grammatikpauken. Man hört einfach einen deutschen Text und stellt sich die Handlung bildhaft vor. Dann hört man eine genaue Übersetzung, z.B. ins Englische, und kann sich jetzt auf die eingeübte Bildvorstellung verlassen, um den Text zu verstehen. Die Grammatik lernt man durch wortgenaue Übersetzung (Pseudosprache). Später soll die Fremdsprache bei dieser Lehrmethode auch unbeachtet im Hintergrund laufen (entsprechende CD-ROMs sind im Handel zu erwerben).

Obwohl es sicher sinnvoll ist, das Lernen so „natürlich" wie möglich zu gestalten, gibt es zwischen dem Lernen der Muttersprache und dem späteren Sprachenlernen so erhebliche Unterschiede, dass ein Lernen allein durch Hören nicht überschätzt werden sollte:

- Um das Kind herum wird in der Regel nichts anderes gesprochen als seine Muttersprache (daher sind ja auch spätere Auslandsaufenthalte so effektiv für das Fremdsprachenlernen).
- Für das Kind sind die zu lernenden Wörter von vitaler Bedeutung (Flasche, Milch, schlafen, Mama etc.).
- Das Kind ist in einer sensiblen Phase für das Sprachenlernen.
- Das Kind hat einige Jahre Zeit, die Sprache zu lernen.
- Das Kind darf in einer Übergangszeit falsch sprechen.

Beiläufiges Lernen von Sportarten

Nehmen wir ein anderes Beispiel: das Skilaufen. Die Kinder, die in den Skiorten leben, machen kaum Skikurse, aber als Erwachsene sind sie die

Gewinner der Goldmedaillen olympischer Skiwettbewerbe. Sie lernen es beiläufig in der Kindergruppe, mit wenig Unterweisung. Der Skiunterricht für Erwachsene ist ähnlich aufgebaut: Der Skilehrer fährt vor, und die Lehrlinge sollen in der gleichen Haltung hinterherfahren. Das ist ein ebensolches Lernen durch Abschauen wie beim beiläufigen Lernen (zusätzlich gibt es allerdings verbale Unterweisungen). Auch für das Skifahren ist es kein schlechter Ratschlag, sich an den Meistern zu orientieren und ihnen etwas abzuschauen. Auf jeden Fall lernt man Skifahren beim Skifahren und nicht beim Studium eines Buches über das Skifahren.

D = Durchblutung des Gehirns

Es fördert das Lernen, wenn das Gehirn gut durchblutet ist und frischen Sauerstoff hat.

1. Erwiesenerweise fördert Kaugummikauen die Gehirndurchblutung.
2. Gehirnstoffwechsel kann man mit Nahrungsergänzungen verbessern: Es scheint so, als würden Omega-Fettsäuren, wie sie in Kaltwasserfischen vorkommen, genau die Stoffe zur Verfügung stellen, die bei der Schaltung neuer Nervenverbindungen benötigt werden. Bei größeren Lernunternehmungen können diese Stoffe in Kapseln zugeführt werden. Gingko-Extrakt hat sich nur bei Personen mit erheblichen Gedächtnisproblemen bewährt; er wirkt sich positiv auf die Gehirndurchblutung aus.
3. Es ist wichtig, Sauerstoff bereitzustellen; frische Luft, Jogging etc. wirken gegen Müdigkeit und Konzentrationsmängel.

Beim Lernen muss man gegen aufkommende Langeweile kämpfen. Schüler und Studenten erwähnen, dass sie manchmal den Kopf in die Hände stützen und Akupunkturpunkte massieren. Oder man bewegt sich beim Lernen: Einige lernen im Gehen oder rufen den Stoff beim Joggen ab. (Ein Fallbeispiel: Merkwürdigerweise ist der Stoff beim Joggen mit Hund besser im Gedächtnis geblieben als beim Joggen ohne Hund; dies scheint den Autoren wiederum – im Weiteren – ein Effekt von Personalisierung zu sein (s.u.)). Man kann das Lernen auch mit dem Praktischen verbinden, z.B. eine Lerneinheit pro gebügeltes Kleidungsstück lernen.

Ein weiteres Beispiel zeigt, wie individuell Bewegung im Lernprozess stattfinden kann:

> **Beispiel**
>
> Inge: „Mithilfe der Mind-maps habe ich den Stoff gut behalten. Als ich den Stoff gut konnte, benutzte ich die Mind-maps zum Abfragen. Während ich mir die einzelnen Punkte laut aufsagte, bewegte ich mich oft durch mein Zimmer, durch die Küche, stieg auf einen Stuhl ... Dadurch wurde es etwas aufregender.

E = E-Learning

Revolutionieren Computer und Internet das Lernen? Nein, keineswegs! Das Lernen muss ja weiterhin von Ihnen selbst geleistet werden. Allerdings hat das Lernen am Computer und mit Unterstützung des Internets bestimmte Vor- und Nachteile:

Vorteile
1. Der Lernstoff kann „interaktiv" dargeboten werden.
2. Man lernt, wann man will und Zeit hat, also z.B. nachdem die Kinder im Bett sind.
3. Im Internet gibt es allerlei Relevantes zu entdecken, z.B. Bilder, virtuelle Experimente (z.B. www.psigate.ac.uk), didaktisches Material usw.
4. Man muss sich weniger einer Lehrperson unterordnen.

Nachteile
1. Man ist alleine und muss sich selbst motivieren. (Daher sollte man möglichst alle zugehörigen Kontaktangebote in Chat-Räumen oder Diskussionsforen von Beginn an nutzen.)
2. Man hat kein Gespräch mit einem Lehrer.
3. Im Internet steht auch viel Unsinn.
4. Im Internet werden, ohne dass man es gleich bemerkt, kommerzielle Interessen vertreten.

Im Internet werden unterschiedlichste Kurse angeboten. Wie sonst auch muss der Lernende selbst die Qualität und Seriosität dieser Angebote einschätzen. Wenn etwa Google bei einer Suchfrage rund 170.000 Treffer meldet, muss man sie einschränken und auswählen können. Betrachten Sie nur die ersten 50 (= meistbesuchten), dann sind Sie auch schon bei etwa 25 Seiten irgendwelcher kommerziellen Angebote gelandet, die nur an Ihrem Geld interessiert sind. So ist es z.B. auch, wenn Sie das Stichwort „Lerntechniken" abfragen: Häufig werden Sie nach nur wenigen interessanten Informationen aufgefordert, CD-ROMs oder Kurse zu kaufen. Es ist also durchaus schwierig und zeitaufwendig, hilfreiche Seiten im Internet zu finden. Manchmal machen Kursusanbieter selbst Vorschläge zur Internetnutzung, manchmal kann eine Lerngruppe ihre Erfahrungen zusammentragen. Es ist sicher sinnvoll, sich ein „Portfolio" mit nützlichen Internetseiten anzulegen.

Die Qualität der Seiten müssen Sie selbst bewerten können: Manchmal stellen bekannte Wissenschaftler Seiten ins Netz, in denen sie ihre Forschungen erklären, manchmal sind die Seiten von anerkannten Institutionen oder Fachverlagen (u.a. Springer), die in ihren Online-Angeboten freie Kostproben von den Arbeiten ihrer Autoren anbieten. Manchmal bleibt die Quelle der Seite dubios, oder es scheint eben, als solle hauptsächlich etwas verkauft werden. In Kapitel 9 finden Sie einige Suchbegriffe und Internetseiten, die für das Lernen nützlich werden können.

F = Farbe

Die Verwendung von Farbe hat sich als lernfördernd erwiesen. Viele Ratgeber, speziell der Mind-map-Literatur, raten zum ausgiebigen Gebrauch von Farben.

Auch in Erfahrungsberichten von Schülern und Studenten wurde der Gebrauch von Farbe hervorgehoben: Die Notizen werden in verschiedenen Farben niedergeschrieben oder die Texte in verschiedenen Farben markiert. Ja, ein Student prägte sich gar zuerst das Bild der farbigen Markierung der Seite ein und lernte erst dann den Inhalt. Mind-maps werden – nach den Intentionen ihrer Erfinder – tausendfarbig (!) angelegt. Zum Beispiel könnten Künstler und Epochen für eine Prüfung in Kunstgeschichte neu zusammengegliedert und farbig abgehoben werden.

G = Gruppe

Eine Lerngruppe bietet vielerlei Hilfe. Sie findet – interessanterweise – irgendwie heraus, wie viel und was man lernen muss. Zehn Ohren hören mehr als zwei. Individuelle Tendenzen, zuviel zu arbeiten oder zu lasch zu sein, gleichen sich in der Gruppe aus. Wenn Lernen in der Gruppe völlig unangemessen wäre, dann müssten eigentlich alle Mitglieder der Gruppe durch die Prüfung fallen. Das ist unwahrscheinlich.

Das Wort „Lerngruppe" sollte man allerdings nicht so missverstehen, dass die Gruppe gemeinsam lernt: Lernen muss nach wie vor jeder für sich (vgl. Kap. 1: Dreischritt des Lernens). Aber die Gruppe trifft sich anschließend, fragt den Stoff ab, diskutiert Verständnisfragen oder trägt zuvor Lernmaterialien zusammen. Es ist viel motivierender, für den Abfragetermin der Gruppe zu lernen als nur für die Selbstabfrage im stillen Kämmerlein. Zudem: Den Gruppentermin kann man nicht gut verschieben, die Selbstabfrage schon.

Lerngruppen sollten darauf achten, dass alle Mitglieder in gleichem Maße an die Reihe kommen, dass niemand zu dominant wird, dass beispielsweise bei Diskussionen die Meinungen aller Mitglieder abgefragt werden. Es gibt eine weitere Gefahr, nämlich wenn in Lerngruppen über die Lernarbeit geredet wird: Manche Mitglieder neigen dazu, den eigenen Lernaufwand zu untertreiben, um bei schlechten Ergebnissen hinterher nicht als Dummkopf dazustehen. Den Satz „Ich habe noch gar nichts gelernt" kann man erfahrungsgemäß auch von Gruppenmitgliedern hören, die schon erheblich gebüffelt haben.

> **Beispiel**
>
> In der Lerngruppe eines Jesuitenklosters gab es eine deutsche und eine österreichische Gruppe, die ein wenig in Konkurrenz zueinander standen. Die Österreicher demonstrierten: „Wir sind so schlau, wir müssen gar nicht lernen!" und hingen tagsüber demonstrativ bei Freizeitaktivitäten herum. Aber nach dem Schlafengehen, so konnte man beobachten, nahmen sie die Lehrbücher heraus und versuchten, intensiv zu lernen.

Wiegen Sie sich also nicht in falscher Sicherheit: Die anderen arbeiten möglicherweise mehr, als sie zugeben.

H = Lernen durch Handeln

Wenn man eine Fertigkeit lernen will – eine Sprache sprechen, Schach spielen, Ski oder Auto fahren –, ist es ganz wichtig, dass man es einfach tut.

Ein großer Teil des Lernens ereignet sich nämlich beim Tun ganz automatisch und ohne dass man es sich besonders vornehmen muss. Oft ist das Tun Teil der Unterweisung: Man findet Bücher mit Schachpartien von Meistern, die man nachspielen kann. Die Maler der früheren Jahrhunderte mussten in ihrer Ausbildung im Wesentlichen die Werke der berühmten Meister kopieren. Im Tun lernten sie etwas über Pinselführung und Pinseldruck, was die Lehrer vielleicht gar nicht in Worten hätten ausdrücken können; die lobten oder tadelten nur das Ergebnis.

Manche Ausbildung bietet leider nur wenig Möglichkeiten, etwas zu tun. Dennoch kann man versuchen, solche Gelegenheiten zu schaffen. Der Psychologiestudent z.B. könnte einige Intelligenztests durchführen. Er würde staunen, wie viel mehr er danach über solche Testverfahren weiß, als wenn er nur die Lehrbücher studiert hätte. Gestalten Sie solche Aufgaben für sich!

I = Individuelle Unterschiede/Lerntypen

Muss man den eigenen Lerntyp herausfinden, um optimal zu lernen? Ja und nein. Durch die Lernhilfeliteratur geistern Lerntypen, die so nicht existieren. Es wird behauptet, es gäbe drei:

1. Menschen, die am besten lernen, wenn sie den Stoff sehen,
2. solche, die besser lernen, wenn sie den Stoff hören, und
3. solche, die am besten lernen, wenn sie etwas tun.

Tatsächlich helfen Visualisierungen, wie z.B. Mind-maps, allen Studenten beim Lernen. Mal abgesehen davon, dass Lernstoff meistens nicht als „Hörbuch" vorliegt und man in Vorlesungen generell nicht allzu viel lernt, kann es für alle Lernenden sinnvoll sein, sich den Stoff einmal laut vorzulesen, damit man ihn zusätzlich zum Lesen auch hört und er so mit einer vielfältigeren Spur im Gedächtnis gespeichert wird (vgl. V = Vielfältig verknüpfen).

Genau so ist es mit Handlungen: Wenn man Medizin-Lernstoff im Praktikum lernen kann, ist er natürlich viel sinnesnäher und emotional bedeutsamer: Das hilft allen, die lernen. Es kommt in diesem Fall auch nicht zu der gleichen Massierung von Stoff wie beim Lernen aus einem Lehrbuch, und so kann man sich die einzelnen Informationen besser merken.

Der Ratschlag ist also eher nicht, sich aus dieser Dreiertypologie den eigenen Lerntyp zu suchen, sondern: Lernen Sie vielfältig; versuchen Sie, „Sehen", „Hören" und „Handeln" immer ins Lernen einzubeziehen!

Es wurde zwischen „verbalizer" und „visualizer" unterschieden, also zwischen Personen, die lieber Informationen in Worten oder in Bildern aufnehmen. Tatsächlich gibt es in der Fähigkeit, lebhafte Bildvorstellungen zu erzeugen – wie sie für manche der später vorgetragenen Lernstrategien nützlich wäre – Unterschiede zwischen den Menschen. Allerdings lässt sich diese Fähigkeit trainieren.

Es gibt noch andere Typeneinteilungen, die einen weniger effektiven und einen effektiveren Lerntyp unterscheiden:

1. den „Wiederholer", der den Lernstoff einfach immer wieder zur Kenntnis nimmt, und
2. den effektiveren Lerntyp, den Tiefenverarbeiter, der zusätzliche geistige Manipulationen mit dem Lernstoff vornimmt.

Nach der Lektüre dieses Lernhilfebuches sollten eigentlich alle Leser zum Typ des „Tiefenverarbeiters" gehören.

Wenn wir an dieser Stelle sagen, dass es *diese* Lerntypen so nicht gibt, dann wollen wir damit aber nicht ausdrücken, dass alle Menschen mehr oder weniger gleich lernen. Im Gegenteil! Unter dem Buchstaben N werden Sie sehen, wie viele verschiedene Wege Studenten für ihre Lernabenteuer gefunden haben. Es wird auch Ihre Aufgabe sein, mit Hilfe der Lerntipps dieses Buches Ihren eigenen individuellen Lernweg zu finden.

K = Kindern beim Lernen helfen

Schulkinder sollen sowohl in der Schule als auch zu Hause aus den Schulbüchern lernen. Gerade beim Lernen zu Hause gibt es Probleme; die Kinder verzweifeln an ihren Aufgaben, und die Eltern wissen nicht so recht, wie sie helfen können. Je nach Fach und Stoff sind die Probleme natürlich unterschiedlich; meist handelt es sich auch nicht um reine Lernprobleme. Der Stoff im Schulbuch ist vielleicht schwer verständlich, wird anders dargeboten als im Unterricht. Was man im Unterricht verstanden zu haben glaubt, erweist sich zu Hause doch als schwieriger.

Wenn es sich um reine Lernprobleme handelt, wie vielleicht das Lernen aus Erdkundetexten oder das Lernen von Vokabeln, ist zunächst der Verweis auf die kleinste Einheit des Lernens angebracht: lesen und wiedergeben, nach einiger Zeit noch mal wiedergeben – und erneut lesen, was noch nicht ganz richtig war. So banal der Rat scheint, ist er dennoch überraschend nützlich, denn Kinder wissen einfach nicht, wie sie es anstellen können, damit sie etwas lernen.

Beim Lernen für die Schule handelt es sich fast immer um kleine Stoffmengen, daher lassen sich viele der hier beschriebenen Lernhilfen mit Gewinn einsetzen: z.B. das phonetische System für das Lernen von Geschichtszahlen, das Finden von Ersatzwörtern für einzelne schwierige Vokabeln, die Etablierung von Ortsreihenfolgen für Listen, das Anlegen von kleinen Lernkarteien oder von Mind-maps für Texte (vgl. hier Kap. 6). Dies alles kann sogar vergnüglich sein und als Lernspiel zum Lernen motivieren. Denn – jeder weiß es – Kinder haben meist große Schwierigkeiten, sich zum selbstständigen Lernen zu motivieren.

> **Beispiel**
>
> **Ein fast psychotherapeutischer Lateinunterricht**
> Johannes ist 15 Jahre und hat im dritten Jahr Lateinunterricht am Gymnasium. Bislang waren seine Leistungen in diesem Fach gerade eben „ausreichend". Kurz vor Weihnachten schrieb er aber in der Klassenarbeit eine Fünf. Aus seinen Vorsätzen, in den Ferien „etwas für Latein zu tun", wurde nichts. Also wollte ich (der Vater und Autor Dumpert) meinem Sohn beim Lateinlernen helfen. Dabei konnte ich von meiner Ausbildung als Psychotherapeut profitieren.

Ich versuchte zu erreichen, dass er täglich ein bisschen für Latein arbeitet. In der Klassenarbeit wurde verlangt, lateinische Texte ins Deutsche zu übersetzen. Lediglich zu verlangen, Vokabeln zu lernen, erschien mir zu wenig. Es musste wohl so etwas wie ein Latein-Übersetzungstraining sein. Außerdem schien es mir wichtig, dass er etwas Freude am Übersetzen aus dem Lateinischen bekam.

Am Ende der Ferien schlug ich meinem Sohn vor, jeden Abend einen lateinischen Satz ins Deutsche zu übersetzen. Er kommentierte meinen Wunsch mit: „Ja, von mir aus." Entsprechende Übungstexte gab es in seinem Lateinbuch genug.

Gleich zu Beginn zeigten sich zwei Klippen. Die erste erkannte meine Frau: „Du übersetzt zu viel selbst." Also bremste ich mich. Die zweite Klippe bestand darin, dass die „täglichen" Abende etwas unregelmäßig zu werden begannen, weil ich manchmal zu spät nach Hause kam. Dieses Problem wurde so gelöst, dass wir uns in einem solchen Fall am darauf folgenden Abend zwei Sätze vornahmen.

Aber wie Freude am Übersetzen vermitteln? Zunächst einmal bewahrte ich große Ruhe und Freundlichkeit, wenn mein Sohn übersetzte. Das war nicht so schwer, weil wir zum Übersetzen nicht länger als 15 Minuten brauchten. Auch versuchte ich, herabsetzende Kritik zu vermeiden wie „Pass doch auf" oder „Diese Vokabel müsstest du längst wissen." Selbst ein einfaches „Falsch!" vermied ich. Stattdessen sagte ich „Schau noch einmal auf die Endung" oder „Das klingt aber noch komisch." Und schließlich bemühte ich mich um anerkennende und anspornende Sätze wie „Völlig richtig, dass du gleich nach dem Prädikat gesucht hast" oder „Du als großer Rummikub-Spieler – wie würdest du die Worte kombinieren, dass die Endungen passen?"

Wir merkten bald, dass man für solche lateinischen Sätze, wie wir sie übersetzten, mit wenigen einfachen Fragestellungen ganz gut zurechtkommt: Was ist das Prädikat? Was ist das Subjekt? Welches Wort oder welcher Satzteil hängt vom Prädikat ab? Gibt es Wörter, die den Satz gliedern? Meine Aufgabe beschränkte sich immer mehr darauf, in freundlich-ruhiger Weise solche Fragen zu stellen. Allmählich fragte ich sogar nur noch: „Welche Frage könnte man sich jetzt stellen?"

Eine bestimmte Art von Fehler kam oft vor: Singular statt Plural. Statt „Sie bauten ein Lager" übersetzte mein Sohn „Er baute ein Lager". Hier ermahnte ich mich wieder, keinen Ärger zu zeigen. Stattdessen fragte ich: „Was ist dein Lieblingsfehler?" Und schon kam die Antwort „Singular-Plural". Und die Vokabeln? Die wurden von ihm nachgeschlagen, wenn er sie nicht wusste. Ich bemühte mich, dabei entspannt zuzusehen.

Ich stellte sehr bald fest, dass mein Sohn allmählich lockerer und ruhiger vorging. Er bekam Routine. Und er sagte gelegentlich, es habe ihm Spaß gemacht, was für mich besonders erfreulich war.

Knapp zwei Monate später wurde eine Lateinarbeit geschrieben. Mein Sohn erzählte mir, dass er hinterher mit der Klassenbesten die Sätze verglichen habe und guter Dinge sei, dass er das meiste richtig übersetzt habe. Dieses Verhalten war neu; bislang hatte er immer vermieden, sich bei Mitschülern genauer zu erkundigen. Zwei Tage später bekam er die Arbeit zurück. Er hatte eine Zwei geschrieben. Das war – wie mein Sohn feststellte – eine gute Note für uns beide.

Wie könnte es weitergehen? Ich sollte mich in meiner Rolle als Übersetzungshelfer in kleinen Schritten überflüssig machen. Der erste Schritt wäre vielleicht, ihn zu ermutigen, wie in der Klassenarbeit allein und schriftlich zu *arbeiten. Er könnte den Übungssatz tagsüber allein bewältigen, und abends schauten wir ihn uns gemeinsam an. Später müsste er noch lernen, seine Ergebnisse selbst zu bewerten. Ich könnte fragen: „Wie denkst du, würde der Lehrer die Übersetzung bewerten?"*

Was waren nun die therapeutischen Elemente an meinem Vorgehen?

- Ein größeres Ziel wird in kleine Einheiten zerlegt.
- Die kleinen Trainingseinheiten werden in einer gewissen Regelmäßigkeit durchgeführt.
- Der Trainer sagt anerkennende Sätze für die richtigen Verhaltensweisen statt strafender Sätze für die falschen.
- Details des richtigen Verhaltens werden gesehen und anerkennend zurückgemeldet.
- Durch Modellverhalten des Trainers wird ein Beispiel dafür gegeben, dass man lateinische Sätze auch in entspannter Stimmung übersetzen kann.
- Man macht sich als Trainer schrittweise überflüssig.

In diesem Buch gibt es noch an anderer Stelle Lerntipps für Kinder. Im 5. Kapitel (S. 102) findet man Hinweise für die Ersatzworttechnik in der Schule und eine für Kinder abgewandelte Form der Loci-Technik, die Lernrallye (S. 129) sowie Hinweise zum Lernen mit Geschichten (S. 129). Das Kapitel 10 erwähnt Lernsoftware für Kinder.

L = Lernhilfen selbst konstruieren

Hilfreiche Anpassungen eines speziellen Lernstoffs gibt es bislang nur in wenigen Ausnahmebereichen, die meist auch nur der Demonstration einer Lerntechnik dienen. Daher soll der Leser dieses Buches in die Lage versetzt werden, seinen speziellen Lernstoff selbst so anzureichern, dass er leichter lernbar wird.

Manchmal – das sei vorweg gesagt – erfordert das einigen Zeitaufwand, so dass sich die Mühe nur lohnt, wenn man ein Lehrer ist, der anderen immer wieder diesen einen bestimmten Stoff beibringen muss. Man wird oft verschiedene der im Folgenden beschriebenen Lerntechniken kombinieren.

Sie können Ihre Geschicklichkeit an den folgenden Aufgaben testen:

> **Aufgabe**
> Wie kann man das kyrillische Alphabet so darstellen, dass man sich sogleich merken kann, welcher kyrillische Buchstabe welchem Laut entspricht? (Sie können im Anhang eine Lösung nachlesen, die sich während einer Russland-Exkursion mit einer Gruppe von Studenten bewährt hat: Alle konnten sich innerhalb von 14 Tagen in der U-Bahn orientieren, weil sie die richtigen Ortsnamen lesen und gegebenenfalls danach fragen konnten. Eine solche Lernhilfe würde sich besonders für den Abdruck in Russlandreiseführern eignen.)

> **Aufgabe**
> Wie lernt man am besten die lateinischen Namen für die menschlichen Muskeln, Adern und Nerven? (Das ist ein umfangreicher Stoff, dessen lerntechnische Bearbeitung vielen Studenten das Leben erleichtern könnte.)

Es könnte erleichternd sein, die Namen der Musiknoten bildhaft mit einem Notenzeichen zu verbinden oder die Tasten des Klaviers mit einer Note oder einer Fingerbesetzung zu verbinden. An vielen derartigen Aufgaben könnten sich kreative und hilfreiche Lehrer oder auch Schüler versuchen. Wenn Sie uns Ihre Lösungen zuschicken, könnte auf die Dauer zu diesem Buch eine CD-ROM entwickelt werden, die zu vielen spezifischen Lernaufgaben auf ganz verschiedenen Gebieten Hilfen anbietet. Vor allem auch sollten solche Hilfen für Menschen konstruiert werden, die besondere Schwierigkeiten beim Lernen haben. Das Lesenlernen z.B. erweist sich für Erwachsene als besonders schwierig. Im Anhang finden Sie wiederum eine von mir (Schuster) entwickelte Hilfe, die im „sekundären" Leseunterricht eingesetzt werden kann, die sich aber auch als Selbsthilfe zum verspäteten Lesenlernen eignet (11. Kapitel).

M = Missverständnisse durch den Lernbegriff

In der Psychologie bedeutet Lernen etwas anderes als in der Alltagssprache. In der Psychologie bedeutet Lernen das Speichern und Abrufen von Informationen. In der Alltagssprache bedeutet Lernen den Erwerb einer Fähigkeit, so dass man sie am Ende des Lernprozesses beherrscht.

> **Beispiel**
>
> **Eine Fremdsprache lernen**
> Der Lernpsychologe befasst sich dabei mit dem Lernen der Vokabeln, der Aussprache und der grammatischen Regeln. Wenn man sagt: „Ich habe die englische Sprache erlernt", bedeutet das dagegen im Alltagsverständnis, dass man sie sprechen kann und versteht. Dazu gehört mehr als das Lernen der Vokabeln, der Aussprache und der grammatischen Regeln; dazu gehört zum Beispiel genug Übung, dass einem die Vokabeln genau dann einfallen, wenn man sie im Gespräch benötigt.

Was im Einzelnen dazugehört, eine Fähigkeit zu beherrschen, kann sehr unterschiedlich sein. Wenn man das Schachspielen lernt, gehört dazu, dass man sich Zugfolgen im Kopf vorstellen und so vorwegnehmen kann; wenn man das Fahrradfahren lernt, muss man üben, die Balance zu halten.

Also müsste ein Lernhilfebuch auf die spezifischen Komponenten eines jeden Lernvorgangs eingehen, die man bis zum Beherrschen der Zielfähigkeit braucht. So könnte es Lernhilfebücher geben, die sich speziell mit dem Fremdsprachenlernen oder mit dem Fahrradfahrenlernen oder mit dem Schachlernen beschäftigen. So etwas wird es in der Zukunft vielleicht auch geben.

Dieses Buch soll aber in allen möglichen Lernsituationen Hilfe geben. Da kann es also passieren, dass nicht alle Komponenten, die zu einer wirklichen Beherrschung einer Fertigkeit gehören, behandelt werden. Hier werden z.B. Hilfen gegeben, wie man sich Vokabeln (aller Sprachen) merken kann. Wie man das flüssige Sprechen lernt, wird nicht behandelt. Solche Lücken sollen dem Leser und Nutzer des Buches aber bewusst bleiben.

Anders als in anderen Lernhilfebüchern werden hier viele emotionale Schwierigkeiten, die sich beim Lernen einstellen können, thematisiert. In der Psychologie sind diese Situationen meist in der therapeutischen Literatur angesiedelt und gehören aus der Sicht des traditionellen Lernpsychologen nicht zum Thema „Lernen". Gerade emotionale Schwierigkeiten sind es aber oft, die den Lernerfolg verhindern, und weniger die Unfähigkeit, sich etwas zu merken.

Oft meint man mit Lernen auch die Bereitschaft zur Umstellung auf neues Wissen, auf neue Verhältnisse. Wenn alte Menschen nicht mehr lernen, mit dem Computer umzugehen, dann wohl hauptsächlich deshalb, weil sie sich nicht mehr darauf einlassen wollen. Diese Bereitschaft, sich auf Neues einzustellen, ist nicht Ziel unserer Ratschläge.

N = Natürliches Lernen

Gerade die wissenschaftliche Lernpsychologie (im Vergleich zu anderen Gebieten der Psychologie) ist sehr weit weg vom wirklichen Leben. Daher versuchen wir hier, uns nicht nur auf die Lernpsychologie zu stützen, sondern auch das erfolgreiche Lernen im wirklichen Lebenskontext in die Lernratschläge einzuarbeiten.

Die meisten Menschen müssen zum ersten Mal während der Berufsausbildung große Stoffmengen lernen, z.B. während der Lehre oder im Studium. Es ist sehr interessant, wie sie das schaffen. Daher haben wir eine größere Zahl von Studenten gebeten, eine Lernepisode ihrer Wahl aus ihrer Vergangenheit niederzuschreiben. Aus den vielen Berichten habe ich drei für eine ausführliche Wiedergabe ausgewählt, weil sie zeigen, wie unterschiedlich verschiedene Lerner vorgehen und wie viel Phantasie sie dabei aufbringen. Aus den Berichten wird deutlich, dass viele Lerntipps, wie sie hier und an anderer Stelle gegeben werden, bereits spontan angewandt werden. Es gibt in den Berichten aber auch ganz neue und originelle Lernwege.

Vera schreibt:
Nachdem ich alle Unterlagen gesammelt habe, die ich für eine Prüfung brauche, mache ich erst einmal eine Pause. Der erste Teil meiner Lernvorbereitung ist damit abgeschlossen; ein Gefühl der Sicherheit stellt sich ein: Mir fehlt nichts, ich habe alles an Material, was ich benötige.

Ich muss ein Basisgefühl von Glücklichsein empfinden, um richtig lernen zu können, d.h. ich verändere meinen Alltag nicht, um lernen zu können, sondern hänge das Lernen an meinen Alltag an, so dass ich Dinge, die ich gern mache, nicht einschränken muss.

Der nächste Schritt ist, die Texte zu lesen und handschriftliche Notizen bzw. Merkblätter zu erstellen. (Ganz richtig: handschriftlich, da ich mir „meine" geschriebenen Wörter besser einprägen kann!). Diese Blätter werden in der Wohnung verteilt (an die Wände geheftet oder ans Fenster, an die Schranktüren oder den Spiegel). Somit habe ich die Lerninhalte immer vor Augen und schaue im Vorbeigehen darauf, z.B. beim Putzen in der Wohnung. Ohne bewusst zu lernen, kann ich mir auf diese Weise viele Dinge merken, z.B. anhand der Art und Weise, wie ich sie aufgeschrieben habe und mit welchen Farben.

Der letzte Teil besteht darin, dass ich auf den Lerndruck warte, den ich brauche, um mir den Rest des Stoffes einzuprägen. Unter Zeitdruck lerne ich am intensivsten, und ich empfinde den Druck nicht als unangenehm, sondern als dringend erforderliche Maßnahme, dass ich das Lernen nicht weiter verzögern kann. Meine Motivation ergibt sich dann daraus, dass ich nicht scheitern und mir selbst beweisen will, dass ich lernen kann und die Prüfung bestehen werde.

Beim Lernen verwende ich auch Melodien – manchmal in Kombination mit Wegen, d.h. ich singe einen Lerntext zu einer Melodie, gehe dabei durchs Zimmer und ende bei einem bestimmten Ziel. Bin ich mit dem Text fertig und habe das Ziel noch nicht erreicht, habe ich etwas vergessen.

Ein guter Schluss ist für mich, wenn ich jemandem, der nichts mit dem Lerninhalt zu tun hat, mein Wissen erzähle. Versteht derjenige auch nur ansatzweise, was ich erzähle, habe ich das Gefühl, den Stoff verinnerlicht zu haben.

Diana schreibt:
Um überhaupt mit dem Lernen beginnen zu können, brauche ich Musik und ein aufgeräumtes Zimmer. Dann lese ich mir einen ersten Teil durch, wiederhole ihn verbal und schreibe dann das Wiederholte nieder (falls die mündliche Wiederholung hakt, schaue ich hinterher diese Stelle noch einmal nach). Dann mache ich dasselbe mit dem nächsten Teil. Später wiederhole ich das gesamte Gelernte noch mal von Anfang an. Wenn ich zu einem anderen Termin den Stoff wiederhole, muss ich alles aufschreiben. Sobald ich das nicht mache, sondern nur verbal wiederhole, höre ich plötzlich auf zu reden, vergesse, welche Stelle ich gerade wiederhole und denke an etwas völlig anderes (Gedankentrödeln). Dabei wiederhole ich meist noch monoton das letzte Wort, denke aber nicht mehr über das folgende nach.

Wenn ich mir etwas gar nicht merken kann, mache ich mir ein kleines melodisches Liedchen daraus; dabei sind Melodien aus Werbespots sehr hilfreich. Sonst versuche ich auch, Eselsbrücken zu verwenden, oder analysiere eine besondere Wortgestalt.

Kurt schreibt eine Erinnerung aus der Grundschulzeit nieder:
Ende der vierten Klasse, also in meiner Grundschulzeit, sollten wir alle ein ewig langes Gedicht auswendig lernen, es war der „Zauberlehrling". Wir hatten dafür ungefähr 14 Tage Zeit. Dummerweise sollte das Ganze auch noch schön betont und langsam gesprochen werden. Wir sollten uns in die Lage des Zauberlehrlings hinein versetzen. Natürlich wurde dies auch benotet, und jeder Einzelne musste es vortragen – wie schrecklich! Ich machte mir

schon Sorgen, dass ich es ganz vergessen würde. (...) Die 14 Tage neigten sich ihrem Ende zu, einige konnten das Gedicht schon, und ich verwechselte immer noch einige Strophen, verhaspelte mich, wusste plötzlich nicht mehr weiter. Bekannte meiner Familie brachten mich dann auf die Idee: „Male doch zu jeder Strophe das passende Bild, schreibe die wichtigen Stichworte darunter, und dann klappt das schon!" Anfangs war das Ganze ein wenig mühsam und aufwändig, aber im Nachhinein hat es sich gelohnt. Ich konnte alle Strophen gut, und gedanklich stellte ich mir immer die passenden Bilder dazu vor.

Wir haben die berichteten Lernverhaltensweisen, die die Studenten für ganz unterschiedliche Lernsituationen erwähnten (also nicht nur für das Studium, sondern z.B. auch fürs Tanzenlernen, Musikinstrumentlernen, Erwerb eines Taxischeins), einmal nach Lernbevorzugungen und Lernmethoden geordnet. Man kann an den Berichten wiederum sehen, wie individuell das Lernen gestaltet wird.

Viele Lernverhaltensweisen wurden nur von einer Studentin oder einem Studenten erwähnt (siehe die Zahlen in den Klammern). Weil es sich um „freie" Schilderungen handelte, erwähnten nicht alle Studenten die gleichen Sachverhalte, sondern jeder beschrieb, was ihm wichtig war; daher sind manche Verhaltensweisen trotz der großen Gruppe der Befragten (ca. 120 Studenten) nur selten erwähnt. Der Vorteil der „freien" Beschreibung von gelungenen Lernepisoden ist aber, dass auch Methoden und Verhaltensweisen in den Blick geraten, die bisher kaum die Aufmerksamkeit der Lernpsychologie gefunden haben. Die berichteten Verhaltensweisen spiegeln aber durchaus auch die Empfehlungen der relevanten Lernliteratur wider.

Sobald eine Verhaltensweise als weniger empfehlenswert angesehen werden muss, haben wir das entsprechend angemerkt (z.B. in der Nacht vor der Prüfung den Lernstoff noch einmal zu wiederholen).

Sinngemäßes Lernen aus Texten

Es überrascht nicht, dass lesen und immer wieder lesen von Texten kaum zu einem Lernerfolg führte (3). Oft steht zu Beginn des Lernprozesses eine Reduktion des Stoffes auf das Wichtigste. Das kann z.B. durch (farbiges) Unterstreichen passieren. Nur einmal wurde das Nachschlagen von Fachbegriffen erwähnt, obwohl dies sicher in vielen Fällen zum Verständnis der Texte nötig ist.

Sehr oft wird das Material – auch in mehreren Durchgängen – zu Zusammenfassungen (14) oder Stichwortlisten reduziert. Während man zusammenfasst, setzt man sich ja wieder inhaltlich mit dem Stoff auseinander. Besonders kreativ ist es, eigene Stichworte zu erfinden (1). Ein Student markiert wichtige Absätze mit Klebezetteln, auf denen ein selbst gefundenes Gliederungsstichwort steht. Aus den Stichwortlisten entstehen neue, vollständigere Gliederungen, die gelernt werden (2). Die Zusammenfassungen oder wichtige Passagen des Textes werden im seltenen Fall auch auswendig gelernt (3; das empfehlen wir allerdings nicht, denn auswendig gelernter Text kann nur schwer an Prüfungsanforderungen angepasst werden). Stichworte können auch dazu dienen, neue Gliederungspunkte in den Text einzubeziehen, verschiedene Texte in eine Gliederung zu integrieren oder den Stoff neu zu strukturieren. Wenn man am Rand des Textes eigene Kommentare niederschreibt und daraus eine neue Gliederung konstruiert (1), handelt es sich bereits um eine intensive mentale Verarbeitung.

Viele Befragte schreiben den Text noch einmal oder mehrmals auf (2) oder einfach unverändert ab (2). Das ist nach unserer Meinung weniger sinnlos als man denkt, wenn nämlich der Text in ganzen Sinneinheiten, also zumindest in ganzen Sätzen abgeschrieben wird. Dann hat man beim Abschreiben den Text zumindest für kurze Zeit im Kopf und muss ihn einmal „abrufen".

Die meisten Befragten schreiben aber nur die wichtigsten Informationen heraus (10). Viele legen dabei gleich Karteikarten an, damit sie sich später selber abfragen können (16). Weil der Stoff hier in immer neuer Anordnung auftritt, wird die Abfrage mit den Karteikarten als abwechslungsreicher empfunden. Eine andere Studentin investiert viel Energie in „schöne" Karteikarten, so bleibt ihr zwar weniger Zeit zum Lernen, aber „hinterher kann sie es irgendwie doch". Einige Male wurde auch ein Karteikasten mit verschiedenen Fächern für schon beherrschten und für noch nicht beherrschten Stoff erwähnt (3). Des Weiteren wurde erwähnt, dass man gerade handschriftliche Notizen mag (2) oder dass es andererseits lernfördernd wirkt, die handschriftlichen Notizen noch einmal in den Computer einzugeben, damit man auch später noch etwas damit anfangen kann.

Auf jeden Fall gehört für fast alle Lerner eine Selbstabfrage zum Lernprozess. Der Stoff wird gelesen, frei wiedergegeben (4) oder in Leseportionen aufgeteilt, dann mündlich wiederholt und auch niedergeschrieben.

Später wird dann alles noch einmal wiederholt und alles aufgeschrieben (1). Man kann bei der Selbstabfrage auch die Prüfung simulieren (1) oder schon mal eine Niederschrift in Form der späteren Klausur üben.

Sprechen beim Textlernen

Ob es den Lerntyp gibt, der besser lernt, wenn er etwas hört, ist ungewiss; auf jeden Fall führen Sprechen und Hören zu einer zusätzlichen sinnlichen Qualität des Stoffes. Studenten lesen sich schwere Textstellen laut vor (3) oder wiederholen den Stoff laut sprechend (8). Das ist natürlich speziell vor mündlichen Prüfungen sinnvoll. Dabei werden Diktiergeräte verwendet, die eine Wiederholung und Kontrolle ermöglichen (3). Wenn Sozialpartner zur Verfügung stehen, kann man denen den Stoff erzählen (1); wenn nicht, kann man ihn sozusagen einem unsichtbaren Freund erklären (1).

Musik und Rhythmus beim Textlernen

Was in der Lernhilfeliteratur kaum vorkommt, scheint im alltäglichen Lernen eine gewisse Rolle zu spielen, nämlich den Stoff zu „singen" (tatsächlich werden gesungene Texte noch einmal an einer eigenen Stelle des Gehirns gespeichert). Es wird erwähnt, Liedchen aus dem Stoff zu machen (z.B. zu den Melodien von Werbespots oder Ohrwürmern) oder Vokabeln zu singen (3).

Claudia schreibt: *„Beim Lernen der Vokabeln saß ich auf einem Pezzi-Ball. Während des lauten Aufsagens der Vokabeln bin ich mit dem Ball regelmäßig auf und ab gehüpft, dem Rhythmus der Wörter angepasst.* (1)

Ein anderer Student singt den Text und geht dabei einen bestimmten Weg. Ist der Text vor dem Ziel des Weges schon zu Ende, fehlte etwas! (1) (s.o.)

Werner schreibt: *„Beim Einprägen von bestimmten Textpassagen entwickelte ich mir im Hintergrund beim Lesen eine Art Melodie oder einen Rhythmus dazu, oftmals auch Ohrwürmer. Ich hatte zumindest den Eindruck, dadurch besser zu lernen. Vielleicht war es aber auch nur eine verbesserte Motivation, weil die trockenen Texte musikalisch etwas aufgepeppt wurden."*

Textlernen und Visualisierung

Zusätzliche Visualisierungen nutzen die große Leichtigkeit, mit der Bilder gespeichert werden. Einige Studenten machen sich eigene Bilder im Lernmaterial (1). Ein anderer Student vergrößert sich wichtige Schaubilder des Stoffes in Plakatgröße. Es werden neue Schemata gezeichnet oder farbige Wissensplakate angefertigt (9), die an einem Ort, der mit Wohlfühlen assoziiert ist, aufgehängt werden (1). Ein Student sucht ein „verständliches" Bild, denn z.B. erst das richtige mentale Modell vom Funktionieren des Motors ermöglicht das Lernen der Schritte der Motorpflege (1).

Gerade beim Lernen von Bewegungsfolgen (5); beim Lernen des Tanzens, des Jonglierens, des Schwimmens oder des Griffschemas beim Gitarrespielen, hilft es den Befragten, wenn sie sich ein Schema der Bewegungsfolge zeichnen. Beim Lernen des Hürdenlaufes macht sich der Lernende die Phasenstruktur der Bewegungsfolge visuell klar (1). Es hilft nicht nur, die Bewegung zu üben, sondern sich auch immer wieder vorzustellen, wie man die Bewegung vollzieht (1).

Auch beim Auswendiglernen können Bilder helfen: Im obigen Beispiel sollte in der Grundschule ein Gedicht auswendig gelernt werden. Es half, ein Bild für jede Strophe zu malen und darunter Stichworte zu schreiben (1).

Aus den Berichten der Studenten ergeben sich teilweise ganz neue Lerntechniken, die in der Lernliteratur noch gar nicht beschrieben sind. Dennoch passen diese Techniken überraschend gut zu den allgemeinen Kenntnissen über das Lernen (vgl. T = Tiefe der Verarbeitung). Also können wir sie durchaus zur Verwendung empfehlen.

Menschen interessieren sich ganz besonders für andere Menschen und können sich meist gut merken, was andere Menschen betrifft. Das nutzen einige Lernende und **„personalisieren"** den Lernstoff. Eine Studentin hat z.B. die Namen der rhetorischen Figuren (das sind die Anadiplosen) mit den Namen von Bekannten verbunden und den Inhalt der jeweiligen rhetorischen Figur mit dem Charakter des Bekannten verknüpft (1).

Klara schreibt über das Lernen von Philosophiestoff (1):
„Es hat mir auch geholfen, mir die Philosophen bildlich als Menschen vorzustellen, so dass ich ihre Ansichten mit ihrem Charakter, ihrem Wesen verknüpfen konnte."

Orte des Lernens

Anscheinend entspricht es unserer natürlichen Grundausstattung, Wissen mit Personen und auch mit **Orten** zu assoziieren. Das wird auf jeden Fall häufig zur Verbesserung des Lernens eingesetzt. Beim Auswendiglernen wurden Begriffe als Bilder auf Orte verteilt (4). Da wurde also die Loci-Technik (vgl. S. 118) nach - erfunden. Farbige Merkzettel wurden in der Wohnung verteilt und beim Vorbeigehen gelesen und wiedergeben (5), oder ein Spickzettel wurde in anderen Kontexten wie z.B. der Straßenbahn angeschaut.

Der Ort ist in den Texten und Aufzeichnungen eine wichtige Abrufhilfe (2). Kurt: *„Ich wusste, wo in meinen Lernunterlagen Aufzeichnungen zu den einzelnen Themen waren. Bei den Fragen in der Prüfung konnte ich quasi innerlich in den Unterlagen nachschlagen und mich orientieren, wo die Antwort stand, um sie zu rekapitulieren."*

Auch der Lernort kann zum Abrufreiz werden: Wenn man darüber nachdenkt, wo man gelernt hat, fällt einem der Stoff leichter wieder ein (1).

Aus der Schule und aus Klassenarbeiten stammt die Angewohnheit, **Spickzettel** anzufertigen. Sie werden in den Prüfungen oft gar nicht mehr gebraucht, weil man sich gerade durch die mentalen Aktivitäten beim Anfertigen des Spickzettels intensiv mit dem Stoff beschäftigt und ihn dabei gelernt hat. Auch die spezielle visuelle Form des Spickzettels (z.B. farbige Markierungen) begünstigt die Erinnerung (9; Julia: *„Ich sah den Pfuschzettel quasi vor meinem inneren Auge."*).

Anreichern des Lernstoffes

Den Stoff mit der eigenen Lebenswelt, mit persönlichen Interessen oder auch nur dem Alltag zu verbinden, ist nicht nur zusätzliche mentale Operation, sondern **emotionalisiert** den Lerntext (3). Es gab auch die intellektuellere Variante, dass mit den Inhalten Vergleiche mit anderen Stoffgebieten angestellt wurden oder dass man versuchte, übergreifende Zusammenhänge zu erfassen (2). Viele Studenten fanden oder erfanden Eselsbrücken (3). Wenn dies nur von drei Befragten erwähnt wurde, liegt das sicher daran, dass man das für selbstverständlich hielt. Manchmal verwendeten sie bestehende Eselsbrücken, z.B. beim Lernen der Hirnnerven (2).

Den Stoff mit **Bewegung** zu verbinden, schafft sicher eine zusätzliche Erinnerungsspur, die ihre eigenen Speichermöglichkeiten erschließt. Eine

Studentin berichtet, die Vokabeln beim Lernen mit großen Armbewegungen in die Luft geschrieben zu haben.

Motivation beim Lernen

Die soziale Beziehung zu anderen Lernenden oder zu Lebenspartnern ist eine wichtige Motivationsquelle. In der Kommunikation über den Stoff, im Scherz, in These und Antithese kommt es zudem zu einer „Personalisierung" des Stoffes (1). Hiltrud: *„Durch die Diskussion mit anderen kann ich mir das jeweilige Thema besser merken. Ich erinnere mich daran, welche Person welche Thematik aufgebracht hat."* Andere Befragte berichten, dass die Gruppe den Stoff abfragte (2). Viele suchten eine Lerngruppe (15). Dort kann man schwierige Stellen besprechen und Bezüge klarmachen. Man lässt sich eher etwas von einer gut bekannten Person erklären als von jemand eher Fremdem, das reduziert die Kränkung (1). Man fährt mit der Lerngruppe in die Ferien (1). Man kann seinen Leistungsstand mit anderen vergleichen (Selbstgespräch: „Eigentlich weißt Du ganz schön viel."). Jeder muss zu einem verabredeten Termin vorbereitet sein oder hat ein schlechtes Gewissen, wenn er nicht vorbereitet ist (2). Den Stoff anderen (z.B. dem Lebenspartner) zu erklären, hilft einem, ihn selbst zu verstehen und zu lernen (3). Erst wenn der Partner, der den Stoff ja nicht kennt, verstanden hat, worum es geht, kann man ihn offenbar gut darstellen.

Motivation durch (innere) Selbstgespräche

Ein Student provozierte sich sozusagen selbst. Er sagte innerlich zu sich: „Du kannst das *doch* nicht." (1, dies scheint uns allerdings weniger günstig, weil es auch zu einer Entmutigung führen kann). Ein anderer verschaffte sich Zuversicht, indem er sich noch einmal klarmachte: „Nur noch einen Tag, dann ist es vorbei." So konnte er an schöne Dinge „danach" denken (1).

Sich selbst belohnen

Sich selbst zu belohnen, verstärkt die Motivation. Wir haben das ausführlich auf S. 47 behandelt. Die Studenten geben verschiedene Belohnungen an: Farbe kaufen, Süßigkeiten essen, essen allgemein, wenn man eine Definition richtig erinnert hat (8). (Wir meinen: Die Belohnung ist am wirksamsten, wenn sie für ein erledigtes Pensum erfolgt.)

Häufig wird erwähnt, dass beim Lernen ein Basisgefühl von Glücklichsein nötig ist (5). Angela fühlt sich nicht glücklich, wenn sie auf etwas verzichten soll, dann hat sie nur eine geringe Motivation. Sie hat daher immer dann gelernt, wenn andere keine Zeit für gemeinsame Freizeitaktivitäten hatten (1).

Auf Zeitdruck warten

Eine nicht seltene Methode zur Verbesserung der Lernmotivation (die allerdings nach Meinung der Autoren riskant ist) besteht darin, auf einen gewissen Zeitdruck zu warten: 13 Befragte berichten, dass sie erst dann mit einem Lernmarathon beginnen. Sie fingen in der letzten Minute an (4), allerdings führte dies manchmal zum Misserfolg (2 von 4) und immer zu Panik und Angst. Sicher, im günstigen Fall kann nun die Angst die Emotion sein, die den Stoff der Langeweile entreißt. Im ungünstigen Fall aber verhindert die Angst, nun zu wenig Zeit zu haben, das Lernen (1). Insgesamt darf man die Prüfung nicht allzu leicht nehmen (1), sonst kann es zu Misserfolgen kommen.

Den Stoff spannend machen

Das kann beim Lernen ganz von selbst passieren: Verhasstes wird plötzlich interessant (1). Durch die Wahl des Zeitpunktes der Beendigung der Arbeit kann Spannung entstehen: Ein Teilnehmer der Studie achtete darauf, die Arbeit an einer spannenden Stelle zu beenden, um dann am nächsten Tag besser anfangen zu können (1). Diese Beobachtung überrascht uns nicht: Was interessiert, ist leicht zu lernen und wird lange behalten (1). Man kann einen Text durch fiktive Rollenübernahmen spannend machen, z.B. ein Interviewpartner sein (2) oder es machen wie Jürgen:

„Wenn ich für Prüfungen lerne, stelle ich mir vor, ich bin ein Experte für das Thema. Ich wäre unglaublich schlau und forschte in diesem Gebiet. Ich möchte unbedingt alles zu dem Thema wissen. Dann fange ich an zu lesen, und die Thematik begleitet mich durch den Tag. Ich stelle mir vor, wie ich Vorträge dazu halte, mir knifflige Fragen gestellt werden und was ich dazu

sage. Das kann dann auch eigentlich ganz blöder, langweiliger Kram sein, irgendwie wird dann alles, was ich lernen muss, interessant."

Schwierigkeiten

Natürlich werden von den Befragten auch vielfältige Schwierigkeiten erwähnt, die zu überwinden sind. Besonders die Langeweile machte einigen zu schaffen: Es kam während des Lernens zu Schlafattacken (1) oder tatsächlich zum Einschlafen (1). Das Lernen wurde, z.B. beim Einüben der Bewegungen für das Zehn-Finger-System, als zu monoton empfunden (1).

Außerhalb liegende Probleme können einen Abbruch des Lernunterfangens bedingen: Es kam zu einem Studienabbruch nach sozialen Problemen oder Schwierigkeiten in einem Fach (1).

Gut bekannt ist das „Nicht-anfangen-Können" (1); wir behandeln es auf S. 67. Auch bei Unwichtigem hängen zu bleiben (1), ist sicher die Folge mangelnder Fähigkeiten zur Strukturierung der eigenen Arbeit. Ein Student will sich durch den Misserfolg motivieren lassen: Er hat Mut zur Lücke. Wenn es in der Prüfung schief geht, will er so die Motivation zum genaueren, intensiveren Lernen fürs nächste Mal gewinnen (1). Er riskiert dabei allerdings auch, völlig entmutigt zu werden. Die meisten Lernabbrüche sind nämlich Ergebnis von Misserfolgen und früher Kritik.

Lassen Sie uns zum Abschluss dieses Berichts über Lernverhalten im wirklichen Umfeld eine Beobachtung berichten, die, so überraschend sie ist, sicherlich auch zutrifft: Wenn der Lernstoff im Traum auftaucht, so schreibt ein Lernender, dann ist man auf dem richtigen Weg, dann beschäftigt man sich wirklich intensiv damit.

O = Ort

Der Lernort muss gewissen Mindestanforderungen genügen: Es soll dort ruhig sein, und Sie müssen Platz für die Lernmaterialien haben; helles Licht entlastet die Augen. Es ist günstig, wenn Sie nicht gestört werden können. Der Familienmensch wird naturgemäß immer wieder gebraucht und gerufen. Es kann dann besser sein, seinen Lernort außerhalb der Wohnung, in einer wenig besuchten Bibliothek o.Ä. zu suchen. Es gibt Menschen, denen ein wenig Musik im Hintergrund angenehm ist, und andere, die absolute Ruhe bevorzugen. Da soll man einfach den individuellen Vorlieben folgen. Spätestens, wenn man einmal angefangen hat, sich über einen bestimmten Lärm aufzuregen, stört er beim Lernen. Die einfachste Maßnahme gegen störenden Lärm sind Ohrenstopfen (z.B. Ohropax). Manchmal ist es möglich, unerwünschten Lärm – wie z.B. Baulärm oder unregelmäßigen Verkehrslärm – durch beruhigende Kopfhörermusik zu übertönen. Bemerkenswert, aber nicht unbedingt für jeden empfehlenswert, ist die Vorgehensweise, absichtlich im Lärm zu lernen, damit die innere Abwendung vom Lärm die Konzentration auf den Stoff ermöglicht.

Aus den Notwendigkeiten eines geordneten Unterrichts heraus wird dort für gewisse Phasen Stillsitzen verlangt. Wenn Sie allein lernen, können Sie aber ruhig im Zimmer oder im Haus herumlaufen, dabei Teile des Stoffes auf der Treppe und andere Teile z.B. in der Küche lernen. So wird automatisch dafür gesorgt, dass der Stoff an mehr und unterschiedliche Umgebungsassoziationen geknüpft wird (multiple Enkodierung). Bewegung fördert die Durchblutung, wirkt auch der Ermüdung entgegen. Lernende, die ganz still sitzen, spannen unwillkürlich die Muskeln an, um Reize aus dem Körper zu empfangen, die ein Einschlafen verhindern; das Lesen und Lernen von Texten ist ja naturgemäß etwas eintönig. Andere kneifen sich, ohne es zu bemerken, in den Arm, so dass hinterher blaue Flecken entstehen, oder pressen die Kiefer zusammen. Also, warum stillsitzen und sich verkrampfen? Bewegen Sie sich beim Lernen! Auch in den Pausen ist Bewegung günstig: Das kann ein kurzer Kopfstand sein oder einfach nur das Ausräumen der Spülmaschine; Hauptsache, man macht etwas anderes als sitzen und lesen (s.u.). Heißer Kaffee ist auch ein Weckreiz; allerdings muss man wissen, dass sehr viel Kaffee die Angstbereitschaft erhöht.

Das Gehirn braucht beim Lernen Sauerstoff (vgl. Kaugummi-Kauen, s.o.). Offene Fenster und frische Luft können also nicht schaden. Wenn es dabei etwas kalt wird, verhindert auch das ein bequemes Wegdösen. Sollten sich trotz allem beim Lernen Schafattacken einstellen, sollten Sie Ihre Atmung überprüfen: Einige Male kräftig ein- und ausatmen führt schnell wieder zu mehr Wachheit.

„Ein voller Bauch studiert nicht gern" ist insofern richtig, als auch die Verdauung Energie benötigt und das Blut sich nun verstärkt im Verdauungstrakt sammelt. Man kann dem durch leichtes Essen oder durch Essen am Abend entgegenwirken.

Welche Bevorzugungen in Bezug auf Lernorte haben wir in Befragungen registriert? Einige Befragte waren zu Hause zu stark abgelenkt und haben einen anderen Ort gefunden, um zu lernen. Auf der anderen Seite bevorzugte es eine Studentin, im Wohnzimmer, mitten im Leben der Familie, zu lernen, und eine andere Befragte mochte es, anderen zu demonstrieren, dass sie auch tatsächlich lernte, und wählte deshalb ebenfalls das Wohnzimmer als Lernort. Im Sommer wurde auch gern im Garten gelernt. Häufig wurde angegeben, dass das Zimmer und der Schreibtisch aufgeräumt sein sollen. Eine Studentin kaufte für das neue Lernvorhaben sogar immer einen neuen Stift und einen neuen Block und hatte so ein eigenes kleines Ritual für den Neubeginn geschaffen.

P = Personalisierung

Wissenschaftliche Untersuchungen haben gezeigt, dass man sich Klatsch-Informationen besser merken kann als alles andere. Das ist auch gar nicht so überraschend. Unser Gedächtnis entwickelt sich evolutionär als Anpassung an das Gruppenleben; es ist gut, wenn man sich merken kann, wer wessen Kind ist, wer mit wem verbündet oder verfeindet ist. Ich sollte mich daran erinnern können, mit wem ich Wohltaten tauschen kann oder bei wem ich auf eine günstige Gelegenheit für Strafaktionen warte. Schließlich ist es lebenswichtig zu wissen, wer welchen Status hat.

In einer neueren Studie mit Schauspielern, die ja lange Texte auswendig lernen müssen, kam eine besondere Lernstrategie ans Licht. Schauspieler müssen natürlich nicht nur den Text aufsagen, sondern auch den Charakter einer Person darstellen können, also versuchen sie schon beim Lernen der Rolle, den Text mit Charaktermerkmalen zu verbinden, zum Beispiel: „X antwortet immer knapp." So haben sie eine zusätzliche Personalisierung des Textes geschaffen, die ihnen hilft, den Text zu rekonstruieren.

Wie lässt sich das auf andere Texte übertragen? Man könnte z.B. eine Verbindung zum Autor versuchen: An welchen Themen hatte er besonderen Spaß, welche behandelt er etwas stiefmütterlich? Oder auch: Wie könnte ein Prüfer aus einem gerade gelesenen Textelement eine besonders knifflige Frage konstruieren? Bei derartigen Aufgaben kommt es zu besonders vielfältigen und aufgefächerten Assoziationen zu anderen Wissensbereichen, die eine Einprägung erleichtern.

Was kann man noch tun, um das Gedächtnis also mit dem Stoff zu füttern, für den es ursprünglich ausgelegt ist, nämlich mit Informationen über Personen?

Wenn man noch genug Zeit hat

Auch wissenschaftliche Erkenntnisse sind ja von Menschen gewonnen worden. Manchmal sind die Wissenschaftler (oder Künstler) so berühmt geworden, dass es Biografien von ihnen gibt. Bevor das Lernen beginnt – oder zumindest begleitend – könnte man solche Biografien studieren, so dass das Wissen in stärkerem Maße in Bezug zu Lebensläufen gesetzt werden kann. Die Leben von Jung, Freud oder Adler beispielsweise sind gleich in mehreren Büchern beschrieben worden. Der Student der Psychoanalyse täte gut daran, das Studium seines Faches mit diesen Biografien zu beginnen. Gibt es solche Biografien in einem Feld nicht, könnte man mit einem Buch über die Geschichte des Feldes beginnen, das die Entdeckungen und Errungenschaften in Beziehung zu den Leben der wichtigen Protagonisten setzt.

Auch die Autoren Ihrer Lehrbücher können Sie mitunter als Person kennenlernen. Sicher bietet das Internet hier allerlei Informationen, vielleicht ein Porträt. Wenn der Autor/die Autorin an einer Universität arbeitet, können Sie alle Veröffentlichungen finden und besser verstehen, aus welchen Interessen heraus einzelne Fragestellungen behandelt werden.

Wenn wenig Zeit ist – im Zuge des Lernprozesses

Nehmen wir an, Sie lernen Informationen, die von bekannten Personen entdeckt oder entwickelt wurden: Dann finden Sie für Ihre Mind-maps oft Fotos dieser Personen, wenn Sie im Internet bei einer Bildersuche den betreffenden Namen eingeben. Wir waren z.B. erstaunt, ein Foto des Intelligenzforschers Sternberg zu finden, das wir für eine Präsentation über den Intelligenzbegriff benötigten.

Bei Gliederungen können Sie einmal die Informationen mit der Liste Ihrer Freunde verbinden: Martin, Christa, Hans-Dieter, Vera, Ulrich, Ingrid, Angelika, Peter, Simon, Jutta – schnell sind zehn Namen beisammen, die Sie sehr sicher mit vielen bereits fest verankerten Informationen zu Personen verbinden. Stellen Sie sich nun einfach vor: Martin sagt: Gliederungspunkt eins, Christa sagt: Gliederungspunkt zwei etc. Sie werden erstaunt sein, wie gut Sie sich diese Gliederung merken können. Natürlich kann man das bei umfangreichem Lernstoff nun nicht immer wieder bei jeder Gliederung mit denselben Personen machen. Aber gelegentlich kann man die Personen wieder auftreten lassen, oder man nimmt andere Personengruppen, z.B. die Lehrer, die Mitschüler, die Nachbarn etc.

Manchmal kann man sich den Autor vorstellen, wie er seine Thesen entwickelt, und sich ein „Persönlichkeitsprofil" ausdenken, aus dem heraus man dessen Gedanken sogar schon vorhersehen kann.

> **Beispiel**
>
> In einem Buch über Architekturpsychologie zeigt der Autor im Text eine gewisse Bereitschaft, die Werke der berühmten Architekten spöttisch zu behandeln. Bei der Passage über die Guggenheim-Museen war schon vorauszusehen, dass er das große finanzielle Desaster, das der Direktor Krens mit neuen Museumsbauten über die Stiftung brachte, genüsslich ausbreiten würde.

Es ist ohnehin sinnvoll, den Lernstoff in Mind-maps anzuordnen. Die Ebenen dieser Mind-maps kann man nun z.B. mit gegebenem Lernstoff als Großeltern, Eltern, Kinder, Geschwister bezeichnen. Sie können Abzweigungen für Gegner und Geliebte, für uneheliche oder für adoptierte Kinder einfügen. Das ganze sachlich-trockene Wissen wird – spielerisch – in die Struktur einer Familie, bzw. auch eines Familiendramas, eingefügt.

Es ist auch personalisierend, darüber nachzudenken, wen Sie kennen, der in besonderem Maße etwas mit der Information anfangen könnte, die Sie gerade lernen.

Verschiedene Lernstoffe brauchen unterschiedliche Hilfsmaßnahmen: Beim Vokabellernen könnten Sie sich überlegen, für wen die komplizierte englische Vokabel (z.B. hypopotomac = Nilpferd) ein Spitzname sein könnte (spielerisch werden Sie im Gedächtnis für diese Person nun immer nur die fremdsprachige Vokabel verwenden).

R = Relevanz und Emotion

Nur wenn man sich für einen Stoff auch interessiert, kann man ihn leicht lernen. Die meisten Leser haben schon einmal erlebt, dass ein so schwieriger Lernstoff wie eine sechsstellige Nummer ganz leicht behalten und gelernt wurde, wenn es die Telefonnummer eines neuen Liebespartners war. Aber schon die eigene Kontonummer können die meisten Menschen nicht auswendig, obwohl diese oft **wiederholt** wird, wenn man Überweisungsformulare ausfüllt. (Das ist ja immer wieder nur eine Wiederholung der Informationsaufnahme: Suchen der Kontonummer und sie niederschreiben; wieder ein Beispiel dafür, dass nur die Wiederholung der Informationsaufnahme nicht allzu viel für das Lernen bringt.) Viele Lernstoffe sind ohne persönliche Bedeutung. Allerdings können auch bedeutsame Lernstoffe mit der Zeit langweilig und trocken werden. Daher muss jeder beim Lernen selbst etwas dafür tun, dass der Lernstoff interessant bleibt.

Das Beispiel des Lesenlernens in einer bis dahin unbeschulten Indianerpopulation soll den Sachverhalt veranschaulichen. Die Lehrerin fing nicht – wie seinerzeit üblich – systematisch mit dem Lernen des Alphabetes an, sondern forderte die Kinder auf, als erstes die Namen einer Sache, einer Pflanze, eines Tieres oder eines Menschen aufzuschreiben, die ihnen besonders wichtig waren. Das Wort konnten die Kinder dann auf einer kleinen Holztafel mit nach Hause nehmen. Man kann sich vorstellen, dass diese Lehrerin beim Unterricht der Kinder größeren Erfolg hatte als konventionelle Schulen der Region.

Große Schulklassen machen es schwer, jeden einzelnen so zu betreuen, dass er den Lernstoff von seinen persönlichen Interessen her erobern kann. Jeder aber, der selbstständig und selbst gesteuert lernt, kann sich Aufgaben stellen, die ihm etwas bringen, die für seine persönliche Biografie relevant sind. Bei solchen Aufgaben ist man gefühlsmäßig beteiligt, was das Lernen wiederum erleichtert. Wir sind von Natur aus nämlich nicht mit unserer besonderen Lernfähigkeit ausgerüstet worden, damit wir massenweise irrelevantes Zeug in uns hineinfressen, sondern damit wir uns lebenswichtige Sachverhalte merken können.

Beispiel

Persönlich bedeutsame Aufgaben beim Fremdsprachenlernen

- Sie schildern einem Arzt im Ausland Ihre Krankheiten. Welche Worte brauchen Sie dafür?
- Welche Wörter braucht man, um sich im Urlaub nach einem Weg zu erkundigen und um eine Antwort zu verstehen?
- Können Sie eine interessante Fernsehsendung in der fremden Sprache verfolgen?

- Versuchen Sie, die Aussprache einer Person simultan nachzuahmen, die Sie mögen oder die Sie lustig finden (leises, inneres Sprechen).
- Wenn Sie schon etwas fortgeschrittener sind, bemühen Sie sich, eine Witzsendung in der fremden Sprache zu verfolgen.
- Bei manchen Filmen auf DVD kann man die Sprache unterschiedlich einstellen. Sehen Sie den Film auch einmal in der Sprache, die Sie lernen wollen. Schauen Sie ein oder zwei wichtige Wörter nach, die Sie nicht verstanden haben. Wenn Sie Anfänger sind, ist es gut, wenn Sie den Film zuerst in der Muttersprache sehen, um dann zu prüfen, was Sie in der Fremdsprache schon verstehen. Dabei lernen Sie ganz unbewusst auch die Grammatik der Fremdsprache mit. Man nennt das „ein Sprachgefühl bekommen" (vgl. B = Beiläufiges Lernen).
- Nehmen Sie einen Schriftsteller oder Dichter der Zielsprache, den Sie mögen. Versuchen Sie, eine Seite zu verstehen. Schlagen Sie alle Wörter nach, die Sie nicht verstehen.
- Mit welchen Worten könnte man ein attraktives Mädchen, einen attraktiven jungen Mann ansprechen?
- Was essen (trinken) Sie gern? Können Sie das bestellen?
- Sie wollen beim Einkauf auf einem Flohmarkt verhandeln; welche Wörter und Redewendungen brauchen Sie dabei?
- Suchen Sie in einem Redensartenlexikon lustige Redewendungen (wie z.B. im Englischen: „Es regnet Katzen und Hunde").
- Lernen Sie einige Schimpfwörter in der Fremdsprache!

Natürlich geht es in dieser Art Aufgabenstellung darum, Phantasie zu entwickeln. Auch bei ganz trockenem Lernstoff, z.B. Dreisatzaufgaben, wie sie Kinder in der Schule lernen müssen, lässt sich leicht ein persönlicher Bezug herstellen:

- Wie viel Taschengeld hat ein Schüler pro Tag, pro Stunde etc. zur Verfügung?
- Was kostet ein einziges Bonbon der leckeren Lakritztüte?
- Welcher Teil des Jahres muss noch vergehen, bis die Ferien anfangen, bis Weihnachten ist?
- Wenn auf die Frage „Darf ich heute länger aufbleiben?" jedes 50. Mal eine Erlaubnis gegeben wird, wie oft muss man dann für zehn positive Antworten fragen?

Es gibt auch ganz allgemeine Fragestellungen, um zu persönlicher Relevanz zu kommen. Vielleicht hilft eine auch bei Ihrem Lernstoff weiter:

- Wie kann man damit Geld verdienen?
- Was kann man dem Partner, der Freundin, den Kindern aus diesem Lernstoff erzählen, was interessiert sie, wie müsste man es erzählen, damit ein Außenstehender überhaupt interessiert ist?
- Was könnte man auf einer Party erzählen?
- Was würde sich für einen witzigen Vortrag eignen?
- Versetzen Sie sich in die Rolle eines Forschers des Gebietes: Was würden Sie erforschen?
- Kann man mit dem Lernstoff in irgendeiner Hinsicht die Welt verbessern?
- Ermöglicht der Lernstoff unethische Anwendungen, die zu vermeiden sind?

SCH = Schlaf

Es wird angenommen, dass die Verankerung von Erfahrungen im Gedächtnis auch noch während des Schlafens und Träumens stattfindet. Die segensreiche Wirkung des Schlafes auf die Erinnerungsleistung konnte wissenschaftlich nachgewiesen werden. Studenten erinnerten sich nach einem erholsamen Schlaf sogar an jüngst gelernte Vokabeln, die sie vor dem Einschlafen nicht abrufen konnten. Also sollte man in Lernepisoden auf ausreichenden Schlaf achten. Das heißt: Nicht ganze Nächte durchlernen! Das wäre nachgerade kontraproduktiv. Das Schlafbedürfnis der Menschen ist unterschiedlich. Jeder weiß von sich, wie viel Schlaf er braucht. Mehr zu schlafen als üblich, ist auch nicht nötig, allerdings kann ein Mittagsschlaf als Pausenaktivität beim Lernen nicht schaden. Wenn Sorge und Prüfungsangst ein Einschlafen jedoch verhindern, ist dieser Rat nicht umzusetzen. Durch Meditation kann man die Gedanken ablenken. So können Sie bei jedem Einatmen innerlich leise „ganz" zu sich sagen und bei jedem Ausatmen „ruhig" (alternativ funktioniert auch, beim Einatmen in Gedanken „eins" und beim Ausatmen „zwei" zu sagen). So werden andere Gedanken verhindert. Manchmal hilft es schon, die Gedanken auf angenehme bildhafte Erinnerungen zu richten, z.B. auf die beruhigenden Szenen eines gerade gesehenen Films oder auf Erinnerungen an schöne Urlaubslandschaften.

Manchmal reichen diese Maßnahmen aber nicht aus. Es gibt „Einschlafmittel", die nur das Einschlafen erleichtern, den Schlaf selbst aber nicht verändern. Wenn überhaupt, sollte man zunächst zu diesen Medikamenten greifen. Es ist nicht ganz klar, wie Schlafmittel, die auch in das Traumgeschehen eingreifen, Lernprozesse beeinflussen. Besser als Schlaflosigkeit ist eine Schlaftablette aber allemal.

Schlaf und Kreativität

Im Schlaf arbeitet das Gehirn an Problemen weiter, die man sich vor dem Schlafengehen gestellt hat oder die das Leben stellt. Jeder kennt den guten Einfall, mit dem man morgens erwacht. Künstler berichten davon, dass sie nach dem Aufwachen ihre künftigen Bilder klar vor sich gesehen haben (z.B. Max Klinger). Man kann den Schlaf systematisch nutzen, um Einfälle zu haben. Denken Sie vor dem Schlafengehen, wenn Sie schon im Bett liegen, ein wenig über das offene Problem nach und nehmen Sie sich vor, in der Nacht – eventuell im Traum – einen guten Einfall zu haben.

S = Selbstbelohnung

Weil Lernen trotz allem anstrengend ist, braucht es Belohnungen oder – wie der Psychologe sagt – „Verstärkungen". Nach kleineren Erfolgen, z.B. dem Lernen eines wichtigen Abschnitts, kann man sich etwas gönnen: einen Kinobesuch, einen Kneipenabend etc. Das motiviert. Man würde sonst allzu leicht der Versuchung nachgeben, das Lernen wegen einer kurzfristig angenehmeren Tätigkeit zu verschieben. Nehmen wir als Beispiel einen Studenten, für den das Trinken einer Tasse Kaffee plus zehn Minuten Musikhören ein angenehmes Ereignis ist. Er nimmt sich vor, immer dann die Tasse Kaffee zu trinken und seine Musik zu hören, wenn er wieder ein Kapitel gelernt und das erste Mal erfolgreich „abgerufen" hat. Dieser Student wird wahrscheinlich feststellen, dass er auf diese Weise pro Tag mehr Zeit mit Lernen verbringt als ohne „Verstärkung".

Derselbe Student nimmt sich vielleicht auch noch vor, dass er erst dann eine seiner Lieblingsfernsehsendungen sehen darf, wenn er eine bestimmte Anzahl an Kapiteln gelernt hat. Wer ist es, der ihm Erlaubnisse und Verbote erteilt? Er selbst! Er hat mit sich selbst eine Art Vertrag geschlossen, dass bestimmte angenehme Ereignisse erst dann „fällig" sind, wenn gewünschte Verhaltensweisen stattgefunden haben. Manchmal kann es hilfreich sein, einen solchen Vertrag sogar mit einer anderen Person abzuschließen (vgl. Beispiel S. 79).

Nun mögen Sie vielleicht denken, dass für Sie selbst weder das Trinken einer Tasse Kaffee noch das Hören von Musik oder Fernsehen etwas Belohnendes sind. Es ist natürlich individuell sehr unterschiedlich, was man als Belohnung empfindet. Manches ist nur in einem bestimmten Alter belohnend, z.B. eine SMS zu schicken, ein Videospiel zu spielen, eine bestimmte Art von Musik zu hören. Überlegen Sie sich jetzt einmal ein paar Dinge oder Aktivitäten, die für Sie angenehm sind, mit denen Sie sich also für das Lernen belohnen könnten.

Wenn Ihnen spontan nichts einfällt, was Sie als Belohnung wählen könnten, helfen vielleicht die Antworten auf die folgenden Fragen:

1. Welche Sachen benutzen Sie gern? Würden Sie gern etwas kaufen? Würden Sie gern etwas konsumieren (essen, trinken)?
2. Was würden Sie gern geschenkt bekommen (bei größeren Geschenken können sie ja „Punkte" ansparen)?
3. Welche Sachen sehen Sie in Geschäften, in der Werbung, in Zeitschriften oder Katalogen, die Ihre Aufmerksamkeit wecken?
4. Welche Aktivitäten mögen Sie?
5. Was tun Sie gern in Ihrer Freizeit?
6. Was macht Ihnen bei Ihrer Arbeit Spaß?
7. Was empfinden Sie als schön, wenn Sie abends ausgehen? Wenn Sie abends zu Hause sind? Am Wochenende? In den Ferien? Im Urlaub?
8. In welchen Situationen fühlen Sie sich glücklich? Lebendig? Nützlich? Wichtig?
9. Welche Situationen mit anderen machen Ihnen Spaß?
10. Welche Veranstaltungen machen Ihnen Spaß?
11. Mit wem würden Sie gern zusammen sein?
12. Was könnte Ihnen helfen, bei schwierigen und langwierigen Aufgaben durchzuhalten?

Aber auch der fortlaufend sichtbare Erfolg beim Lernen ist als Belohnung nicht zu unterschätzen. Wenn Sie „ganz im Plan" waren, dann könnten Sie folgendermaßen innerlich zu sich sprechen: „Das habe ich wunderbar gemacht. Ich bewege mich auf eine erfolgreiche Prüfung zu."

T = Tiefe der Verarbeitung

Je mehr und je aufwendigere mentale Operationen man mit einem Wissensstoff durchführt, also je tiefer er verarbeitet wird, desto eher wird er auch ganz automatisch dabei gespeichert.

Folgende Operationen können bei Texten vorgenommen werden:

- zusammenfassen
- Kritikpunkte suchen
- sich Bilder zum Text machen (Vorstellungsbilder oder reale Bilder)
- sich Töne zum Text vorstellen (wenn das angemessen und möglich ist)
- Anwendungen suchen
- Anwendungen für das eigene Leben suchen
- umschreiben, verständlich machen
- Mind-maps anfertigen
- unwichtige Sätze durchstreichen
- einen Zeitungsartikel daraus machen
- eine Buchbesprechung schreiben

Manche dieser Möglichkeiten kommen auch an anderer Stelle und anderem Kontext noch einmal ausführlich vor; hier geht's um das Prinzip: Geistige Operationen mit einem Lernstoff prägen ihn eben auch ganz ohne Lernabsicht – wie automatisch – ein.

U = Unterteilungen und Gliederungen

Wenn man zu einem bestimmten Stichwort etwas sagen soll (z.B. in Prüfungen), dann hat man vielleicht zu diesem Stichwort selbst gar nicht so viele Informationen gelernt, weiß aber, dass vieles, was zu dem Stichwort zu sagen wäre, als Lernstoff zu einem Oberbegriff gehört. Nehmen wir das Thema „Masern": Hier wäre eben auch vieles zu erwähnen, was allgemein zu Virus-Infektionen gehört.

Daraus folgt, dass man sich beim Lernen immer klar machen muss: Was ist der Oberbegriff für diesen Lernstoff? Zudem ist es immer gut, wenn man sein Wissen an Beispielen erläutern kann. Also soll beim Lernen auch immer die Frage gestellt werden: Was ist der spezifische Fall? Um beim Beispiel zu bleiben: Wie wurde der Verlauf einer speziellen Masern-Erkrankung im Lehrbuch dargestellt? Auch in Prüfungen (speziell in Multiple-choice-Prüfungen) ist es außerordentlich sinnvoll, sich Oberbegriff und spezifische Fälle zu einem gegebenen Stichwort bewusst zu machen, ja man sollte sogar vor der Antwort systematisch abzurufen versuchen, welche Information zu einer spezifischen Frage vielleicht nur beim Oberbegriff abgespeichert ist. Auf diese Weise lernt man automatisch die Gliederung mit. Wenn man Mind-maps anfertigt, erledigt man das sinnvollerweise gleich mit (vgl. S. 163 ff).

V = Vielfältig verknüpfen

Man lernt nie ausschließlich den Stoff. Man lernt ihn immer in der Verbindung mit allem anderen, was beim Lernen gegenwärtig ist. Das sind Räume, Einrichtungen, Lichtverhältnisse, Geräusche, aber auch eigene Stimmungen, Gefühle und Gedanken. Weil all das mit dem Lernstoff zusammen gelernt wird, bildet es Abruf-Pfade zu diesem Stoff. So kann es vorkommen, dass ein Geruch oder das Betreten eines Zimmers längst vergessen geglaubte Erlebnisse wieder ins Bewusstsein rufen. Wenn also ein Lernstoff immer nur in einem Zimmer, immer nur unter dem Gefühl der Prüfungsangst abgerufen wurde, sind es nur wenige Pfade, die zu diesem Lernstoff führen. Er bildet eine abgekapselte Wissensstruktur, die bald vergessen ist.

Wenn es viele Pfade gibt, fällt dem Lerner der Stoff auch zu verschiedenen Gelegenheiten wieder ein. Er mischt sich mit den Alltagsgedanken und wird zu einer im Gesamtwissen fest verwurzelten Struktur. Wiederholungen des Abrufs der Information zu verschiedenen Zeitpunkten mischen den Stoff mit verschiedenen inneren Zuständen. Wiederholungen des Abrufs an verschiedenen Orten wiederum mischen sich mit einem jeweils neuen Bündel von Assoziationen. Der Wechsel von lautem Wiederholen des Abrufs zu leisem, innerem Sprechen mischt den Stoff mit verschiedenen Sinnesempfindungen. Allein Pausen führen dazu, dass sich innere Erlebniswelten geändert haben und der Lernstoff nach der Pause mit wiederum neuen Assoziationspfaden versehen wird. Je mehr Assoziationspfade ein Stoff hat, desto leichter kann er später abgerufen werden.

Neue Assoziationspfade kann man auch absichtlich herstellen, indem man den Lernstoff mit persönlicher Bedeutung versieht: Was könnte man den Eltern aus diesem Stoff erzählen? Was der Freundin? Wie könnte man damit Geld verdienen? Wird man das im Leben mal brauchen können (vgl. oben, R = Relevanz)?

W = Wichtig nehmen

Man soll den Stoff wichtig nehmen: Wie macht man das?

1. Prüfen Sie Ihre innere Einstellung, wenn Sie eine wichtige Nachricht im Radio hören. Können Sie dieses Gefühl beim Lernen ein wenig simulieren?
2. Natürlich: volle Konzentration. Beobachten Sie sich, ob Sie wirklich auf den Stoff konzentriert sind und keine anderen Gedanken im Hinterkopf haben. Wenn doch, sollten Sie diese Gedanken einmal ins Bewusstsein kommen lassen und dann in der Vorstellung an sie einen Haken für unerledigte Probleme hängen, die Sie später wieder aufnehmen werden.
3. Mit Wichtigkeit anreichern: Was hat der Stoff mit Ihnen zu tun, wie könnten Sie persönlich ihn nutzen (vgl. R = Relevanz)?

Kann man einen Lernstoff wichtig nehmen, den man mehrere Stunden am Tag und mehrere Wochen lang bearbeiten muss? Es kommt darauf an, was man unter „wichtig nehmen" versteht. Wenn man will, dass Lernen „etwas Besonderes ist, das Spaß macht", dann wird das tagelange Lernen eines Prüfungsstoffes nicht darunter fallen können. Aber viele Menschen sind beim Lernen immerzu mit dem Gedanken beschäftigt, dass ihnen eigentlich andere Dinge jetzt mehr Spaß machen würden. Mit dem Lernstoff müssen sie sich eben nur „notgedrungen herumschlagen". Das ist zwar verständlich, aber mit dieser Denk- und Arbeitshaltung macht man sich das Lernen unnötig schwer. Es muss eine mittlere Auffassung zwischen „besonderem Spaß" und „schrecklicher Last" angestrebt werden. Aber wie?

Am besten, man trainiert, das möglichst vollständig zu tun, was man gerade tut. Das heißt: Hat man geplant, ein bestimmtes Kapitel im Buch zu bearbeiten, dann sollte man sich bemühen, nur das zu tun. Keinen Telefonanruf beantworten, kein Gang zur Kaffeemaschine, andersartige Gedanken sind jetzt unerwünscht. Nichts anderes ist jetzt dran. Das wird nicht sofort perfekt funktionieren. Aber man gewöhnt sich daran, die Ablenkungswünsche nicht mehr auf „eine latente Bereitschaft" treffen zu lassen. Auf diese Weise kommt ein Tagesrhythmus zustande: zunächst mit immer vollerer Kraft arbeiten – danach mit immer vollerer Kraft etwas anderes machen.

Allmählich – und zwar viel schneller als man denkt – baut sich für die regelmäßigen Pflichten eine „Gewohnheit" auf. Die Gedanken daran, dass eine Arbeit „eigentlich keinen Spaß macht", werden schwächer. Es ist, als wenn das innere Ich gemerkt hat, dass es keinen Zweck hat, mit störenden Gedanken zu kommen, und sich immer gutmütiger und bereitwilliger verhält.

Z = Zeit, zu der gelernt wird/Zeitmanagement

Die optimale Uhrzeit, zu der gelernt wird, ist sicher individuell sehr unterschiedlich; jeder muss für sich selbst herausfinden, wann er am besten lernt. Studenten erwähnten uns gegenüber manchmal, wann sie am besten lernen können:

Einige Studenten lernten am besten vormittags und mittags, nämlich von 10 bis 14 Uhr, von 8 bis 16 Uhr oder von 9 bis 12 Uhr. Eine Studentin lernte vormittags ausschließlich neuen Stoff, den sie von 13 bis 17 Uhr nur wiederholte. Alle diese Studenten lernten abends nicht. Es gibt aber auch Studenten, die nur abends lernen oder den Lernstoff vor dem Schlafengehen noch einmal durchgehen. Ein Student lernte nachts ab 3 Uhr (vgl. S = Schlaf).

Testen Sie selbst, ob Sie vormittags, nachmittags oder abends am besten lernen. Es gibt natürlich Umstände, die es einem nicht erlauben, die Lernzeit frei zu wählen.

Zeitmanagement und Vorausplanen der Lernaktivität

Lernepisoden können kurz sein, wie vielleicht das Lernen für einen Test am nächsten Tag, sie können sich aber auch über längere Zeit bis zu einem Prüfungszeitpunkt erstrecken – wie etwa das Lernen für die theoretische Führerscheinprüfung. Manchmal sind gar in einer kurzen Zeitspanne mehrere Prüfungen zu absolvieren. Diese Anforderungen bedürfen in unterschiedlichem Maße einer Vorausplanung. Bei mehreren Prüfungen, auf die man sich eine längere Zeit vorbereitet, wie etwa auf die Abschlussprüfungen eines Studiums, ist eine sorgfältige Vorausplanung der Lernzeiten ganz unabdingbar.

Unsicherheiten bei der Planung in Kauf nehmen

Meist weiß man zunächst nicht, wie viel Zeit man brauchen wird; zu Beginn geht das Lernen ohnehin nur langsam voran. Später schafft man im gleichen Zeitraum deutlich mehr. So ist eine Planung, die die anfängliche Lerngeschwindigkeit als Maß nimmt, vielleicht falsch. Der Stoff ist unterschiedlich schwierig; manchmal muss man sich Zeit nehmen, um ein einzelnes Problem zu klären oder eine schwierige Stelle richtig zu verstehen. Manchmal ist ein Stoff besonders ungeliebt, und es geht daher langsamer voran. Es ist wie bei einer Wanderung mit steilen und flachen Passagen: Man muss ein wenig abschätzen können, wie lange man im Mittel für einen bestimmten Stoff brauchen wird.

Wenn es um die Seiten eines Buches geht, kann man testen, wie lange man zum Lernen der ersten zehn Seiten braucht, um dann zu berechnen, wie viele Stunden Lernzeit das ganze Buch erfordern wird. Manchmal weiß man auch den genauen Prüfungstag noch nicht, kennt aber ungefähr einen Zeitraum, in dem die Prüfung wahrscheinlich liegt. In diesem Fall sollte man für die Planung den Beginn des Zeitraums einmal provisorisch als Prüfungstermin ansetzen. Noch eine weitere Einschätzung ist erforderlich: Wie viele Stunden am Tag oder in der Woche hat man überhaupt Zeit zu lernen? Kann man das Ausmaß von Ausnahmen und nicht abzuweisenden anderen Verpflichtungen richtig einschätzen? Die tägliche Lernzeit wird nach oben auch durch die maximal effektive Lernzeit eingeschränkt; auch die muss man – eventuell mangels entsprechender Erfahrung – für sich einschätzen.

Alle Schätzungen zusammen ergeben dann erst, wie lange vor der Prüfung man mit dem Lernen beginnen muss. Dann kann man, vom Prüfungszeitraum ausgehend, einen Plan der Lernepisode anlegen. Weil aber derartig viele „Unsicherheiten" in den Schätzungen zur Grundlage dieses Plans werden müssen, verzichten viele Lernende überhaupt auf einen Lernplan. Vor der ersten Prüfung lernt man dann übermäßig lange für dieses erste Fach, die anderen Fächer werden nur mit wesentlich weniger Lernzeit bedient. Das ist nur eine der häufigen negativen Folgen der Planlosigkeit. Schlimmer ist, dass man zu spät mit dem Lernen beginnt und dann objektiv zu wenig Zeit hat, so dass man mit gutem Grund Prüfungsangst haben kann.

Den Vorbereitungsplan sichtbar aufhängen

Am besten besorgt man sich einen Kalender, in den man die vorgesehenen Lernphasen einträgt und später notiert, ob es tatsächlich zum Lernen kam und ob der Fortschritt im Stoff ungefähr so war wie erwartet. Diese Tabelle oder den Kalender (z.B. Jahresplaner) wird man sichtbar aufhängen, so dass der Lernfortschritt jeden Tag deutlich vor Augen steht.

> Kalender kann man gut mit dem Computer herstellen. Zum Beispiel hat das E-Mail-Programm Microsoft Outlook eine sehr brauchbare Kalenderfunktion. Man kann den einzelnen Tag (mit Stundeneinteilung 7 bis 18 Uhr), die ganze Woche oder den Monat auf dem Bildschirm sehen und auch ausdrucken. Auch im „Zubehör" von Windows XP ist eine Kalenderfunktion enthalten.

Verwenden Sie verschiedene Farben für unterschiedliche Aufgaben. Markieren Sie – natürlich ganz ehrlich – auf den Kalenderblättern der vergangenen Tage mit Haken oder Farben, was Sie geschafft haben!

Reservezeiten einplanen

Durch unvorhergesehene Ereignisse – z.B. eine Erkrankung – verlängert sich die Lernzeit. Dafür müssen Reservezeiten eingeplant werden. Aus allem ergibt sich, dass man gar nicht früh genug beginnen kann, einen Lernplan aufzustellen. Ist ohnehin zu wenig Zeit, ist es wichtig, die wenige Zeit angemessen auf die Fächer aufzuteilen und zu bestimmen, was der wichtigste Stoff ist. In der letzten Woche vor Prüfungen (aber nicht mehr am Prüfungstag) sollte man Zeit für eine Wiederholung der Abfrage des Stoffes einplanen.

> **Beispiel**
> Schon allein mit einer Word-Tabelle lässt sich leicht ein Plan machen, der auf die individuellen Bedürfnisse zugeschnitten ist. Nehmen wir an, Sie müssen die theo-

retische Führerscheinprüfung machen. Sie haben jeden Tag nach der Arbeit Lust und Zeit, die Fragensammlung eine Stunde lang zu lernen. Am Wochenende können Sie jeweils einen Vormittag lernen. Also sieht der Wochenplan so aus (in die unterste Zeile können Sie zur eigenen Kontrolle jeweils eintragen, wie viele Fragen Sie geschafft haben):

Fr	Sa	So	Mo	Di	Mi	Do (Prüfung)
1 Std.	1 Std.	4 Std.	1 Std.	1 Std.	1 Std.	Kein Lernen
20	15	(heute)				

Beispiel

Wenn Sie in einer Stunde 15 Fragen bearbeiten und lernen können (inklusive Pausen), können Sie also bis zur Prüfung am Donnertag 135 Fragen lernen. Besser wäre aber, Sie würden von vornherein Reservetage einplanen für den Fall, dass einmal etwas dazwischenkommt:

Fr	Sa	So	Mo	Di	Mi	Do (Prüfung)
Reserve	Reserve	4 Std.	1 Std.	1 Std.	1 Std.	
		z.B. 60	15			

Beispiel

Nun muss die Lernzeit entsprechend früher beginnen.
Wenn – wie bei einer Examensprüfung – in einer kurzen Zeitspanne mehrere Prüfungen anfallen, muss die Planung über Monate hinweg greifen:

Januar	Februar	März	April	Mai
1. Woche Physik	1. Woche Mathe	1. Woche Bio	1. Woche Physik	
2. Woche Physik	2. Woche Mathe	2. Woche Bio	2. Woche Bio	
3. Woche Physik	3. Woche Mathe	3. Woche Bio	3. Woche Jura	
4. Woche Physik	4. Woche Mathe	4. Woche Bio	4. Woche Mathe	

Juni	Juli	August	September	Oktober	November
1. Woche Reserve	1. Woche Physik	Ferien	1. Woche Wiederholung 1	Abfrage Physik	3 Prüfungen: Mathe
2. Woche Reserve	2. Woche Bio		2. Woche Wiederholung 2	Abfrage Mathe	Bio
3. Woche Reserve	3. Woche Mathe		3. Woche Wiederholung 3	Abfrage Jura Abfrage	Physik
4. Woche Reserve	4. Woche Jura		4. Woche Wiederholung 4	Bio	

Dies ist ein ganz grober Plan für einen Studenten, der ganze Tage zum Lernen zur Verfügung hat. In einem Tagesplaner müssten auch andere Verpflichtungen wie Nebenjobs oder wichtige Vorlesungen mit berücksichtigt sein. Die Dauer der „Zurückplanung" richtet sich nach dem geschätzten Zeitbedarf. Studenten, die die Prüfung schon einmal gemacht haben, könnten Tipps geben, wie viel Zeit man für das Lernen braucht. Im Beispiel sind pro Fach 6 bis 7 Wochen Lernzeit vorgesehen. Vor den Prüfungen liegen eine Wiederholungs- und eine Abfragephase.

Pausen

Das menschliche Gehirn ist nicht darauf eingestellt, acht Stunden lang neue Informationen zu lernen. Wenn – wie in einem Gespräch mit Freunden – nur hin und wieder eine wichtige Information aufgenommen wird, fällt es recht leicht, sich diese zu merken. Eine Information muss sich immer erst „setzen", wird noch verarbeitet, selbst wenn die bewusste Aufmerksamkeit sich schon nicht mehr mit ihr beschäftigt. Zudem: Allzu viel Gleichförmigkeit ermüdet (Habituation), also muss man für die Lernphasen auch viele Pausen einplanen. Jede Lernstunde sollte mindestens 20 Minuten Pause enthalten.

Pausenaktivitäten

Liest man Texte, speziell solche, die ein wenig langweilig sind, ist das sehr ermüdend (s.o.). Daher sollten die Pausenaktivitäten aufwecken (den gleichen Zweck kann auch das Trinken von sehr heißen oder sehr kalten Getränken erfüllen). Jede Art von Bewegung ist geeignet. Pausenaktivitäten sollten aber auch nicht zu angenehm sein, sonst ist man zu wenig motiviert, zur Arbeit zurückzukehren. Computerspiele zum Beispiel können eine schreckliche Zeitfalle sein; man kann nicht aufhören, und die Lernzeit verstreicht ungenutzt. Also sollte man sich in den Pausen ans Zimmeraufräumen, Spülen, Schuheputzen etc. machen; dabei bewegt man sich, freut sich aber gleichzeitig schon wieder aufs Lernen. Wenn Sie fit sein oder ein spezielles Muskeltraining absolvieren wollen, kann das auch in den Lernpausen stattfinden. Die Arbeit mit dem Expander, Liegestützen oder eine systematische Anspannung der Bauchmuskeln könnte über die Pause hinaus segensreiche Wirkungen entfalten. Bewegung baut zudem Adrenalin ab und reduziert so den empfundenen Stress.

Auch Entspannungs- und Meditationsübungen eignen sich für die Pausen, und zwar speziell dann, wenn man von Prüfungsangst geplagt wird oder sich beim Lernen stark anspannt. In den Entspannungsphasen kann man sich mit Autosuggestionen beruhigen (vgl. Autosuggestion im Abschnitt „Sorgen und Nöte beim Lernen"). Zu den Entspannungsübungen gehört auch die Kontrolle der Atmung, z.B. den Atem tief in den Körper fallen zu lassen, ohne die Atemmuskulatur stark anzuspannen.

Wenn man beim Lernen auf einen Bildschirm blickt, sollte man das in den Pausen vermeiden; wenn man beim Lernen Texte liest, ist es besser, in den Lernpausen nicht auch noch zu lesen, eben um den erwähnten Ermüdungsphänomenen entgegenzuwirken.

Es ist außerdem sinnvoll, das Verstreichen der Pausenzeit deutlich bemerkbar zu gestalten, z.B. durch das Ende einer Musik-CD oder das Klingeln eines Weckers.

Was haben wir in Bezug auf Planen und Pausen in den Berichten gefunden? Nun, viele Studenten machen sich einen Lernplan, den sie manchmal an der Wand aufhängen. Dann fällt es leichter, frühzeitig anzufangen, und man ist beruhigt, insgesamt genug Zeit zu haben. Der Lernplan kann vorsehen, am Tag zu lernen und abends zu wiederholen. Am Tag vor der Prüfung wird oft nicht mehr gelernt, sondern nur noch wiederholt. Der Stoff wird, auch um die Motivation zu behalten, in Häppchen aufgeteilt, so dass man auch mal nur eine Stunde lernen kann und dann immer wieder Pausen macht. Beim Klavierspielenlernen wurde der Stoff z.B. mit gutem Erfolg jeweils in „Häppchen" für eine Hand unterteilt. Weniger günstig erscheint uns, die Nacht vor der Prüfung für die Wiederholung zu nutzen, wie es einmal berichtet wurde.

Die Pausen zu erreichen, motiviert das weitere Lernen – besonders, wenn man Pausen erst nach Zielerreichung macht. Manchmal wurde Pausenaktivitäten wie spannende Bücher lesen oder Musik hören schon vorbereitet.

Sorgen und Nöte beim Lernen und wie man damit umgeht

Auf den folgenden Seiten soll Hilfe bei emotionalen Problemen mit dem Lernen angeboten werden, also eine Art „Lernpsychotherapie". Dies geschieht auf zweierlei Weise. Einmal werden – ganz traditionell – Ratschläge gegeben. Darüber hinaus sollen Analogien (im Text manchmal kursiv abgesetzt) dem Lerner mit seinen Emotionen helfen, zu einer angemessenen Bewertung der Lernsituationen zu gelangen. Manchmal sollen diese kleinen Analogien z.B. dazu führen, die Situation anders (positiver) zu deuten. Wie auch später noch weiter ausgeführt wird, ist gerade das Lernen durch Analogien geeignet, das Verständnis für einen Sachverhalt zu verbessern.

In einem ersten Block geht es um emotionale Schwierigkeiten mit dem Stoff oder der Stoffmenge, in einem zweiten Block um Lernstörungen durch Kränkungen sowie den Umgang mit Fehlern, im dritten Block um Lernangst und Prüfungsangst.

Der Stoff ist scheinbar kaum zu bewältigen

Zu Beginn einer Lernepisode erleben viele Menschen Phasen der Entmutigung. Der zu lernende Stoff erscheint unermesslich. Andere beherrschen diesen Stoff oder diese Fertigkeit schon in einem Maße, das unerreichbar wirkt. Es scheint, als lohne das Anfangen gar nicht erst. Man denkt:

„Die Stoffmasse ist so riesig, da brauche ich gar nicht erst anzufangen."
„Andere können das viel besser, ich bin zu wenig begabt."
„Auf den Fertigkeitsstand der anderen kann ich nie und nimmer kommen."

Natürlich, bei einer langen Wanderung ist ein erster Schritt gar nichts, dennoch können es am Ende des Tages viele Kilometer werden. Würde man sich vor der Wanderung Gedanken über die Wegstrecke machen, die der erste Schritt einbringt, müsste man an dem Wandervorhaben in der Tat verzweifeln.

Diese Analogie gewährt schon ein wenig Trost, glücklicherweise aber sind die Verhältnisse bei Lernabenteuern noch günstiger.

Es verhält sich eher wie beim Schlittschuhlaufen. Anfangs stolpert man unbeholfen über das Eis. Dann kommt es schon zum gelegentlichen Gleiten. Mit wachsender Erfahrung wird ein elegantes Laufen daraus. Allzu schwer ist es nicht, jeder kann es lernen. Mit dem ersten Stolpern könnte man wirklich keine großen Strecken zurücklegen. Beherrscht man aber das elegante Gleiten, sind große Wegstrecken auf dem Eis möglich.

Genau so ist es mit dem Lernen:

- Man lernt zu lernen, man wird geschickter im Umgang mit den eigenen Kapazitäten, man verwendet wirkungsvolle Strategien. Anstatt z.B. das Buch unter das Kopfkissen zu legen, versucht man, sich selbst abzufragen.
- Man lernt, die Aufmerksamkeit auf relevante Stellen zu lenken. Vieles, was anfänglich als neuer Lernstoff erscheint, erweist sich im Laufe der Zeit nur als Wiederholung, als Ausschmückung etc., und man lernt bald, besser zwischen relevanten und weniger relevanten Inhalten zu unterscheiden.
- In den Stoff eingebettet sind Elemente, die sich immer wieder auf das gleiche Vorwissen beziehen. Hat man dieses Vorwissen erst einmal erworben, finden sich für den neuen Stoff immer mehr Anknüpfungspunkte, und das Lernen wird zunehmend automatischer und leichter. Sobald man nämlich über viel Wissen in einem Gebiet verfügt, kann man sich viele Informationen sofort merken, ohne sie mit besonderer Mühe erst „lernen" zu müssen.

Ich vergleiche diesen Sachverhalt manchmal mit dem Wachstum eines Tannenbaums. Die Stellen, an die man bei einem Tannenbaum (der steht für das Vorwissen) Weihnachtskugeln (also das neue Wissen) anhängen kann, vermehren sich ständig. Ein ganz kleiner Baum hat vielleicht nur drei oder vier geeignete Äste. Bei einem großen Baum dagegen kann es leicht hunderte solcher Anhänge-/Anknüpfungspunkte geben.

Das anfängliche „Lernstolpern" wird also zu einem „Lerngleiten". Andere Menschen beobachtet man oft in einem fortgeschrittenen Zustand des Lernens. Dieses Vorbild erscheint dann vom eigenen Zustand aus betrachtet als nicht erreichbar. Aber wenn man weiß, dass man selbst in der Lernfähigkeit und im Lernstoff eben nicht nur lineare, sondern exponentielle

Fortschritte machen wird, kann einen das nicht davon abhalten, optimistisch mit den ersten – wenn auch mühsamen – Schritten zu beginnen.

Die Lernfähigkeit steigt, so dass der *zunächst unbesteigbar steil scheinende Berg im Verlauf des Lernens allmählich flacher ansteigt; man kann den Gipfel erkennen, man weiß Wege, wie man ihn erreichen wird.*

Aufgabe

Machen Sie Ihrem unbewussten, bildhaften Denken klar, dass das Lernunternehmen gelingen kann. Malen Sie einen steilen Berg (der steht „analog" für das Lernunternehmen) und finden Sie beim Malen einen Weg, auf dem man ihn besteigen kann. Stellen Sie sich vor (oder zeichnen Sie es ein), wie Sie mit der richtigen Ausrüstung auf diesem Weg aufsteigen und den Gipfel erklimmen.

Braucht man das alles wirklich?

Bei den bevorstehenden Mühen ist es sicher verführerisch zu denken:
„Ich brauche das nicht wirklich!"
„Das geht doch so, wie ich es immer gemacht habe, besser!"

Das Baby könnte vielleicht denken: „Ich komme doch mit Krabbeln überall hin, warum soll ich laufen? Das Laufen ist eine wackelige und unsichere Sache, das Krabbeln dagegen viel stabiler".

Man wertet den neuen Stoff ab, weil man keine rechte Lust hat, sich damit zu beschäftigen. Warum soll man lernen, was man nicht braucht; warum soll man sich auf eine Vorgehensweise umstellen, die den Ablauf nicht verbessert? Man muss wissen, dass sich solche Abwehrhaltungen ganz unbemerkt einschleichen, auch wenn der Stoff wissenswert und die Veränderung günstig wäre. Aus Diskussionen weiß man: Wenn sich ein Teilnehmer auf eine These versteift hat, werden ihn selbst die stichhaltigsten Argumente nicht dazu bringen, seine Meinung zu ändern. Innerhalb des eigenen Denkens ereignet sich das gleiche Phänomen noch drastischer (weil man ja dabei keinen „Gegenspieler" hat). Jede zusätzliche Information, jedes weitere Kennenlernen des Stoffes scheint das eigene Vorurteil noch zu bestätigen: Ich brauche das nicht zu wissen.

Also lohnt es sich vielleicht doch, sich auf den Rat derer zu verlassen, die den Stoff schon gelernt haben und ihn nützlich finden. Bei manchem

Stoff wird dies allerdings auch von erfahrenen Lernern bestritten. So wird der Nutzen eines Lateinunterrichts im Gymnasium kontrovers diskutiert. Letztlich beruht er auf einer nicht mehr hinterfragten Tradition: Wenn man im Mittelalter die geistig so überlegenen antiken Gelehrten lesen wollte, musste man Latein können.

Wenn ein älterer Mensch nicht Gleichaltrige, sondern einen Experten fragen würde, ob es sich für ihn noch lohne, den Umgang mit Computern zu lernen, würde er sicher ermutigt. Die Möglichkeiten von Text- und Kalkulationsprogrammen, das Schreiben von E-Mails etc. sind allemal eine riesige Erleichterung. Wenn man also Auskünfte von weiter fortgeschrittenen Lernern eines Lerngebietes bekommt, sollte man eigene Bedenken als interessengeleitetes Denken hintanstellen. In Wirklichkeit will man sich nur die Mühe ersparen.

Es ist natürlich demütigend, gezwungen zu sein, etwas zu lernen, was man nicht braucht. Man selbst wäre aus eigenem Antrieb nie auf die Idee gekommen, sich mit dem Stoff auch nur zu beschäftigen. Mit solchen Demütigungen muss man in der Schule, in der Universität, in betrieblichen Ausbildungen oft umgehen. Wer besonders stolz ist, hat es schwer; wer sich leichter anpasst, dem gelingt es irgendwie (vielleicht einer der Gründe dafür, dass die ein wenig aggressiveren Jungen häufiger zu Schulversagern werden als die Mädchen). Es kann durchaus sein, dass man es als Schande, ja als Vergewaltigung empfindet, sich sinnlosen Lernforderungen zu beugen. Es hilft oft nur wenig, sich im Kopf klar zu machen, dass man ja selbst das Ausbildungsziel erreichen will, dass man also auch diese Quälerei mitmachen muss, um das eigene Ziel zu erreichen. Eltern und Erzieher ziehen diese Karte allzu gern. „Du musst es selbst wissen, es ist deine Zukunft." So oder ähnlich lauten die Sprüche, die man zu hören bekommt.

Hier ist es sinnvoll, sich die Mentalität des Reisenden anzueignen, der – um das Ziel zu erreichen – auch durch langweilige Steppen ziehen muss. Klagt er anhaltend über die öde Strecke, wird es ihm schwerfallen, durchzuhalten. Nimmt er es geduldig auf sich, kommt er leichter ans Ziel.

Der 16-Jährige mit seiner tiefen Abneigung gegen das Lateinlernen wird kaum das Bildungssystem ändern. Dagegen kämpfen hieße, wie Don Quichotte gegen die Windmühlen zu kämpfen. Er muss einfach nur da durch. Er muss es als einen Kampf auffassen, den er selbst gewinnen will. Er sollte denken: „Ihr werdet mich mit all eurer Sinnlosigkeit nicht fertigmachen. Ich bin stärker, als ihr denkt."

Ein weiteres Denkmodell kann sein: Man ist ein Lernsklave und muss sich freikaufen. Nur die stärksten Sklaven halten bis zur Freiheit durch. Auf diesem Weg muss man viele sinnlose Arbeiten verrichten.

Es kann eine kleine Freude sein, wenn man plötzlich merkt, dass die sinnlosen Arbeiten einem mit der Zeit immer leichter fallen, einem vielleicht auch dann leichter fallen, wenn man sich an bestimmte Arbeits- und Lernrhythmen gewöhnt hat. Dann bemerkt man manchmal gar nicht mehr, wie schlimm es eigentlich ist.

Auch Anpassung kann Stärke sein. Es gibt Stärke in der Anpassung und Stärke in der Rebellion. An die Hitze der Wüste, an die Kälte des Pols muss sich auch der mutigste Abenteurer anpassen. Eine Rebellion ist absurd.

Ein kleines Stück Rebellion kann darin liegen, sich das Lernen auch bei solchen sinnlosen Strecken so effizient und mühelos wie möglich zu machen.

Unsicherheiten reduzieren

Es gibt Lernsituationen, in denen der Lernbeginn schwerfällt, weil wichtige Fragen noch nicht geklärt sind:

a) Man weiß nicht, wie man lernen soll

Man liest den Stoff, man versucht, sich dabei etwas einzuprägen; ist das aber die richtige Art zu lernen? Wenn Sie dieses Buch studiert haben, sollten Sie wissen, was Sie machen müssen.

b) Man weiß nicht, was man lernen soll

In einer Titelzeile wirkt diese Stellungnahme merkwürdig, aber es gibt tatsächlich viele Prüfungen, die den Kandidaten weitgehend im Unklaren lassen, was er lernen soll. Manchmal ist nur das Prüfungsgebiet vorgegeben; der Kandidat kann sich das Wissen besorgen, wie er will. Bei der Heilpraktikerprüfung z.B. kann der Prüfling eine Schule besuchen, er kann einen

Fernlehrgang mitmachen oder sich selber Bücher besorgen, aus denen er lernt. Vielleicht hat er einige Bücher in die Hand gedrückt bekommen oder eine Literaturliste erhalten.

Wie angenehm war es früher beim Anatomiestudium (bei dem man unverschämt viel auswendig lernen musste), dass alle Muskeln, Knochen und Nerven, die beim nächsten Testat drankommen sollten, an der Tafel standen. Man wusste genau, was man lernen musste. Man wusste, wo man diese Informationen finden konnte. Alle Informationen, die zu lernen waren, standen nämlich in einem anatomischen Atlas.

Ein negatives Beispiel dagegen sind Literaturlisten, die wir in verschiedenen Instituten als „prüfungsrelevant" gesehen haben. Das waren manchmal übermäßig aufgeblähte Lesestoffe. Wer das alles las, hatte viel zu tun und hätte sich erst nach Jahren der Vorbereitung zur Prüfung anmelden können. Die Listen waren auch in Wirklichkeit nur eine Form des Imponiergehabes gegenüber den anderen Professoren des Instituts. Die sollten merken: „So anspruchsvoll ist der Professor xy." Dies alles hatte er in seiner Vorlesung bearbeitet. In Wirklichkeit hätte es gereicht, die (zwei bis drei) Vorlesungen der Professoren zu kennen, die man – wenn man sich etwas bemühte – als Skript bekommen konnte. Nach Skripten oder wirklich relevanter Literatur hätte man den Prüfer zwar fragen können; aus mancherlei (gerade angedeutetem) Grund hätte man dann aber oft keine hilfreiche Auskunft erhalten. Er hätte die Vorbereitung vielleicht gar nicht leicht erscheinen lassen wollen, vielleicht wäre ihm aber auch gar nicht besonders bewusst gewesen, wie und was er erfragen wird.

Im günstigsten Fall gibt es Probeprüfungen. Manchmal kursieren Fragensammlungen (z.B. für die Führerscheinprüfung oder manche Prüfungen im Medizinstudium), an denen man sich orientieren kann. Im Jurastudium gibt es veröffentlichte Fallsammlungen von Prüfungsfällen. Daran kann man seine Kenntnisse erproben. Mitunter gibt es so etwas als „graues Papier", das von Fachschaften oder Gruppen von Mitstudenten gesammelt wurde. Außerdem gibt es Lehrbuchtexte, die Fragen vorsehen. Diese Fragen sollte man für die Vorbereitung auf jeden Fall nutzen. Man kann aber keineswegs sicher sein, dass der Prüfer auch genau diese Fragen stellt.

c) Man weiß, was zu lernen ist, hat aber die Materialien nicht

Die relevanten Bücher sind verliehen, sollen erst später zurückkommen, oder Freunde wollen Skripte mitbringen, können diese aber nicht finden. Es gibt viele Gründe, warum man den Lernstoff (noch) nicht beisammen hat. Hier heißt es, energisch zu handeln. Oft sind Prüfungen wichtig, ja entscheidend für den Lebenslauf, also darf man nicht zu sparsam sein. Wenn ein wichtiges Buch nicht zu bekommen ist, muss man es eben kaufen (man kann es ja später gebraucht weiterverkaufen; auch andere Prüflinge werden es brauchen). Achten Sie darauf, dass Sie genau das richtige Buch (und die richtige Auflage!) haben. Fotokopien ohne die Abbildungen bergen Gefahren: Oft sind gerade Beispiele und Abbildungen der Kern der Fragen von Prüfern!

Übrigens: Es gibt Internet-Antiquariate, die Tausende von Büchern günstig anbieten. Wenn Ihr Buch vergriffen ist, in der Bibliothek ausgeliehen oder verstellt, dann schauen Sie doch einfach mal in *www.ZVAB.de* hinein; auch *www.booklooker.de* und sogar *www.ebay.de* sind gute Quellen für gebrauchte Bücher. Man muss nur den Autor und/oder den Titel oder ein Titelstichwort eingeben, und schon findet man das gesuchte Buch in einer großen Menge von Angeboten. Aber, wie gesagt: Achten Sie auf die richtige Auflage! Wenn Sie sparen wollen, können Sie ja auch ein leicht beschädigtes oder angestoßenes Exemplar kaufen.

Achtung: Der Drang, möglichst viel Vorbereitungsliteratur anzusammeln, kann als Vorwand dienen, noch nicht mit dem Lernen beginnen zu müssen.

d) Wie detailliert muss gelernt werden?

Meist machen sich Prüfer gar nicht klar, welches Ausmaß an Unsicherheiten bestehen bleibt, wenn die Prüfungsliteratur (der Lernstoff) bereits verabredet ist. Der Prüfling weiß ja nun noch lange nicht, in welchem Feinheitsgrad der Prüfer den Stoff abfragen wird. Nehmen wir einen typischen Text eines psychologischen Lehrbuchs als Beispiel: Muss man den Aufbau der Experimente kennen oder nur deren Ergebnis? Soll man alle Experimente kennen oder nur die wichtigsten? Muss man die Namen der Experimentatoren und die Jahreszahlen kennen? Soll man klein gedruckte Beispiele wiedergeben können, soll man Beispiele überhaupt lernen? Soll man die Gliederung wiedergeben und begründen können? Gehört sogar die Einleitung zum Stoff?

Beispiel Geschichtswissen: Muss man alle Jahreszahlen wissen oder nur die wichtigsten? Bei Mathematikwissen: Muss man nur die Logik der Sache darstellen oder muss man auch die Formeln kennen oder sogar die Formeln vor der Prüfungskommission herleiten können? Man hat ja diese Prüfung bei eben diesen Prüfern noch nie gemacht und wird sie vermutlich nie wieder machen. Woher soll man das also wissen? Wer aber nicht genau weiß, was er lernen soll, lernt vielleicht zu viel, vielleicht zu wenig. Zudem ahnt man mitunter, dass man dazu neigt, es sich zu leicht zu machen oder sich zu sehr mit Details zu quälen. Aber auch diese Erfahrung hilft bei jeder neuen Prüfung wenig; man weiß nur, dass man es falsch machen kann.

All das kann die Lust, überhaupt mit dem Lernen anzufangen, sehr mindern. Eigentlich wäre es fair, bei Prüfungen alle möglichen Fragen vorher zu veröffentlichen. Vielleicht nehmen auch Prüfer diesen Text zum Anlass, den Kandidaten anhand einiger Seiten des Prüfungsstoffes einmal exemplarisch darzulegen, was man optimalerweise wissen sollte.

Wer allein lernt, kann sich beim Feinheitsgrad des Lernens durchaus irren. Eine Gruppe bietet hier enorme Vorteile. Die Teilnehmer sehen, wie die anderen Gruppenmitglieder lernen und welche Details des Stoffes sie schon beherrschen. Daran kann man sich orientieren, denn dass die gesamte Lerngruppe durchfällt, ist kaum wahrscheinlich.

Mit ein wenig Selbstkritik kann man natürlich auch die eigene „Lernkompetenz" einschätzen. Wer in Prüfungen bislang immer mit „gut" und „sehr gut" abgeschnitten hat, hat ja anscheinend alles richtig gemacht. Wer hingegen schon mal die Note „vier" bekommen hat oder sogar durchgefallen ist, müsste wohl doch sein Lernen verändern und vielleicht mehr Energie in die Vorbereitung investieren. Entsprechend beruhigt es natürlich, wenn in der Lerngruppe Teilnehmer sind, die früher immer recht gut in Prüfungen abgeschnitten haben.

Ehemalige Prüflinge stehen zur Reduzierung der Unsicherheiten meist nicht mehr zur Verfügung, weil sie die Ausbildungsinstitution verlassen haben. Manchmal aber zählen erfolgreiche Absolventen der jeweiligen Prüfungen zum Bekanntenkreis (z.B. Ärzte, Rechtsanwälte, Führerscheinbesitzer). Diese können durchaus nach ihrer Vorbereitungszeit, nach dem Feinheitsgrad der Prüfungen etc. gefragt werden; sicher erinnern sie sich gern und geben nützliche Tipps.

So kann gerade ein Berufspraktiker eine Frage wie „Muss man als Jurist ein Repititorium besuchen oder nicht?" kompetent beantworten. Ehemalige Prüflinge – wenn sie diese Prüfung denn gut bestanden haben – sind in jedem Fall eine wichtige Informationsquelle. Oft, wie z.B. bei Abiturprüfungen, sind sie aber in alle Winde zerstreut.

Andererseits kann sich auch innerhalb einer Fachrichtung eine Prüfung von Prüfer zu Prüfer erheblich unterscheiden. Wie groß diese Unterschiede sind, lernt man als Beisitzer vieler gleichartiger Prüfungen: Der eine Diplomprüfer fragt eine halbe Stunde nach Lehrbuchdetails, ein anderer legt Wert auf ein verständiges Gespräch, das sich gegebenenfalls ganz vom Prüfungsstoff löst. Wenn Sie also auf die Auskunft von Ehemaligen fest bauen wollen, muss es sich auf jeden Fall um denselben Prüfer handeln, den Sie auch haben werden! Überlegen Sie sich zur Vorbereitung auf derartige Befragungen ein Beispiel, anhand dessen Sie feststellen können, wie detailreich damals gelernt wurde. Erkundigen Sie sich auch nach Fragensammlungen: Gab es so etwas früher überhaupt?

Nicht anfangen können

Nicht anfangen zu können, ist eines der Hauptprobleme beim Lernen. Mancher Student scheitert nur deshalb, weil er einfach mit dem Lernen nicht anfangen kann – sei es, weil er zu Beginn der Lernphase stundenlang herumbummelt und so ganze Tage vertrödelt, sei es, dass er immer etwas Wichtigeres zu tun hat. Das Lernen beginnt einfach nicht. Das Nicht-anfangen-Können hat verschiedene Ursachen, die jeweils verschiedene Maßnahmen erfordern.

a) Ursache „Lernen am Erfolg"

In der Schule hat man die Erfahrung gemacht, dass man schon irgendwie durchkommt, wenn man nur in der letzten Nacht vor der Klausur heftig lernt. Das verdirbt die Bereitschaft, früher zu beginnen und systematisch geplant zu lernen. Versuchen Sie, sich die Unterschiede zwischen Lernsituationen bildhaft klar zu machen: In der Schule hat man vieles schon im Unterricht verstanden; außerdem ist die Stoffmenge nicht allzu groß. Bei späteren Examen aber kommt der Lernstoff im Vortrag so gar nicht vor, oder die Stoffmenge ist riesig. Ein geeignetes Bild für diese Situation: *Sie fahren mit dem Zug eine Zeit lang durch eine Landschaft, in der Sie alles sehen können, an das Sie sich erinnern sollen – das ist nicht so schwer. Im zweiten Bild fahren Sie durch eine Landschaft, von der Sie von Ihrem Platz aus nur einen kleinen Ausschnitt sehen können, außerdem ist diese Zugfahrt zehnmal so lang. Hinterher sollen Sie aber dennoch alles kennen! Klar, hier muss das Lernen anders funktionieren. Machen Sie sich einen strikten Lernplan mit Selbstbelohnungen.*

b) Tiefer liegende Ursachen

Wenn man vor Prüfungen wenig lernt, wird ein Misserfolg auf jeden Fall am Lernmangel liegen. Hat man viel gelernt und scheitert, war man eventuell nicht begabt genug. Wenn man sich vor dieser Rückmeldung fürchtet, hat man vielleicht die Tendenz, am besten mit dem Lernen erst gar nicht zu beginnen. Dies wird umso mehr der Fall sein, je größer die Erwartung ist, die man an sich hat, und je mehr Zweifel man daran haben muss, solch hohe Erwartungen überhaupt erfüllen zu können.

Also: Hier müssen die Erwartungen wirklich reduziert werden. Überzeugen Sie sich und andere, dass Sie sich freuen, wenn Sie mittlere Ergebnisse erzielen oder wenn Sie überhaupt bestehen. Seien Sie einfach bescheiden. Der Wert eines Menschen, Ihr Wert, hängt nicht von Prüfungsleistungen ab. Machen Sie sich eine Liste, was andere an Ihnen bewundern, selbst wenn Sie nur mittelmäßige Prüfungsleistungen erreichen. Sicher: Im Fall eines Scheiterns bleibt da eine lebenslange Kränkung. Die Eltern wissen es, die Kollegen und Mitprüflinge wissen es: Man ist der bedauernswerte Wurm, der durchgefallen ist, das macht einen nicht gerade attraktiv. Das ist viel schlimmer als eine mittelmäßige Note. Aber nicht mit dem Lernen anzufangen, macht das Scheitern nur wahrscheinlicher. Aus Angst vor einer mittelmäßigen Note bringen Sie sich in die Gefahr eines wirklichen Scheiterns. Wenn Sie diese Paradoxie verstanden haben, werden Sie Ihren Lernplan aufstellen und beginnen.

c) Ursache: Trödeln macht Spaß, Lernen ist anstrengend

Strikte Gewohnheiten können gegen das Trödeln wirken. Setzen Sie sich Zeitlimits: höchstens zehn Minuten trödeln (kleine Computerspiele etc).

Stellen Sie sich eine Uhr. Wenn Sie Ihre Vorsätze nicht einhalten können, denken Sie sich negative Konsequenzen aus, die Sie auch tatsächlich umsetzen werden. Strukturieren Sie die Zeit durch inneres Sprechen wie z.B.: „Ich zähle jetzt bis drei, und dann fange ich an zu lernen" oder „Noch ein Spiel, und dann beginnt das Lernen."

Inneres Sprechen
Ohne es zu merken, gibt man sich innere Kommandos. Manchmal spricht man diese auch unwillentlich aus. „So", sagt man ganz unvermittelt, ohne es zu wollen, im Moment des Übergangs oder des Beginns. Man kann sich natürlich auch bewusst Kommandos geben. Ein Training in inneren Kommandos konnte bei Kindern die Impulskontrolle erhöhen. Wenn Sie nicht durchhalten können, machen Sie es wie auf einer langen, anstrengenden Wanderung: Geben Sie sich innere Kommandos wie „Noch eine Stunde lernen, dann erst Pause" oder noch besser „Erst Pause, wenn das (bestimmte) Pensum geschafft ist."

Achtung! Trödeln bzw. nicht anfangen können kann zu einem sich immer weiter verstärkenden Kreislauf („Teufelskreis") werden. Weil sich der Lernbeginn verzögert, wird er immer stärker mit Angst besetzt. Es kann zu „Scheinargumentationen" im Selbstgespräch kommen, z.B.: „Wenn ich dieses Telefongespräch noch erledigt habe, diese Besorgung gemacht habe, dann fange ich wirklich an." Und immer weitere Scheinargumente werden gefunden, und immer weiter wird das Anfangen verschoben. Das Verschieben ist also nicht nur eine kleine Marotte, sondern kann der Beginn einer erheblichen Lernstörung sein. Warten Sie also nie auf die „idealen Anfangsbedingungen"!

Langeweile bewältigen

Beim Lernen stellt sich oft gähnende Langeweile ein. Nicht wenige Lerner erleben nach kurzer Lernzeit Schlafattacken. Man muss etwas gegen die Langeweile unternehmen! Stellen Sie sich verschiedene Aufgaben: eine Ideenkarte anfertigen, Karteikarten anfertigen, sich Grafiken für den Text überlegen usw. und wechseln Sie die Aktivitäten etwas ab.

Wer ordentlich ist, hat sich vielleicht angewöhnt, eine Aufgabe nach der anderen zu bewältigen, also z.B. einen Text oder einen Stoff nach dem anderen zu lernen. Sobald man aber von Müdigkeit und Langeweile so behindert wird, dass man sich gar nicht mehr konzentrieren kann, ist es sinnvoll, von diesem System abzuweichen und einfach einmal die Aufgabe zu wechseln, also aus einem anderen Buch zu lernen oder ein anderes Fach zu bearbeiten, das auch gelernt werden muss. Später kann man dann zum ersten Lernstoff zurückkehren.

Ganz wichtig: Einen Stoff einfach nur wieder und wieder zu lesen, führt zu einer inneren Hemmung; man kann ihn bald nicht mehr sehen. Stellen Sie sich also gleich Aufgaben, die Sie bei verschiedenen Lesedurchgängen bewältigen wollen (vgl. Kapitel 2).

Still zu sitzen und auf gleichförmige Buchseiten zu schauen, ist auch nicht gerade dazu angetan, einen wach zu halten. Es ist nicht ausgemacht, dass man beim Lernen nicht herumlaufen kann, dass man manchmal im Stehen an einem Stehpult lernt oder den Stoff geradezu mit bestimmten Bewegungen verbindet. Man kann je nach individueller Vorliebe den Stoff laut sprechen oder auch singen (vgl. N = natürliches Lernen im Lern-ABC). Im Übrigen stellt auch das Trinken von sehr heißen oder kalten Getränken einen Weckreiz dar.

Erfolgserlebnisse planen

Manche Lernstörung hat sich verfestigt, weil ein Misserfolg den anderen ablöste. Man hat keine Lust, ja sogar einen Widerwillen, sich auf einen neuerlichen Lernversuch einzulassen, der ja vermutlich doch wieder im Misserfolg endet. Also muss man erste Schritte so planen, dass sie mit größter Sicherheit ein Erfolg werden. Man muss die Anforderungen (an sich oder an Schüler) einfach drastisch reduzieren.

Das ist leichter gesagt als getan. Experten können sich oft gar nicht mehr vorstellen, wie schwer der Anfang ist, und verlangen zu große Schritte. Man selbst jedoch sieht die Stoffmenge und weiß einfach, wie viel in jedem Schritt geschafft werden müsste. Zudem gehört immer auch etwas Phantasie dazu, schwierige Aufgaben in kleine Schritte zu zerlegen. Einfach ist es beim Vokabellernen; da kann man sich einfach eine kleinere Portion vornehmen. Bei Texten kann man die Seitenzahlen reduzieren, die man pro Stunde oder Tag schaffen will. Bei Aufgaben aber, die gleichzeitig Verständnis erfordern, wird es schwieriger. Hier könnte man von der Aufgabe „Lernen" erst einmal zu vorgeordneten Aufgaben übergehen, beispielsweise eine Gliederung anfertigen, ein Mind-map erstellen, eine verbale Fassung von einem Formeltext versuchen etc. Suchen Sie sich also zu

Beginn eine leichte Aufgabe. Belohnen Sie sich, wenn Sie diese Aufgabe geschafft haben. – Es kann umgekehrt sehr lehrreich sein, Kinder bei der Aufgabenstellung und ihrer Bewältigung zu beobachten: Viele Kinder und Jugendliche sind von Beginn an die geborenen „Weltmeister". Bald ist die komplexeste Aufgabe geschafft, so glauben Sie.

Laura hatte seit wenigen Tagen Englischunterricht. Es klappte prima. Sie konnte schon die Zahlen von 1 bis 10 und verkündete stolz: „Englisch ist leicht. Das kann ich schon." Bald hatte sie aber keine große Lust mehr an der Sprache, ja es wurde ihr schlechtestes Fach.

Seien Sie nicht so vorschnell. Lernen ist schwierig und macht Mühe. Gestehen Sie sich zu, langsam und wenig strahlend zu sein. Erwarten Sie nicht von sich, schnell zum Weltmeister zu werden. Im Gegenteil: Erwarten Sie, dass Sie sich schwertun werden wie die meisten anderen auch.

Kränkungen durch Korrektur ertragen

Eine Fehlerkorrektur ist nötig, und jeder Lernende wünscht sie sich auch. Dennoch ist sie – manchmal ohne dass man sich das bewusst macht – immer auch eine Kränkung. Ein anderer weiß es besser und zeigt das mehr oder weniger deutlich. Bei den großen Fertigkeitsdifferenzen, die zwischen Anfängern und Experten bestehen, kann der Experte sich sogar genervt fühlen und einen das deutlich spüren lassen. Die Kränkung wird so noch intensiver.

Man könnte meinen, Kinder, die so viel lernen müssen und immer wieder Korrektur und Anweisung erhalten, seien weniger kränkungsanfällig. Weit gefehlt! Nach wenigen Misserfolgen wollen sie mit manchem Lernvorhaben bald nichts mehr zu tun haben.

Es scheint so, dass wir im Laufe des Lebens erst lernen müssen, mit der Unterlegenheitssituation beim Lernen umzugehen. Wer wenig Lernerfahrung hat, kann das oft weniger gut. Wer viel Lernerfahrung hat, kann es besser. Es ist ein wenig so, wie beim Spiel verlieren zu können; auch das müssen viele Menschen erst (mühsam) lernen. Dabei hilft es natürlich zu wissen, dass man schließlich auch Erfolg haben wird – weshalb es immer gut ist, wenn man schon einige erfolgreiche Lernerfahrungen gemacht hat. Wer viele Misserfolge einstecken musste, wird die anfänglichen Kränkungen durch Korrektur schnell mit Wut beantworten, weil sie für ihn Vorsignal für weitere und schwerere Kränkungen sind.

Es gibt noch andere individuelle Bedingungen, die zu Unterschieden in der Toleranz gegenüber Kränkungen führen. Stolze Jungen, die sich biologisch auf den Dominanzkampf und die Konkurrenzen des frühen Erwachsenenalters vorbereiten, sind oft kränkungsanfälliger als sozial nette Mädchen, die gerade noch an die Erziehung von Puppenkindern denken. Es gibt auch Kulturen mit ausgeprägtem Stolz, in denen man das Gesicht nicht verlieren darf. Aber dumm dazustehen ist für niemanden schön, und beim Lernen einer neuen Fertigkeit kommt es eben allzu oft dazu. (Mancher hat es sich angewöhnt, im Falle des Misserfolgs schon vorsorglich mit sich selbst zu schimpfen, um kränkende Kritik durch Dritte gleich vorwegzunehmen. Das kann zu einer schlechten Angewohnheit werden.)

„Ich bin dumm": ein Makel oder eine Gunst?

Manchmal müssen Sie von Lehrmeistern hören, dass Sie unfähig, dumm, faul etc. seien. In der Zen-Philosophie gibt es eine faszinierende Einsicht über das „Ich", die Ihnen helfen kann, über derlei Beschuldigungen zu lachen:

Eine Eigenschaft ist nämlich eigentlich immer nur ein Vergleich zwischen Menschen; sie ist nicht allein Merkmal des Ich. Wenn ein Mensch als dumm bezeichnet wird, dann ja nur deshalb, weil andere schlauer sind. Gäbe es niemanden, der weniger schlau wäre als die Schlauen, dann wären ja die nun am unteren Ende der Skala und im wahrsten Sinn des Wortes die Dummen. Nur dadurch, dass es die Dummen gibt, können die Schlauen schlau sein. Eigentlich tun die Dummen den Schlauen also einen großen Gefallen. Nur weil sie die Dummen sind, kann es die Schlauen überhaupt erst geben.

Wie kann man Kränkungen vermindern?

- Lehrern, die sich besserwisserisch und überlegen aufspielen, sollte man eine höfliche, aber inhaltlich klare Rückmeldung geben; das befreit ein wenig (z.B. so: „Habe ich Sie durch meinen Fehler beleidigt?").
- Man muss den Kränkungs- und Informationsaspekt einer Korrektur oder einer Unterrichtssituation unterscheiden.

- Beide Seiten versuchen zu verstehen: Der Korrektor stellt sich ja in Wirklichkeit in den Dienst des Lernenden; auch er erfährt Kränkungen dadurch, dass er jemandem etwas beibringen muss. *(Der Geigenlehrer wäre vielleicht selbst lieber ein Virtuose, muss aber täglich die Kränkungen des Unterrichtens von Schülern ertragen, die von seinen Aspirationen meilenweit entfernt sind.)* Ein Misserfolg des Schülers kränkt immer auch die Erfolgserwartungen des Lehrers.
- Man kann Lernsituationen suchen, in denen keine Fremdkorrektur durch andere Menschen erfolgt. Mancher Lernende blüht erst im Studium richtig auf, wenn er für sich allein lernen, sich selber Aufgaben stellen und das Ergebnis selbst bewerten kann. So vermeidet man Kränkungen durch Dritte. Also: selbstbestimmtes Lernen verläuft kränkungsfreier.
- Am Computer lernen: Der ist geduldig, merkt sich Niederlagen nicht, ist kein Partner, dem gegenüber man keine Niederlagen erleiden möchte. Manche Schüler mit Lernschwierigkeiten entfalten sich, wenn im Unterricht Computerprogramme eingesetzt werden. Den gleichen Vorteil bieten Bücher mit Lerninstruktionen. Manchmal findet man „Leicht-gemacht"-Literatur zu verschiedenen Fächern. Probieren Sie es vielleicht mal damit.

Das Selbstgefühl stärken

Wenn man ein Lernabenteuer mit einem guten Selbstwertgefühl beginnt, kann man leichter Kritik ertragen und auch Selbstkritik üben. Wer von vornherein ein schlechtes Selbstwertgefühl hat, will sich eher schützen und hütet sich davor, Rückschläge und Fehler allzu genau zu betrachten. Es kann daher nicht schaden, ein größeres Lernprojekt damit zu beginnen, sich Erfolge, die Meisterung und Bewältigung von Aufgaben der Vergangenheit vor Augen zu führen: Machen Sie sich eine Liste mit Anforderungen, die Sie bewältigt haben, mit Situationen, in denen Sie gut waren. Das können auch relativ kleine, eigentlich schon fast vergessene Erlebnisse sein, z.B.:

> **Beispiel**
> mit 10 Jahren einmal ein wirklich tolles Papierschiff gebaut zu haben;
> mit 14 Jahren allein mit einem Freund eine Reise unternommen zu haben;
> mit 16 Jahren ein Radio repariert zu haben;
> mit 18 Jahren die Werke von Freud gelesen zu haben etc.

Das sind nun ganz individuelle Beispiele, die auf einen Freund von uns zutreffen. Ihre Liste enthält ganz eigene Erlebnisse, die Ihnen ein gutes Selbstwertgefühl geben können.

Man kann sich mit geeigneten Autosuggestionen immunisieren: „Jeder Fehler ist ein Schritt zum Erfolg." „Man kann über mich lachen, weil ich ein Anfänger bin; wenn ich es einmal kann, werde ich Anfänger höflich behandeln." „Ich habe die Kraft, es nach einem Fehler wieder neu zu versuchen; auch beim Laufenlernen bin ich hingefallen und mit einem Lachen wieder aufgestanden." „Ich kann viel, aber bei jedem Fehler lerne ich noch mehr."

„Nur durch Fehler kommen wir in einen Kontakt mit der Realität", sagte der große Wissenschaftstheoretiker Karl Popper.

Und nachdem Sie den Dreischritt des Lernens kennengelernt haben, wissen Sie ja auch: Das Lernen funktioniert durch das Entdecken von Lücken und Fehlern.

Infantilisierung im Lernprozess

Lernen ist eine Anforderung besonders in Kindheit und Jugend. Bei den menschenverwandten Tieren lassen Lernfähigkeit und Lernbereitschaft nach der Pubertät stark nach. So lernen beispielsweise nur die jungen Schimpansen – wenn sie ein entsprechendes Vorbild sehen –, dass gewaschene Kartoffeln besser schmecken. Lernphasen im Erwachsenenalter sind eine Art Wiederbelebung der Kindheit: Wieder muss man Korrektur ertragen, wieder macht man Fehler, bis man eine Fertigkeit schließlich beherrscht. Der stolze Erwachsene wehrt sich vielleicht gegen diese neue Abhängigkeit von allwissenden Lehrern. Vielleicht werden mit der Wiederbelebung der Kindheit auch unangenehme Erlebnisse aus dieser Zeit ins Gedächtnis gerufen, was zu einer Abwehr des ganzen Lernvorgangs führen kann.

Hier schlagen wir vor, sich einfach einmal in die neue Abhängigkeit fallen zu lassen. Wie ein Kind eine Belohnung bekommt, wenn es brav gelernt hat, so denken auch Sie sich jetzt Belohnungen für einen Lernfortschritt aus. Wenn Sie etwas können, springen Sie doch einfach auf und schlagen die Arme in die Höhe. Wieder ein Stück weit Kind sein zu dürfen, kann auch ein schönes Abenteuer sein. *War die Kindheit belastet, so kann es sogar sein, dass diese neuerliche Kindheitsphase, wenn sie gut gelingt, zu einem Stück Bewältigung der alten Probleme wird.*

Gruppen fallen ohnehin leicht in eine Art Kindheitszustand, so z.B. die Touristengruppe vor der Autorität des Fremdenführers. Auch die Lerngruppe kann solche Kindlichkeit entwickeln. Im Rahmen einer Lernstrategie, der so genannten „Losanov-Technik", wird dies geradezu genutzt. Man albert mit dem Stoff herum, spielt kindliche Ratespiele. Möglicherweise öffnen sich dadurch auch längst verschüttet geglaubte Lernkapazitäten.

Ungerecht beurteilt werden

Man beurteilt sich selbst meist milder als andere. Daher kommt im Prozess des Lernens gern einmal das Gefühl auf, man werde ungerecht beurteilt. Jeder kennt das. Natürlich gibt es wirklich viele Ungerechtigkeiten bei der Leistungsbeurteilung; die psychologische und pädagogische Forschung hat das eindrucksvoll bewiesen. Es gibt aber auch das unberechtigte Gefühl, ungerecht beurteilt zu sein. Wie also damit umgehen? Die Lernkameraden haben ein gutes Gefühl für Gerechtigkeit: Stimmen sie zu, sollte man sich durchaus über Noten beklagen, wiegeln sie ab, ist die wahrgenommene Ungerechtigkeit vielleicht nur ein subjektives Gefühl. Wahrgenommene Ungerechtigkeit kann natürlich auch die Folge nicht bemerkter Leistungsunterschiede sein:

Beim Nintendo-Bomberman-Spiel regt sich Christa immer sehr über die Ungerechtigkeit des Computers auf. Die Computer-Geister setzen nur ihr zu und nicht dem Spielpartner. „Wie ungerecht!", ruft sie ein übers andere Mal aus. Tatsächlich muss man als Spieler etwas gegen diese Geister tun. Man muss immer einmal zwischen sich und dem Geist eine Bombe fallen lassen, dann nähert der Geist sich nicht. Wenn man das nicht weiß und nicht entsprechend handelt, hat man sie immer am Hals.

Also überprüfen Sie sich: Gibt es vielleicht doch einen sachlichen Grund für die Unterschiede der Bewertung, den Sie (noch) nicht erkennen?

Susanne berichtet, dass sie den ganzen Tag lernt, dann aber doch abends irgendwie einen „leeren Kopf" hat. In den Fragensammlungen aus vergangenen Staatsexamensprüfungen in Medizin macht sie viele Fehler, sie weiß die richtige Antwort einfach nicht, obwohl sie viel Zeit mit Lernen verbracht hat. Sie ist zwar nervös in Prüfungen, das hat sie bisher aber eigentlich nie behindert. Sie ist auch gut organisiert: Sie hat sich alle Bücher besorgt, sie hat sich einen Lernplan gemacht. In Klausuren markiert sie sich die Frage, die sie zur Hälfte der Prüfungszeit beantwortet haben müsste, um so eine laufende Kontrolle zu haben. In mündlichen Prüfungen, so berichtet sie, fallen ihr zu der jeweiligen Frage einige spezielle Details ein, aber das Wissen ist nicht so geordnet, dass sie ausdauernd darüber berichten könnte. Irgendwie kommt die Information nicht ins Langzeitgedächtnis. Was macht sie also beim Lernen falsch?

Sie lernt, indem sie den Stoff liest, dann einen Abschnitt im Kopf wiedergibt und schon weiter geht zum nächsten Abschnitt. Der Dreischritt des Lernens funktioniert aber nur mit einer etwas größeren Verzögerung zwischen Lesen und Abruf. Sie müsste also nach derartigem Studieren eines Kapitels noch einmal zu den einzelnen Absätzen zurückkehren und prüfen, was sie noch kann, und gegebenenfalls dann noch einmal nachlesen. Zudem müsste sie nicht nur den Stoff, sondern auch die Gliederungen des Stoffs lernen. Das könnte sie mit der Erstellung von Mind-maps der Gliederungspunkte z.B. eines Buchs erledigen.

Als wir das besprachen, stellte sich heraus, dass es auch noch ein tiefer liegendes Problem gibt. Früher in der Schule oder auch im Bereich ihrer Hobbys konnte und kann Susanne ganz gut lernen. Im Zusammenhang mit dem Medizinstoff hatte sie aber ein unangenehmes Erlebnis: In einer Anatomieprüfung fragte sie der Assistent nach Dingen, die noch nicht einmal im anatomischen Atlas zu finden waren, und gab ihr dann eine Fünf. Seitdem hat sich ihre Überzeugung vertieft: „Ich kann im Medizinstudium lernen, so viel ich will, es führt doch nicht zum Erfolg." Sie hat resigniert. Diese Überzeugung hemmt das Lernen natürlich: Warum soll man sich erst groß anstrengen, wenn hinterher nichts dabei herauskommt? Demzufolge kann sie sich auch gar nicht so recht auf den Lernstoff konzentrieren. An dieser Stelle ist guter Rat nicht mehr so leicht zu finden. Susanne müsste ihre Überzeugung wieder überwinden, und das würde am leichtesten passieren, wenn sie eine Zahl kleinerer Erfolge erringen könnte. Zwei Wochen vor der Prüfung und nach einer Phase ineffizienten Lernens ist es dafür allerdings zu spät.

Ein tieferes Umdenken kann durch Metaphern, durch bildhafte Analogien, die zu tieferen Schichten der Seele vordringen, erreicht werden: Also versucht der Therapeut (Schuster), eine geeignete Geschichte zu finden, die wenigstens jetzt noch, in den letzten beiden Wochen der Vorbereitung, die Aufnahmefähigkeit erhöht (vielleicht aber auch die Lust, sich an trotz der Abwehr gespeichertes, unbewusstes Material zu erinnern).

Dies ist die Geschichte: „Als Carla noch ein Kind war, entwickelte sie sich prächtig. Sie lernte leicht und hatte Spaß daran. Einmal sollte sie zu Weih-

nachten ein Gedicht aufsagen. Der eingeladene Onkel lachte laut, als sie es vortrug, und machte sich über die kindischen Verse lustig. Nun hatte sie das Gedicht ja gar nicht selbst ausgesucht und kam sich furchtbar ungerecht behandelt vor. Sie konnte gar nicht mehr richtig mitfeiern.

Komischerweise ging es jetzt in der Schule auch nicht mehr so gut. Sie hatte einen Widerwillen gegen die Aufgaben entwickelt, die ihr gestellt wurden. Ganz in ihrem Inneren dachte sie: ‚Hinterher lacht die ganze Klasse über mich, wenn ich aufsage, was ich gelernt habe.' Weil sie eigentlich ein strebsames Mädchen war, wurde sie nun immer unglücklicher. Sie verbrachte immer mehr Zeit mit Lernen, konnte sich aber dabei kaum noch konzentrieren.

Ein Trost für sie war das Musizieren. Es fiel ihr auch bei komplizierten Stücken ganz leicht, die Noten auswendig zu lernen. ‚Komisch', dachte sie, ‚und in der Schule bekomme ich immer schlechtere Noten, und das Lernen von Musikstücken fällt mir so leicht. Vielleicht kann ich mir selber helfen, wenn ich den Schulstoff genau so wie die Musikstücke lerne. Was macht da eigentlich den Unterschied? Hm, die Musikstücke lerne ich ganz für mich. Der Schulstoff wird in der Stunde abgefragt, und da weiß man nie, ob man ausgelacht wird. Kann ich nicht auch den Schulstoff einfach ganz für mich lernen? Ja, und ich kann so tun, als ob es mich wirklich interessiert. Ich denke beim Lernen einfach nicht an die Prüfung, sondern daran, wie mir gerade diese Lerninformation in meinem späteren Leben helfen wird. Das will ich mal probieren.' Und siehe da: Das Lernen für die Schule wurde nun auch langsam wieder besser. Komischerweise konnte sie sich nun auch wieder an viele Sachen erinnern, die sie in den langen Stunden des Lernens zuvor aufgenommen hatte. Sie wusste mehr, als sie gedacht hatte."

Sich nicht konzentrieren können

Man hat mit dem Lernen angefangen, aber die Gedanken bleiben nicht beim Stoff, man kann sich nicht konzentrieren. Es gibt Konzentrationslücken, bei denen man zwar weiter liest, aber – obwohl man an nichts anderes denkt – gar nichts davon „hängenbleibt".

Möglicherweise ist Konzentrationsfähigkeit eine „Eigenschaft", die man mehr oder weniger besitzen kann. Das heißt aber nicht, dass Störungen der Konzentration im Lernprozess einfach hingenommen werden müssen. Eine Hauptursache ist Prüfungsangst (s.u.). Die Gedanken sind mit sorgenvollen Überlegungen zu einem möglichen Versagen und dessen Konsequenzen beschäftigt. Auch andere Sorgen können sich in den Vordergrund drängen. Die zweite Ursache ist, dass der Stoff langweilig ist und nicht fesselt. Sehnsüchtig denkt man daran, was man nach dem Lernen alles machen kann etc.

Allgemein fällt es bei einfachen, mechanischen Aufgaben leichter, sich zu konzentrieren, als bei schwierigen, anspruchsvollen Aufgaben. Also wäre es gut, den Lernprozess so zu planen, dass er in einfache Unterschritte zerfällt, die man auch noch bei geringer Konzentrationsfähigkeit erledigen kann.

1. Maßnahme der kleinen Arbeitsschritte: Wie lang können Sie sich konzentrieren? Probieren Sie es aus. Beispielsweise zehn Minuten? Gut! Dann teilen Sie sich die Lernarbeit einfach in zehnminütige Lernphasen ein.
2. Die Konzentration hängt ein wenig mit den Arbeitsbedingungen zusammen. Man darf beim Lernen nicht „einschlafen". Bewegung oder lesen und lernen im Stehen können helfen. Die Sauerstoffversorgung des Gehirns wird z.B. durch Kaugummikauen verbessert.
3. Manche Vorgehensweisen sind hier in kleinen Schritten beschrieben, so dass man diese einfach ausführen muss, und das Lernen stellt sich von selber ein: z.B. den Stoff in Fragen und Antworten einteilen, dann den Dreischritt des Lernens beachten. Versuchen Sie, die Fragen zu beantworten; wenn das nicht gelingt, lesen Sie wieder nach. Auch die Technik SQ3R (s. u.) und das Erstellen von Mind-maps sind so dargestellt, dass man nur den einfachen Schritten folgen muss, um zu lernen.

Einen Plan nicht einhalten können

Der tägliche Anfang und das gesamte Lernunternehmen werden enorm erleichtert, wenn man sich für die gesamte Lernepisode einen Plan macht oder zumindest regelmäßige Lernzeiten einplant (vgl. Z = Zeitmanagement im Lern-ABC). Der Lernplan ist ein Vorsatz.

Von Vorsätzen zu Silvester und anderen Gelegenheiten im Leben weiß man, wie leicht sie über Bord geworfen werden. Schon bei der nächsten Gelegenheit klappt es nicht. Sie nehmen sich beispielsweise vor, eine Woche keinen Alkohol zu trinken, aber morgen kommen Freunde und übermorgen ist der Hochzeitstag: Da muss man auf jeden Fall eine Ausnahme machen. So gelingt es nicht, seine Vorsätze einzuhalten. Die werden dann schnell machtlos und vergessen. Es hilft, im Vorhinein darüber nachzudenken, wie mit Barrieren umgegangen werden soll. Sie können z.B. Ihren Vorsatz, regelmäßig von 15 bis 16 Uhr zu lernen, nicht einhalten. Was nun? Vielleicht haben Sie ein freies Wochenende eingeplant, dann muss die Lernzeit eben auf das freie Wochenende verschoben werden. Oder Sie geben sich innerlich ein Gutscheinheft für drei Termine, die ausfallen dürfen; wenn die Gutscheine verbraucht sind, nehmen Sie sich einen ganzen Abend Zeit zum lernen. Vielleicht können Sie als Reservetermin auch einplanen, eine Stunde früher aufzustehen, um die gewonnene Stunde nun zum Lernen zu verwenden. Das ist recht unangenehm und eine gute „Strafe" für den Ausfall. Es ist wichtig, schon im Kalender Reservetermine einzuplanen, in denen es zum Lernen kommen kann, wenn die regulären Lernstunden nicht stattfinden konnten. Man kann nicht dauerhaft lernen, man braucht auch Pausen und etwas Freizeit, sonst ist die Motivation bald dahin, und die üblichen und auf jeden Fall zu erwartenden Barrieren führen zu einem Vergessen des Vorsatzes, regelmäßig zu lernen. Man kann den Plan durch einen Vertrag mit sich selbst oder mit Freunden verbindlicher machen.

Ein Vertrag für Luisa
Manchmal muss man in kurzer Zeit sehr viel Stoff bearbeiten. Man weiß zwar, wie man lernen muss, es ist aber schwierig, den enorm anstrengenden Arbeitsplan über eine längere Zeit auch wirklich einzuhalten.

In eine solche Situation geriet Luisa vor einem Jahr. Sie ist eine studierte Volkswirtschaftlerin. Inzwischen ist sie pensioniert und hat sich vorgenommen, ihr Hobby – nämlich Wein – zu einem zweiten Beruf zu machen. Zunächst hat sie an einer so genannten „Viniversität" Kurse besucht. Das Bestehen des letzten Kurses war die Einstiegsvoraussetzung für das Studium zum „Weinakademiker" an der Lehr- und Forschungsanstalt Geisenheim. Jetzt kamen die Abschlussprüfungen. Die gefürchtete „Verkostungsprüfung" hatte sie bestanden. Auch die Seminararbeit war akzeptiert worden. Aber bei der theoretischen Prüfung im Januar war sie durchgefallen. Ihr Kommentar dazu: „Es war schwerer, als ich gedacht hatte. Ich muss noch sehr viel mehr lernen." Luisa sagte: „Wir haben zwar eine Probeprüfung gemacht. Aber die war viel leichter. Man muss Weindetails aus der ganzen Welt miteinander kombinieren können." Sie wollte sich nun ein Jahr Zeit nehmen bis zum nächsten Versuch der theoretischen Prüfung. Aber es sollte anders kommen.

Zwei Monate nachdem Luisa durch die theoretische Prüfung gefallen war, bekam sie das Angebot einer angesehenen Weinzeitschrift, ab 1. August dort als Weinjournalistin zu arbeiten, allerdings unter der Voraussetzung, dass sie bis dahin alle Prüfungen zum „Weinakademiker" bestanden hatte. Die nächste theoretische Prüfung fand in gut zwei Monaten (im Juni) statt. Zwar hatte Luisa sich bis zum Januar des nächsten Jahres Zeit lassen wollen, aber diese Chance war einmalig; sie musste sie einfach wahrnehmen. Sie sprach mit ihren Freunden, darunter auch einem Psychotherapeuten. Der empfahl, einen „Vertrag" auszuarbeiten, der eine starke äußere Kontrolle des Lernens vorsah. Zunächst befragte der Freund Luisa über die Anforderungen und über die Zeit, die ihr zur Verfügung stand.

Dann wurde eine Person ausgesucht, die sich für Wein interessierte und die sie gegen ein kleines Honorar täglich abhören konnte. Mit ihr wurde folgende Vereinbarung getroffen und schriftlich niedergelegt:

„Hiermit verpflichte ich, Luisa, mich, dass ich ihr jeden Abend bis 22 Uhr zwei ausgearbeitete ‚Regionen-Kriterien-Listen' maile und dass sie am nächsten Morgen zu einer bestimmten Zeit anruft und drei Fragen dazu stellt. Wenn ich vergesse zu mailen, muss ich jedes Mal 20 Euro an sie bezahlen, und wenn ich die Fragen nicht beantworten kann, 10 Euro."

Nach einigen Tagen ergab sich für Luisa etwa folgender Tagesablauf: Aufstehen morgens um 6 Uhr; um 6.30 Uhr nur eine Tasse Kaffee. Um 7 Uhr kam der Anruf der Freundin mit den drei Fragen, danach dann die ausführliche Belohnung: Brötchen, Ei, Schinken, Kaffee. Danach wurde eine neue Weinregion erarbeitet. Dann eine kurze Pause. Später wurden zur Weinregion des Morgens „Anreicherungen" gesucht, zum Beispiel Bilder, Anekdoten, Verknüpfungen zu anderen Weinregionen. Nach einer weiteren kurzen Pause ging es ans Lernen und Abrufen. Um 13 Uhr gab es eine Mittagspause von einer Stunde, dann Abrufen des am Vormittag Gelernten. Überprüfung, erneutes Lernen, Pause. Anschließend kam bis 18 Uhr die nächste Weinregion dran – mit kurzen Pausen. Eine Stunde Abendessen schloss sich an. Und dann wieder Abrufen sowohl der beiden Weinregionen des Tages als auch weiterer Regionen aus früheren Tagen. Kurz vor 22 Uhr wurden die beiden Regionen-Listen des Tages an die Freundin gemailt.

In dieser Weise gelang es Luisa, die ersten vier Wochen durchzuhalten. Erst dann gab es einen ganzen freien Tag. Es klappte immer besser, sich an den Tagesrhythmus zu halten. Der Tag war durchzogen von größeren oder kleineren Belohnungen. Besonders wichtig war das schöne, üppige Frühstück, nachdem sie die drei kleinen Prüfungsfragen am Telefon beantwortet hatte.

Nach etwa fünf Wochen hörte Luisa von einer Frau, die vor kurzem die theoretische Prüfung mit „sehr gut" bestanden hatte. Mit ihr vereinbarte Luisa eine Art „Tutorium". Zwar blieb die morgendliche Prüfung durch die Freundin im Prinzip bestehen. Aber zweimal in der Woche bekam sie am Morgen von der neuen Tutorin per E-Mail eine richtig große Aufgabe (nach Art der theoretischen Prüfung), über die Luisa jeweils 25 Minuten schreiben und dies der Tutorin mailen musste. Die Tutorin schickte ihr die Aufgabe später mit Kommentar zurück.

Und wie viel Geld hat Luisa an die Freundin zahlen müssen für nicht gemachte oder nicht beherrschte Aufgaben? Nur 60 Euro. Hat Luisa wohl bestanden? Ja! Von den 46 Juni-Prüflingen haben nur sechs bestanden, und Luisa war dabei. Natürlich hat sie der Freundin für die Hilfe noch eine Kiste von einem besonderen Wein geschenkt ...

Umschalten von: „Ich *soll* das lernen" zu „Ich *will* das lernen"

Niemand kommt vorbei an langen Schuljahren, in denen man einiges Nützliches lernt – manchmal bemerkt man dies erst später; es gibt aber auch vieles, das man beim besten Willen nie wieder brauchen wird. Jeden Tag gibt es neue Aufgaben, man erfährt Kritik und Kränkungen. Das alles führt auf die Dauer dazu, dass viele Menschen in der Schule nur widerwillig und gezwungenermaßen lernen. Man macht es halt irgendwie, damit man keine schlechten Noten bekommt, viele sind auch gar nicht darauf aus, es besonders gut zu machen. So kommt es auch, dass der Lernprozess keineswegs optimal gestaltet wird. Wenn das Ergebnis gerade so stimmt (das kann je nach Anspruchsniveau natürlich jeweils unterschiedlich hoch sein), belässt man das Lernen, wie es ist.

Weil Eltern und Lehrer den Lernprozess antreiben, lässt man sich selber mühsam weiterziehen; wenn es gar keine Zwangsmaßnahmen gäbe, würde man auch nichts unternehmen, um zu lernen.

Man kann sich das im Bild vorstellen: Der Esel wird von seinen Besitzern bei der Arbeit jahrelang mühsam vorwärts gezogen. Eines Tages nun will der Esel einmal selber zu einem Ziel. Vielleicht will er eine hübsche Eselin in der Nachbarschaft besuchen. Dabei legt er zunächst einmal die Gangart ein, an die er sich gewöhnt hat. Er bewegt sich lediglich in einem Tempo, als würde er mühsam voran gezogen. Bald bemerkt er natürlich, dass es ihm so nicht schnell genug geht, und so entdeckt er vielleicht ganz neue Schrittarten wie den viel schnelleren Galopp.

So ist es beim späteren Lernen: Man hat ein Ziel (vielleicht einen Berufswunsch), und man wünscht sich den Erfolg sehr. Man hat aber effiziente Lernmethoden nie probiert, ja, man hat das Lernen sogar nur widerwillig geschehen lassen. Plötzlich wird es aber wichtig, gut im Lernen zu sein – so wie man eben in einer Sportart nur gut werden kann, wenn man sie richtig und ausdauernd trainiert. Dazu gehört nun eine Einstellungsänderung: „Wenn ich es gut machen will, muss ich mich dafür interessieren, wie man es gut macht." Fassen Sie das Lernen wie einen Sport auf, in dem Sie Sieger sein wollen: Sie nehmen alles begierig auf und probieren aus, was Ihnen helfen kann, effizient und gut zu lernen.

Angst vor Prüfungen, Angst beim Lernen

Lernphasen sind häufig von Besorgtheit und Prüfungsangst begleitet. Sind Prüfungen weit entfernt, unterschätzt man die Angst. Ohne gerade eine Prüfung vor sich zu haben, erwähnen nur 20 Prozent einer Studentengruppe (Lehramt) „sehr starke" Prüfungsangst. Direkt nach der Prüfung (Staatsexamen Lehramt, Psychologieprüfung) zum Verlauf der Prüfungsangst befragt, hatten doch 80 Prozent der Studenten einer kleinen Stichprobe im Laufe der Vorbereitung und während der Prüfung „sehr starke" Prüfungsangst erlebt. Im Moment vor der Prüfung und auch noch zu Beginn der Prüfung ist die Angst extrem hoch, und erst während der Prüfung fällt sie dann meist stark ab. Fast die Hälfte der Befragten fühlte sich durch die Prüfungsangst in der Lernvorbereitung mittelmäßig bis stark beeinträchtigt.

Es gibt Personen, bei denen die Angst während der gesamten Vorbereitungszeit stark war, und auch solche, die kaum Angst erlebt hatten. Zumeist steigt die Angst aber langsam an und erreicht in den letzten ein bis zwei Monaten vor der Prüfung ihren höchsten Stand. Manche Kandidaten erleben in ihrer Angst keinen gleichmäßigen Verlauf, sondern plötzliche Angstspitzen. Die Prüfungsangst kann sich in vielfältigen körperlichen Symptomen niederschlagen. Der Körper reagiert mit seiner schwächsten Stelle auf die Belastung. Das kann der Kreislauf sein oder das Verdauungssystem, das kann sich auch in psychischen Symptomen wie Schlaflosigkeit oder – im Ausnahmefall – Bewegungsstarre äußern. Dabei sind manche körperlichen Symptome relativ normal. Wir haben ein angeborenes Reaktionsmuster, wie wir uns auf einen nahen Kampf einstellen: Der Darm leert sich (d.h. man kann nichts essen und hat Durchfall), die Körpertemperatur wird hochgestellt und das Blut ins Körperinnere gezogen, daher sieht man sehr bleich aus. Der Mund ist trocken, und die Hände schwitzen (und werden so griffiger). Für einen Kampf unter Frühmenschen waren diese Maßnahmen des Köpers sehr sinnvoll, denn sie milderten z.B. die Folgen einer Verletzung. In der Prüfungssituation helfen sie nicht. Es ist aber nützlich zu wissen, dass es dieses Reaktionsmuster gibt, um sich nicht allzu sehr zu sorgen, wenn man vor Prüfungen (auch wochenlange) Phasen von Durchfall, Harndrang, Appetitlosigkeit, Schlaflosigkeit oder Schwitzen erlebt (in den Handinnenflächen, unter den Achseln oder an der Stirn).

Nach unserer Beobachtung ist Prüfungsangst ein Phänomen, das sich selbst verstärkt. Erlebt man bei einer Prüfung zum ersten Mal sehr starke Prüfungsangst, ist es nicht unwahrscheinlich, dass bei folgenden Prüfungen (auch wenn sie sehr viel später stattfinden) wieder sehr starke Angst auftritt; die Angst hat sich sozusagen ihren Weg gebahnt. Wie viel Prüfungsangst man schließlich entwickelt, hängt kaum vom Prüfungserfolg ab. In unseren Prüfungen hatten sehr gute Absolventen oft starke Prüfungsangst, und weniger gut vorbereitete Kandidaten hatten manchmal gar keine Prüfungsangst.

Aus dem Gesagten und den Befragungen geht hervor, dass Prüfungsangst ein relativ normales Phänomen ist. Ein wenig Prüfungsangst ist ja auch keineswegs schädlich, sondern motiviert zu großen Lernanstrengungen. Man muss schließlich während der Lernphasen auf vielerlei erfreuliche Aktivitäten verzichten. Die Angst hilft dabei. Auf der anderen Seite behindert zu viel Prüfungsangst die Vorbereitung, so dass man sich wohl oder übel mit ihr beschäftigen muss.

Die Minuten vor der Prüfung

Kennen Sie diese Situation? Man sitzt vor einem Prüfungsraum und fühlt sich vollkommen verunsichert. Es durchzuckt einen der Gedanke: „Ich habe alles vergessen."

Das liegt an der Art der Selbstabfrage, die in diesen Minuten vorkommt. Man stellt sich innerlich eben keine konkrete Frage, denn dann würde einem die Antwort schon einfallen, sondern man fragt sich: „Was fällt mir überhaupt noch ein?" Darauf gibt es ja nun keine gelernte Antwort in dem Sinne, dass jetzt massenweise Stoff ins Bewusstsein tritt. Der innere Bildschirm bleibt leer. Man sollte sich dadurch nicht verunsichern lassen. In der Prüfung fällt fast allen Prüflingen mehr ein, als sie erwartet hatten, so dass sich die Angst, alles vergessen zu haben, eigentlich immer als unbegründet herausstellt.

Außerdem ist es gar nicht hilfreich, sich in den letzten Minuten vor einer Prüfung noch mit dem Lernstoff zu befassen. Denkt man nämlich jetzt an die eine oder andere Prüfungsfrage und an die Antworten, die man vielleicht geben kann, wird ein Teil des Lernstoffes aktiviert und dominant, auf den man dann später in unangenehmer Weise fixiert ist. Andere Teile des Lernstoffes sind somit weniger aktiviert und treten demgegenüber zurück. Das ist auch wissenschaftlich nachgewiesen. In der Fachsprache der Psychologie nennt man das Phänomen „abrufinduziertes Vergessen". Die Hervorhebung des in der letzten Minute Abgerufenen führt zu einer Hemmung des restlichen Stoffes, die bis zu einem Tag andauern kann. Wenn möglich, sollte man am Prüfungstag, aber zumindest einige Stunden vor einer Prüfung den Stoff ruhen lassen.

Wie verläuft Prüfungsangst eigentlich während der Prüfung?

Weil man bislang darüber gar nichts weiß, habe ich (Schuster) meine Prüflinge unmittelbar nach der Prüfung einmal in ein vorgegebenes Diagramm (Abb. 4) eine Kurve zeichnen lassen, wie die Angst in den 40 Minuten der Prüfung verlaufen ist. Insgesamt haben das 37 Prüflinge getan (und es hat keiner die Mitarbeit verweigert). 36 Prüflinge dieser Gruppe haben die Prüfung bestanden, ein Kandidat war durchgefallen. Im Allgemeinen stellte sich also in diesen 37 Prüfungen im Laufe der Prüfungszeit ein Erfolgserlebnis ein. Dennoch war bei 13 Prüflingen die Angst zu Beginn der Prüfung sehr hoch (Schätzwerte 8 und 9 bei einem möglichen Maximalwert 9). Direkt vor der Prüfung erleben also wesentlich mehr Menschen sehr starke Prüfungsangst, als dies in der Befragung zu einem Zeitpunkt weit vor den Prüfungen von sich erwartet hatten.

Die Ergebnisse der Studien können folgendermaßen interpretiert werden: Die Prüfungsangst wird durch sorgenvolle Gedanken angefacht. Wäh-

(Instruktion:) Zeichnen Sie in diese Grafik bitte ein, wie die Angst in der Prüfung verlief (1 = gar keine Angst; 9 = sehr starke Angst):

	5 min	10 min	15 min	20 min	25 min	30 min	35 min.	40 min.
9								
8	●	●						
7			●					
6				●	●			
5						●		
4							●	●
3								
2								
1								

Abb. 4: Typischer Verlauf der vom Prüfling eingeschätzten Angst während der Prüfung: Von anfänglich hoher Angst fällt die Angst zu niedrigen Graden ab.

rend der Prüfung hingegen ist man meist völlig auf die Fragen und die eigenen Antworten konzentriert. Daneben ist kein Platz mehr für sorgenvolle Gedanken. Die Angst wird also quasi „vergessen". Zudem bemerkt man mit fortschreitender Prüfungsdauer, dass man die meisten Fragen richtig beantworten kann, und so fällt auch der Grund für sorgenvolle Gedanken weg. Bei sehr großer Angst ist es aber auch möglich, dass das Vergessen der Sorgen nur zu Beginn gelingt: Hat man sich ein wenig an die Situation gewöhnt, tauchen auch die sorgenvollen Gedanken wieder auf. Der Prüfling wird dann zum Ende der Prüfung hin wieder von seinen Gedanken eingeholt, wenn er sich nämlich in der Endphase der Prüfung fragt, ob die Leistung wohl ausgereicht hat. Möglicherweise geben Fragen, die man nicht so flüssig beantworten kann, den sorgenvollen Gedanken wieder so viel Auftrieb, dass die Angst in der Prüfung wieder dominant wird. Phasen, in denen es weniger gut läuft, lassen die Angst natürlich ansteigen. Tatsächlich hatten in dieser Gruppe alle Studenten, die schlechtere Noten erhielten, relativ konstant hohe Angstwerte.

Professionelle Hilfe finden

Psychotherapeuten können Prüfungsangst behandeln – für eine kurzfristige Intervention scheint mir ein Therapeut mit einer Qualifikation in Verhaltenstherapie am günstigsten zu sein. Man muss natürlich sehr schnell einen Therapieplatz finden. Die Universitäten haben psychotherapeutische Beratungsstellen, die meist auf die Behandlung von Prüfungsangst und von Lernproblemen spezialisiert sind. Besucht man Ärzte und Nervenärzte, ist es gut, selbst zu wissen, welche Medikation bei Prüfungsangst eventuell hilft. Im Fall extremer Prüfungsangst, die so stark ist, dass sie die Prüfungsleistung erheblich mindern wird, kann auf ein Medikament zurückgegriffen werden. Eine kleine Dosis Betablocker (Name der Medikamentenklasse) kurz vor der Prüfung kann die Angst enorm reduzieren. Betablocker haben aber auch andere Wirkungen und müssen vom Arzt verschrieben werden! Medikamente können in unerwarteter Weise wirken. Also muss man die Wirkung eine Woche vor der Prüfung testen.

Selbsthilfebücher

Es gibt viele Selbsthilfebücher. Nur manche sind tauglich (einige behandeln trotz des Wortes „Prüfungsangst" im Titel das Problem gar nicht). Internetbesprechungen (z.B. bei Amazon) würden wir nicht allzu sehr trauen, weil dahinter oft kommerzielle Interessen stehen.

Vorteile
- Man muss nicht mit anderen über sein Problem sprechen, kann sich selbst gegenüber aber das Problem ganz offen zugeben. Der Ratschlag ist daher kränkungsfrei.
- Man erlebt in Beispielen Vergleichbares bei anderen Menschen und fühlt sich mit seinen Problemen nicht völlig allein.
- Oft erfährt man Trost, und es wird die Überzeugung verbreitet, dass Selbsthilfe möglich ist.

Mögliche Nachteile
- Man weiß nicht, wie lange man eine Übung machen muss oder wann sie als erfolglos abzubrechen ist.
- Man weiß nicht genau, ob man es richtig macht.
- Es ist nicht völlig sicher, dass man die richtige Diagnose gestellt hat.
- Meist ist nicht überprüft, ob ein Ratschlag wirklich hilft, sondern es werden allgemeine psychotherapeutische Erkenntnisse auf die Selbsthilfesituation übertragen.
- Die Einschätzung der Selbsthilfemöglichkeiten ist zu optimistisch.

Einige Selbsthilfemaßnahmen

a) Positive Autosuggestion

Jeder hat schon einmal erfahren, wie wohltuend Ermutigung wirkt und wie demotivierend eine pessimistische Sichtweise sein kann. Solche Ermutigung und Entmutigung geht nun nicht nur von anderen aus, sondern auch von jedem selbst. In Gedanken spricht man mit sich. Je nachdem, wie man mit sich spricht, kann Leistung dabei gefördert oder verhindert werden. Ganz besonders die Angst hängt von derartigen inneren Sätzen ab. Wer sich als *„Versager"* bezeichnet, muss natürlich Angst bekommen. Bezeichnet man sich dagegen als *„Prüfungsriesen"*, als jemand, der erst in Prüfungen zu Höchstleistungen aufläuft, dann kann man weitaus zuversichtlicher in die Prüfung gehen.

Manchmal laufen innere Sätze ganz automatisch ab, man bemerkt sie kaum noch. Es kann sein, dass es sich dabei um Redensarten handelt, mit denen man als Kind verspottet wurde: „Dumm geboren und nichts dazugelernt" oder „Dummheit und Stolz wachsen auf einem Holz" oder – wenn man einmal Erfolg hatte – „Die dümmsten Bauern haben die dicksten Kartoffeln". Oder man spricht negativ mit sich, um sich letztendlich anzuspornen. In diesem Fall kann es sein, dass man sich ganz schlecht bewerten möchte, um das Letzte aus sich herauszuholen; man sagt sich: „Niemals wirst du bei so wenig Vorbereitung diese Prüfung bestehen" und hofft, nun mit umso größerem Eifer an die Arbeit zu gehen. Diese Vorgehensweise ist aber falsch, ihr einziger Effekt ist Entmutigung.

In einer Lern-Psychotherapie würden Klient und Therapeut versuchen, die inneren Sätze bewusst zu machen und ganz gezielt anstelle von ungünstigen Formulierungen bessere, ermutigende innere Aussagen zu setzen. Wenn Sie alleine versuchen wollen, Angst zu reduzieren, hilft es schon, günstige innere Sätze zu bilden und sich diese Sätze immer wieder einmal vorzusprechen, z.B. vor dem Schlafengehen (vgl. unten). Dies sind die oft so bezeichneten „positiven Autosuggestionen". Will man sie richtig gestalten, ist es wichtig, einen Moment bei bildhaften Denkprozessen zu verweilen. Mehr als Worte können Bilder und bildhafte Vorstellungen Gefühle beeinflussen, also auch Angst auslösen. Wenn Sätze und Worte bildhafte Vorstellungen erlauben, dann bilden sie sich auch, dabei folgen sie allerdings ihren eigenen Gesetzen. Bildhaft vorstellen kann man sich etwas, das vorhanden ist. Für ein Nichtvorhandensein gibt es kein Bild.

Machen Sie einen Test mit sich: Welches Bild kommt in Ihrer Vorstellung bei dem Satz „Claudia hatte kein Kleid an" auf? Jetzt überprüfen Sie bitte, welche Vorstellung Sie bei dem Satz haben: „Claudia war nackt"? Nach unserer Erfahrung werden bei diesen Sätzen ganz unterschiedliche Vorstellungen aktiv. Wenn man sich innerlich sagt „Ich habe keine Angst", kommt als Bild nun dennoch die Vorstellung von Angst auf, man redet die Angst geradezu herbei. Formuliert man aber „Ich bin zuversichtlich und mutig" kommen Vorstellungen von aufrechtem Auftritt, lauter Stimme und stolzgeschwellter Brust auf, die das Verhalten steuern.

Damit ist sicher deutlicher geworden, was mit „positiver Autosuggestion" gemeint ist. Es geht nicht allein darum, zu sich selbst Sätze zu sagen, die insgesamt eine positive Bedeutung haben, es geht darum, zu sich Sätze zu sagen, die einen wünschenswerten Zustand beschreiben, damit er in bildlichen, aber auch in kinästhetischen Vorstellungen (d.h. in Vorstellungen von Körperempfindungen) mit aufgerufen und dann handlungsleitend werden kann.

Im Folgenden geben wir einige Beispiele für solche Sätze, aber Sie wissen jetzt im Wesentlichen, worauf Sie bei der Konstruktion Ihrer ganz eigenen Sätze achten müssen. Wenn Sie das Gefühl haben „Der Satz stimmt so für mich gar nicht", ist er natürlich auch zur Selbstermutigung nicht geeignet.

Mögliche Autosuggestionen

„Ich werde die Prüfung bestehen."
„Ich werde in der Prüfung ruhig und entspannt sein."
„Ich werde überrascht sein, wie viel Stoff mir in der Prüfung einfällt."
„Ich habe viel gelernt."
„Ich finde leicht die richtige Antwort."
„Ich kann leicht lernen."
„Je länger ich lerne, desto besser geht es."
„Ich gebe mein Bestes."
„Ich werde zeigen, was in mir steckt."
„Ich bin ganz ruhig, damit ich umso besser lernen kann."
„Ich habe schon manche Schwierigkeit erfolgreich überwunden; auch diese Hürde werde ich nehmen."

Man kann die Sätze, die man für sich selbst für geeignet hält, auch auf einen Tonträger sprechen und sich während der Entspannungsphasen vorsprechen lassen (s.u.).
Ungünstige Selbstgespräche dagegen könnten sein:

> „Die anderen sind Streber."
> „Es geht leicht, ich brauche mich nicht anzustrengen."
> „Ich kann mir das nicht mehr alles merken."
> „Ich habe Schlafattacken beim Lernen."
> „Ich mag nicht vor der Gruppe auftreten, bin zu schüchtern, habe Angst."
> „Ich mache lieber erst einmal etwas anderes."
> „Ich kann das Zeug nicht mehr sehen." (= zu oft gelesen)
> „Ich bin unfähig."
> „Ich mache das Lernen falsch."
> „Ich muss lernen, lernen, üben, lernen bis zum Umfallen, das ist das Wichtigste."
> „Ich bin ein wertvoller, schätzenswerter Mensch, und daher ist es unbedingt erforderlich, dass ich in dieser Sache ziemlich gut bin."
> „Ich bin begabt, und es wird mir ganz leicht fallen, ja es wird mir zufallen."
> „Wenn alles fertig ist, werde ich meine Bücher verbrennen."
> „Der Lehrer kann mich nicht leiden."
> „Der Lehrer kann keine Frauen (keine Männer, keine Türken usw.) leiden."
> „Der Lehrer ist dumm."
> „Ich verstehe es nicht (und es ist nicht verstehbar)."
> „Ich muss alle offenen Fragen klären."
> „Ich kann es (die Literatur) nicht genießen, es kommt mir albern vor."

b) Eine Entspannungsinstruktion

Entspannung wirkt gegen die Angst. Unter Entspannung ist der Geist besonders aufnahmefähig für Autosuggestionen. Daher finden Sie hier eine Anweisung für eine Entspannungsübung.

Machen Sie die Entspannungsübung täglich zweimal. Hilfreich ist es, feste Zeiten einzuplanen, an die Sie sich allmählich gewöhnen können. Und lassen Sie sich nicht entmutigen. Am Anfang sind Entspannungsübungen ungewohnt, und der Erfolg – länger andauernde körperliche Entspanntheit – stellt sich nicht gleich ein.

Von den vielen möglichen Entspannungsübungen haben wir eine ausgewählt, die effektiv und ohne besondere Schulung durchführbar ist. Die Übung besteht aus einer kurzen Vorbereitung, drei Teilen und der „Entspannungsrücknahme". Machen Sie zunächst nicht alle drei Teile, sondern nur den ersten. Nach einiger Zeit – wenn Sie sich schon gut daran gewöhnt haben – können Sie den zweiten Teil hinzunehmen. Später nehmen Sie auch noch den dritten Teil hinzu. Wenn Sie den Wunsch haben, mit der Entspannungsübung aufzuhören, machen Sie eine „Entspannungsrücknahme". Dazu zählen Sie leise rückwärts von 4 bis 1 (also „vier, drei, zwei, eins"). Räkeln Sie sich dann, und stehen Sie langsam auf. Bei einer Entspannungsübung kurz vor dem Schlafengehen machen Sie keine Rücknahme. Versuchen Sie dann, in der Entspannung einzuschlafen.

Kurze Vorbereitung
Fangen Sie damit an, dass Sie Ihren Körper möglichst genussvoll strecken. Versuchen Sie, zu gähnen.

Teil 1
Jetzt legen Sie sich rücklings aufs Bett oder eine Couch. Gehen Sie nun gedanklich in Ihrem Körper spazieren. Versuchen Sie zu spüren, welche Muskeln verspannt und welche locker sind. Wie lockert man verspannte Muskeln? Nun, zum Beispiel, indem man sie etwas schüttelt. Vielen Menschen gelingt eine Entspannung erst über den Weg einer vorherigen starken Anspannung. Wenn es Ihnen auch so geht, dann sollten Sie Ihre Muskeln vom Kopf über Rumpf, Arme und Beine nacheinander anspannen und wieder entspannen. Sagen Sie sich dann den Satz: „Ich bin entspannt und leistungsfähig."

Teil 2
Jetzt achten Sie darauf, wie Ihr Körper auf der (weichen) Unterlage liegt. Lassen Sie sich in die Unterlage hinein fallen. Stellen Sie sich vor, Sie würden langsam in eine Schaumgummimatte oder in weichen Sand einsinken und einen Abdruck hinterlassen. Spüren Sie, wie die verschiedenen Stellen Ihres Körpers schwer in den Boden einsinken: Kopf – Nacken – Schultern – Oberarm – Unterarm – Hände – Finger – Taillengegend – Lendengebiet – Gesäß – Oberschenkel – Unterschenkel – Fersen – Zehen. Lassen Sie sich weiter sinken und gerade auch an den Stellen Ihres Körpers, die noch nicht aufliegen. Sie erlauben, dass Ihre Muskeln sich lösen, dabei lassen Sie Ihren

Körper noch weiter sinken. Versuchen Sie, sich möglichst bequem einzurichten und sich wohl zu fühlen. Sagen Sie zu sich den Satz: „Ich bin entspannt und leistungsfähig."

Teil 3
Legen Sie die Handflächen auf den Unterbauch. Lassen Sie Ihren Atem in den weich sich weitenden Raum Ihres Rumpfes einfließen. Warten Sie dann das Ausatmen ab, bis es von selbst geschieht. Wie die Wellen am Strand, die kommen und wieder wegfließen, so geschieht auch unsere Atmung. Lassen Sie sich von der Atemwelle bei der Einatmung hoch tragen und bei der Ausatmung ins Wellental sinken. Ruhen Sie sich im Wellental aus und genießen Sie die Atempause. Sagen Sie zu sich den Satz: „Ich bin entspannt und leistungsfähig."

Übrigens: Man kann Entspannungsinstruktionen mit beruhigender Meditationsmusik kaufen oder auch kostenlos von einigen Krankenkassen erhalten.

Die Lernstoffdiagnose mit dem Lernkompass

Lernen heißt, eine neue Fertigkeit zu erwerben, die man nach dem Lernen beherrscht.

Wenn man sagt „eine Sprache lernen", dann gehört dazu:
- Vokabeln lernen,
- Grammatik lernen,
- unregelmäßigen Formen lernen,
- Redewendungen lernen,
- Aussprache lernen,
- Schreibweisen lernen,
- eventuell neue Buchstaben oder eine neue Schrift lernen.

Wenn man sagt „Skifahren lernen", dann gehört dazu:
- Bewegungsabläufe lernen,
- Bewegungen im Gelände automatisieren,
- eventuell falsche Bewegungen umlernen.

Wenn man sagt „Statistik lernen", dann gehört dazu:
- Regeln lernen,
- Regeln verstehen,
- Formeln und Verfahren lernen,
- Grenzen der Anwendung verstehen.

Das Lernen setzt sich also immer aus unterschiedlichen Aufgaben zusammen. Manche sind ein Lernen in dem Sinne, wie es in Psychologiebüchern oft gebraucht wird, nämlich Speichern und Abruf von Information. Andere Komponenten sind Verstehen, Automatisieren oder Akzeptieren neuer Information.

„Formeln verstehen" ist nun etwas ganz anderes als „Vokabeln lernen" und erfordert natürlich ein ganz anderes Vorgehen. Sogar das Lernen von Vokabeln und das Lernen von Zahlen ist schon etwas anderes, und es gibt es dafür ganz unterschiedliche Hilfen. Das heißt, der Nutzer dieses Buches

Kapitel 4 · Die Lernstoffdiagnose mit dem Lernkompass

muss die Komponenten seiner Lernaufgabe feststellen und prüfen, ob es für diese Komponenten Lernhilfen gibt.

Nicht alles Lernen funktioniert gleich. Daher gibt es unterschiedliche Hilfen für unterschiedlichen Lernstoff!

Der Kompass auf den nächsten Seiten führt zu möglichen Lernhilfen.

Lernkompass

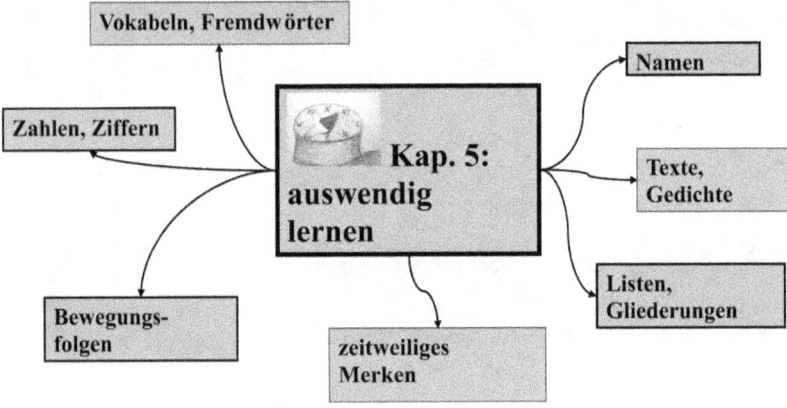

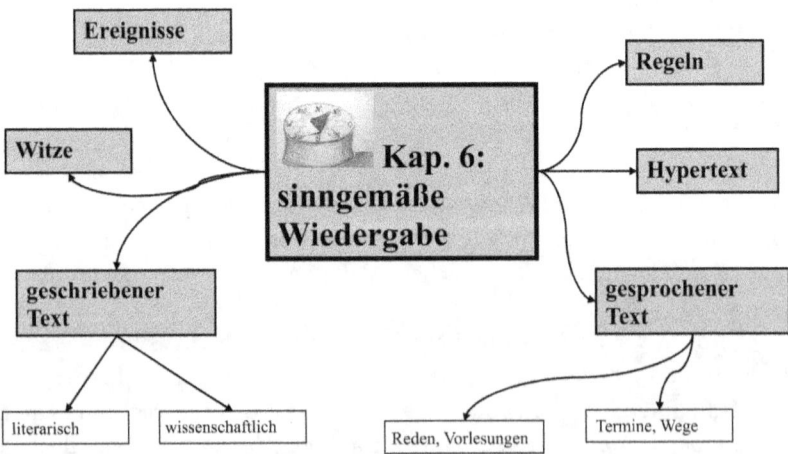

Lernkompass 95

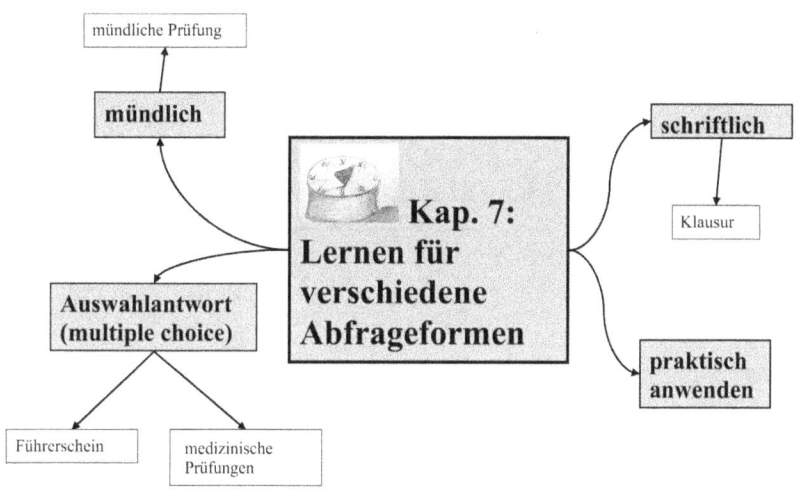

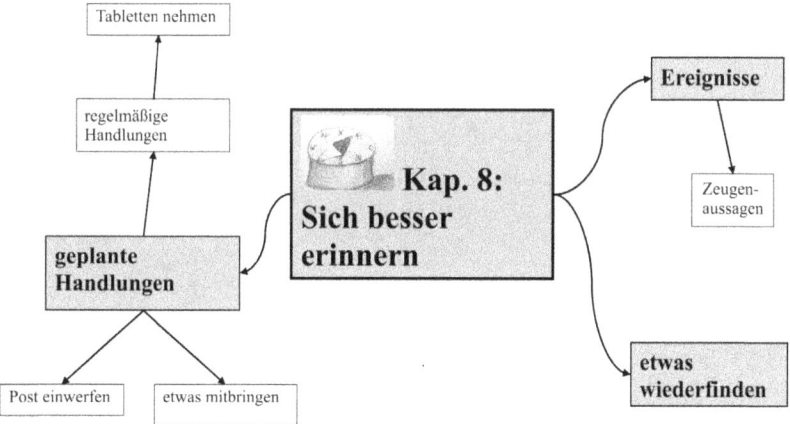

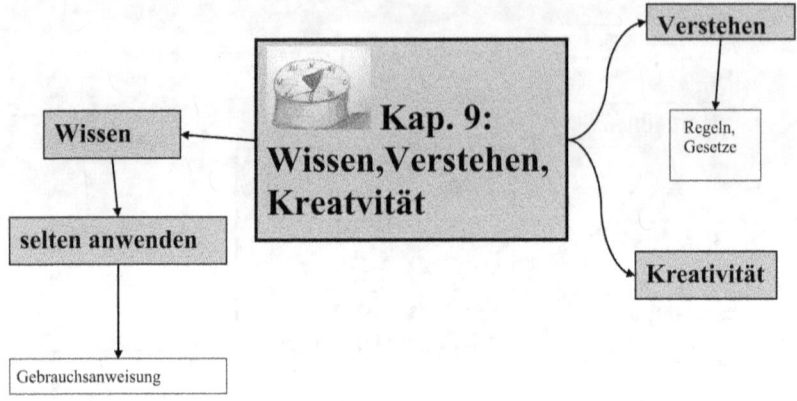

Ein Beispiel

Herr König hatte sich mit dem Lernen schon immer schwer getan. Er wollte eigentlich für den Taxiführerschein lernen, schaffte es aber mit seiner eigenen Lernmethode nicht. Im Anschluss zeigen wir, wie er es mit unseren Lerntipps hätte schaffen können.

Der Lernkompass erlaubt herauszufinden, welche Lerntipps zu dieser Art Prüfung passen.

Herr König brauchte den „Führerschein zur Fahrgastbeförderung". Um diesen zu bekommen, muss man die „Ortskenntnisprüfung" machen. Das ist eine schriftliche Prüfung in Form eines Multiple-choice-Tests, bei dem die richtigen Lösungen angekreuzt werden müssen. Die Prüfung dauert 60 Minuten und besteht aus zwei Teilen.

Im ersten Teil muss man verschiedene Fragen beantworten, z.B. „An welcher Straße liegen verschiedene öffentliche Einrichtungen (Kirchen, Behörden, Bezirksämter, Museen, Botschaften, Konsulate, Gerichte, Friedhöfe, Krankenhäuser)?" oder „Wo beginnen und enden die wichtigen Ausfallstraßen?".

Im zweiten Teil wird abgefragt, wie man mit dem Auto von einer Stelle zu einer anderen kommt. Das heißt: Auf einer Liste von Straßen, Plätzen usw. muss man diejenigen ankreuzen, die zu befahren sind, wenn man zu einem bestimmten Ziel gelangen will. Im Einladungsschreiben zur Ortskenntnisprüfung der Stadt Köln werden 84 Verbindungen genannt, die beherrscht werden müssen.

Auf der Homepage der Stadt Köln – unter dem Stichwort „Führerschein zur Fahrgastbeförderung" – findet Herr König drei Firmen, die Vorbereitungskurse für diese Prüfung anbieten. Zweimal in der Woche gibt es einen zweistündigen Unterricht.

Als Herr König zum ersten Mal zum Unterricht kam, erfuhr er, dass man auch die Ortskundeprüfung für Mietwagen machen kann, und dass diese im Vergleich zur Taxiprüfung einfacher und kürzer ist. Zum Beispiel muss man statt 84 Ortsverbindungen nur 32 lernen. Außerdem entfallen die anderen Ortsfragen. Da Herr König ziemliche Angst vor der Prüfung hatte, entschied er sich für die Mietwagenprüfung. Nach etwa acht Wochen im Vorbereitungskursus fühlte sich Herr König gut vorbereitet und bestand die Ortskundeprüfung für Mietwagen. Natürlich weiß er, dass es für ihn besser gewesen wäre, wenn er die Taxiprüfung gemacht hätte; er bekäme leichter eine Arbeitsstelle. Aber seine Lernschwierigkeiten haben ihn behindert.

In welcher Weise hätte er von unserem Lernbuch profitieren können? Welche Ratschläge und Lerntechniken hätte er verwenden können, um nicht nur die Prüfung für Mietwagen, sondern auch die für Taxis zu bestehen?

> 1. Die Idee, an einer speziellen Vorbereitungsgruppe teilzunehmen, ist in der Tat sinnvoll für das Auswendiglernen: Der basale Dreischritt des Lernens würde dort aller Wahrscheinlichkeit nach verwirklicht. Eine Lerngruppe könnte die Anpassung des Lernstoffs auf mehrere Schultern verteilen.
> 2. Herr König sollte den „Lernkompass" befragen. Es geht um das Auswendiglernen von Reihenfolgen = Aufzählungen = Listen.

Beispiele für Listen der Taxi-Ortskenntnisprüfung in Köln

1. Von der Jesuitengasse zum Ostfriedhof:
   Merheimer Straße – Friedrich-Karl-Straße – Boltensternstraße – Niehler Gürtel – Mülheimer Brücke – Wiener Platz – Clevischer Ring – Bergisch Gladbacher Straße – Dellbrücker Mauspfad.
   Man könnte eine Geschichte erfinden, z.B. folgende:
   In einem Heim am Meer (Merheimer Straße) wohnt Kaiser Friedrich-Karl (Friedrich-Karl-Straße). Er hat einen Boliden von Stern (Boltensternstraße) auf seinem leider nie getragenen Gürtel (Niehler Gür-

tel). Um sich für den Weg nach Mülheim über die Brücke zu stärken (Mülheimer Brücke), isst er nun erst einmal ein Wiener Würstchen (Wiener Platz) und zieht seinen cleveren Zauberring an (Clevischer Ring). Die Berge auf der Strecke sind zwar glatt (Bergisch Gladbacher Straße), aber er findet Dank seines Rings den dollen Mäusepfad zum Ziel (Dellbrücker Mauspfad).

Sicher erfinden Sie, liebe Leser, eine noch bessere Geschichte. Diese hatte den Vorzug, in fünf Minuten zustande gekommen zu sein.

2. Liste aller Stadtteile von Köln: Hier könnten wir ja einmal eine Loci-Technik versuchen. Also brauchen wir für jeden Stadtteil ein Bild.

   Bickendorf (Birken), Grengel (Schwengel), Porz (Tor, Porta), Lövenich (Löwe), Fühlingen (Fühler), Sürth (klingt ähnlich wie Furt), Sülz (Sülze), Bayenthal (Bayer), Seeberg (See), Gremberghoven (Hof auf Berg), Rodenkirchen (Kirche auf gerodetem Feld), Braunsfeld (braunes Feld), Kalk (Kalksteinberg), Deutz (Düx = Führer), Stammheim (Baumstamm), Flittard (Flitsche), Dünnwald (dünnes Wäldchen), Junkersdorf (Junker), Weiden (Trauerweide), Nippes (Nippesfigur), Mülheim (Mühle), Dellbrück (dolle Brücke), Ehrenfeld (Ehrenmal).

   Das scheint ziemlich leicht. Man könnte die Stadtteile dann aber auch noch alphabetisch oder in der Art eines Spaziergangs ordnen. Wie man weiter mit der Loci-Technik verfährt, ist auf S. 118 beschrieben.

3. Liste aller Bundesstraßen (B), Bundesautobahnen (BAB), Autobahndreiecke (BAB-Dreieck), Autobahnkreuze (BAB-Kreuz) und Autobahnausfahrten innerhalb des Kölner Pflichtfahrgebietes (= Köln, Bonn, Düsseldorf, Erftkreis, Kreis Euskirchen, Kreis Mettmann, Kreis Neuss, Rheinisch-Bergischer Kreis, Rhein-Sieg-Kreis, Solingen): Mit den Anfangsbuchstaben der Ausfahrten könnte man Wörter bilden, die man zu Sätzen verbindet.

   Bei den Bundesstraßen kommen Zahlen ins Spiel, die man mit dem Phonetischen System zu Wörtern umformen und dann mit einem Satz oder bildhaft mit den Namen der Bundesstraßen verbinden kann.

4. Liste der Kölner Stadtbezirke und der Straßen, an denen die Bezirksämter liegen: Für die Stadtbezirke eignet sich wieder die Loci-Technik.

   Wenn gute Eselsbrücken vorgegeben werden, erleichtert das natürlich die Arbeit. Weil ja viele Menschen diese Prüfungen machen, findet sich vielleicht einmal ein pfiffiger Lernspezialist, der ein kleines Heftchen mit Eselsbrücken bzw. mit dem Ausgangsmaterial für Lerntechniken anbietet.

Auswendiglernen

Auswendiglernen heißt: Die Informationen – Wörter, Texte oder Zahlen – müssen ganz genau so wiedergegeben werden, wie sie sind. Manchmal verbindet sich das Auswendiglernen mit dem sinngemäßen Lernen; will man z.B. einen Text sinngemäß wiedergeben, kann es von Vorteil sein, eine Gliederung des Textes oder eine Stichwortliste auswendig zu lernen.

Vokabeln und Sprachen

Das Vokabellernen ist ein ganz typischer Fall des Auswendiglernens.

Lernen von Vokabeln, Fremdwörtern und Fachbegriffen

a) Emotionalisierung der Bedeutung

Sprechen Sie Ihre Vokabel und die Bedeutung mit ganz verschiedener, auch emotionaler Betonung aus (flüstern, schreien, wütend, lieb, verliebt, aggressiv, drohend, besänftigend, zweifelnd, fragend).

Assoziationskontexte schaffen: Bilden Sie mit der Vokabel einen einfachen Satz. Sprechen Sie diesen Satz laut aus. Bilden Sie mit der Vokabel einen Satz, den Sie als Tourist brauchen könnten. Sprechen Sie den Satz laut aus (überprüfen Sie die Aussprache). Man kann Assoziationen zu wirklichen Gegenständen in der eigenen Wohnung herstellen und Vokabelkarten sinnvoll platzieren: beim Spanischlernen z.B. an die Uhr einen Zettel mit „hora" (die Stunde) oder beim Lateinlernen auf den Teppich „tacere", das Schweigen.

b) Einfache Eselsbrücken

Die Vokabel klingt wie ein bekanntes Wort oder so ähnlich wie ihre Bedeutung in einer anderen bekannten Fremdsprache oder so ähnlich wie ein Fremdwort: Zum Beispiel heißt „sich aufregen" auf Französisch „s'échauffer";

im Deutschen gibt es den Ausdruck „sich echauffieren". Viele englische Wörter kommen in Anglizismen vor: „to rent" heißt „leihen", das kommt in „Rent a car" vor, das jeder schon einmal gehört oder gelesen hat. Die Eselsbrücke hilft, sich die Vokabel zu merken, bis sie ganz automatisch, also ohne die vermittelnde Brücke, abgerufen werden kann (vgl. temporäre Eselsbrücken).

c) Herleitung

Wenn möglich, ist eine etymologische Herleitung nützlich: Gibt es einen Wortstamm, den man kennt? Gibt es ein Fremdwort, das ähnlich ist etc.? So z.B. für das italienische Wort „ballare" = tanzen: dass man auf einen Ball gehen kann, um dort zu tanzen, das kennt man schon, und die italienische Vokabel ist wegen der Ähnlichkeit mit dem Gebrauch im Deutschen leicht zu merken.

d) Bekannte Wörter

Alle Wörter, die man schon kennt, kann man einmal zusammenstellen. Will man z.B. Englisch lernen, kennen gerade Kinder schon etliche Wörter: aus Computerspielen das Wort „level" oder „game over", vom Flipper „new ball" oder „tilt", von der Daten-CD „read only memory", „read and write memory". Wenn man in seiner Umgebung einmal darauf achtet, ist das ein ganz beträchtlicher Wortschatz: Auf der Tastatur des Computers finden sich die Worte „delete" und „insert", „end" und „page". Gerade zu Beginn des Sprachenlernens ist es eine ermutigende Erfahrung, wenn man schon 50 bis 100 Vokabeln kennt.

e) Ersatzworttechnik

Das Wort klingt vielleicht so ähnlich wie ein anderes Wort, es gibt aber zunächst keine natürliche Assoziation. Hier greift die **Ersatzworttechnik:** Man findet spontan (oder sucht auch mit ein wenig Nachdenken) ein deutsches Wort, das so ähnlich klingt wie die fremdsprachige Vokabel. Dann wird zwischen der Bedeutung der Vokabel und dem ähnlich klingenden Wort eine bildhafte Assoziation gebildet. Dabei werden die Vorstellungsbilder für das Ersatzwort (das ähnlich klingende Wort) und das Vorstellungsbild der Bedeutung der Vokabel in einem gemeinsamen Vorstellungsbild verschmolzen.

> **Beispiel**
>
> Das deutsche Wort „Ente" heißt in Englisch „duck". Das klingt so ähnlich wie „Dock" (Ersatzwort); nun stellt man sich z.B. vor, wie die Ente in einem Trockendock steht (Verbindung von Vokabel und Ersatzwort); Vokabelbedeutung und Ersatzwort werden also in einem Vorstellungsbild verbunden.

Hört man nun die fremdsprachige Vokabel (duck), so fällt einem sofort und ohne weiteres Lernen das ähnlich klingende Wort (Dock) ein; das führt wiederum ohne weitere Anstrengung automatisch zu dem Vorstellungsbild, aus dem dann die Bedeutung der Vokabel entnommen werden kann. Sucht man die Übersetzung für ein deutsches Wort, führt die Bedeutung des Wortes (Ente) zu dem Vorstellungsbild, in dem das Ersatzwort (das ähnlich klingende Wort „Dock") vorkommt, und damit zum Klangbild der fremdsprachigen Vokabel. Die Lernhilfe funktioniert also in beide Übersetzungsrichtungen.

Die Ersatzworttechnik funktioniert allerdings nur, wenn die Bedeutung der Vokabel bildhaft vorstellbar ist und wenn ein ausreichend ähnlich klingendes Ersatzwort vorhanden ist.

Für eine große Zahl von Vokabeln nach Schlüsselwörtern zu suchen, ist sehr mühsam. Allerdings gelingt es einer Gruppe von Lernern überraschend schnell, geeignete Schlüsselwörter zu finden. Einer ist immer dabei, der einen Einfall hat. Lehrer könnten versuchen, das Vokabelpensum einer Lektion einmal mit der Ersatzworttechnik lernen zu lassen. Der Klassengruppe wird es Spaß machen, zu Beginn die geeigneten Schlüsselwörter zu suchen und die verbindenden Bilder zu konstruieren. Von nun an kennen die Schüler die Technik und können sie bei Bedarf selbst einsetzen.

Ideal wäre es also, wenn die Schlüsselwörter beim Lernen bereits vorgegeben wären. Beim individuellen Lernen ohne bestehende Schlüsselwörter kann die Technik nur in solchen Fällen eingesetzt werden, in denen einem mühelos ein sehr ähnlich klingendes deutsches Wort einfällt.

Wenn das Bild, das Ersatzwort und Vokabel verbindet, emotionsgeladen ist, ist es besonders lernintensiv. „petto" heißt auf Italienisch „Brust".

Zu „petto" fällt sofort „Ghetto" ein (ein Wort, das starke Emotion aufkommen lässt). Nun stellt man sich vielleicht einen Menschen vor, der seine Brust an den Zaun des Ghettos drückt. Das vergisst man so schnell nicht.

Die Ersatzworttechnik führt bei Vokabeln, die anders geschrieben als gesprochen werden, natürlich nur zum Klang und nicht zur Schreibweise. Das italienische Wort „portacenere" heißt Aschenbecher: Von einer kreativen Lerngruppe wurde das Ersatzwort „Portalscharnier" vorgeschlagen. Das führt allerdings zu einer falschen Aussprache, weil das erste „e" betont und kurz und das zweite ebenfalls kurz gesprochen werden muss. Hier würde also das Ersatzwort „Porta, scheene" (Tür, schöne) geeigneter sein, obwohl es den Klang nur teils trifft. Als Bild könnte man sich einen Aschenbecher vorstellen, der oben mit einer besonders schönen Tür abgedeckt ist. Hier sei wiederum daran erinnert, dass man nicht bei einer einzigen Art von Lernhilfe bleiben muss. Das Wort „portacenere" ist ja ein zusammengesetztes Wort und heißt sinngemäß: portare (tragen) + cenere (Asche), also: die Asche tragen. Dies zu wissen, ist natürlich eine sinnvollere Lernhilfe, weil so noch zwei weitere Vokabeln eingeprägt werden.

Wenn man nach einer Lernphase Übung in einer Sprache hat, dann verschwindet diese Lernhilfe ganz von selbst wieder aus dem Kopf, man muss dann nicht Hunderte von Vorstellungsbildern abarbeiten, wenn man etwas verstehen oder übersetzen will (s.a.: temporäre Eselsbrücke).

Auch das Lernen von **Fremdwörtern und Fachwörtern** kann mit der Ersatzworttechnik angegangen werden. Versäumen Sie nicht, als Lernerleichterung den Ursprung des Fachwortes oder Fremdwortes zu recherchieren; es gibt dafür neben den Fremdwörterlexika eigene Ursprungslexika, das bekannte Buch „Woher" von Ernst Wasserzieher (2001) sei hier genannt.

> **Beispiel**
>
> Nehmen wir noch ein ungewöhnliches Fremdwort: „Limulus", der einzige Vertreter ansonsten ausgestorbener Flussschwanzkrebse; das kann man auf „Flusskrebs" reduzieren. „ulus" ist eine lateinische Verkleinerungsform, also der kleine „Lim" – wie Limone = Zitrone. So kann man sich also eine Zitrone vorstellen, in der es von Tausenden kleiner Flusskrebse wimmelt.

Im Anhang finden Sie eine kleine Liste italienischer Vokabeln mit Ersatzwörtern.

f) Die Lernkartei

Im Vokabelheft wiederholt man beim nächsten Abrufversuch schon gelernte ebenso wie noch nicht gelernte Vokabeln. Eine Lernkartei macht das Lernen dadurch effektiver, dass nur Vokabeln geprüft oder abgerufen werden, die man noch nicht kann.

Der Lernstoff – hier typischerweise Vokabeln – wird auf Karteikarten geschrieben. Auf die Vorderseite schreibt man die deutsche Bedeutung, auf die Rückseite das fremdsprachige Wort. Unser Karteikasten hat vier Fächer. Ins erste Fach kommen immer die neuen Vokabelkarten; in ein zweites Fach kommen die Vokabelkarten, die bereits einmal gewusst wurden; in ein drittes Fach werden die Vokabelkarten gesteckt, die zweimal gekonnt wurden; im vierten Fach schließlich sind die Vokabeln, die dreimal gewusst wurden.

Zunächst kommt eine Gruppe zu lernender Vokabelkarten (also vielleicht 10 bis 20 Stück) ins erste Fach. Wir beginnen mit der ersten Stufe des „Dreischritts des Lernens": Informationsaufnahme/Einprägen. Die Reihe noch nicht gekonnter Vokabeln wird aufmerksam gelesen und eingeprägt. Im Anschluss folgt die erste Abfrage dieser 10 bis 20 Vokabeln. Solche, die jetzt richtig erinnert werden, kommen in das zweite Fach; solche, die noch nicht sicher gekonnt werden, bleiben im ersten Fach. Bei jeder dritten Neufüllung des ersten Fachs und der Einprägung und Verteilung der Karten auf die ersten beiden Fächer wird nun auch das zweite Fach wieder abgefragt (zweiter und dritter Schritt des Dreischritts des Lernens). Karten, die gekonnt wurden, rücken nun ein Fach auf. Nicht mehr gekonnte Vokabeln fallen zurück ins erste Fach. Bei jeder sechsten Neufüllung des ersten Faches soll es zu einer Abfrage des dritten Faches kommen, und wieder gelangen nicht gekonnte Karten ins erste Fach und gekonnte ein Fach weiter ins vierte. Auf diese Weise kann man natürlich hinter das vierte Fach noch weitere Fächer anordnen. In einer bekannten Anweisung von Leitner (2006) sind fünf Fächer vorgesehen. Die vorderen Fächer, in denen also Karten liegen, die noch gar nicht bearbeitet sind (erstes Fach) oder einmal schon gewusst wurden (zweites Fach), werden öfter bearbeitet (wiederholt) als die dahinter liegenden Fächer mit schon öfter bearbeiteten Karten.

Man kann so natürlich auch Fragen zu einem Text aufschreiben. Auf der Rückseite der Karten stehen nun die Antworten oder aber auch nur Verweise auf Seiten, auf denen die Antworten zu finden sind.

> **Vorteile**
> Obwohl die Lernkartei als solche trivial ist und nicht als Genlestreich didaktischen Erfindungsgeistes betrachtet werden muss, hat sie dennoch den nicht sogleich offensichtlichen Vorteil, dass sie das Lernen auf Abrufversuche konzentriert. Man wiederholt ja die Informationsaufnahme nur dann, wenn die Erinnerung nicht gelungen ist. Sie führt daher zu einem besonders effektiven Lernen. Schließlich kommen die Vokabeln bald in eine zufällige Reihenfolge. Dabei werden Reihenfolgeneffekte – wie sie im Vokabelheft bestehen – vermieden.
>
> **Nachteile**
> Die Aussprache der Vokabeln steht nicht auf der Karte. In Schulklassen sind die Karten – wenn sie nicht fortlaufend vom Lehrer kontrolliert werden – bald voller Übertragungsfehler. Und weil die Schüler schreibfaul sind, werden Mehrfachbedeutungen gern weggelassen.
> Nun ist man natürlich nicht an Karteikarten gebunden. Dieses System lässt sich genauso mit den Vokabelseiten eines Lehrbuches durchführen. Dazu decken Sie eine Seite ab (z.B. die fremdsprachige Seite) und markieren mit einem weichen Bleistift die deutschen Wörter, deren Übersetzung Sie nicht gewusst haben. Diese Markierungen entsprechen dem ersten Fach. Wenn Sie eine neue Lektion beginnen, wiederholen Sie die nicht gekonnten Wörter der alten Lektion mit. Bei gekonnten radieren Sie die Markierung aus. So kann man Übertragungsfehler und ein Auslassen von zweiten und dritten Bedeutungen vermeiden und doch das Prinzip des Karteikastenlernens erhalten. Die Vokabeln bleiben nun auch in ihrem ursprünglichen (thematischen) Zusammenhang – allerdings auch in immer derselben Reihenfolge.

Eine sinnvolle Einbettung in semantische Kontexte baut sich bei einem reinen Karteikartensystem jedoch nicht auf. Ist die Ausgangsordnung einmal aufgehoben, ist eine Wiederholung der anfänglichen, vielleicht thematisch gegliederten Lerneinheiten kaum noch möglich. Außerdem ist die Bearbeitungszeit nicht eben gering: Wenn man sich mit einer selbst erstellten Lernkartei auf eine Prüfung vorbereiten will, muss man testen, wie viel Zeit man für eine kleinere Stoffeinheit benötigt, und hochrechnen, wie viel Zeit für den gesamten Lernstoff zur Verfügung steht. Wenn es sich um einen so eindeutigen Lernstoff wie Vokabeln handelt, kann man in einer Gruppe zusammen an der Erstellung der Lernkartei arbeiten. Wenn der Lernstoff aber komplexer ist und die Stichworte auf der Rückseite nur eine Zusammenfassung oder Andeutung der Antwort sind, ist die Verwendung von Karten, die ein anderer Lerner erstellt hat, aufwändiger.

Man kann Kasten und Karten selbst anfertigen, man kann sie je nach Finanzlage natürlich auch kaufen. Es gibt auch ganze Lernbereiche als fertiges Karteikartensystem zu erwerben. Wenn der Lernstoff absolut eindeutig ist, wie z.B. in der Anatomie, kann man beruhigt auf diese Hilfe zurückgreifen. Wenn Lehrpersonen Stoff auswählen können, muss man sich bei ihnen erkundigen, ob eine angebotene Lernkartei für die Prüfung geeignet ist.

Im Folgenden sind einige Stoffbereiche aufgelistet, für die man fertige und natürlich weitgehend fehlerfreie Lernkarteien erwerben kann oder im Internet findet (markiert mit „I" oder „Internet"):

Berufsausbildung	Freizeit	Sprachen
Pflege	Freies Schreiben	Englisch (I)
Altenpflege	Zehn-Finger-Tippen	Italienisch
Ernährungslehre		Französisch (I)
Buchhandel	Sportbootführerschein	Spanisch (I)
Physikalische Therapie	Autoführerschein	

Im Studium:

Jura	Betriebs-/ Volkswirtschaft	Medizin	Pädagogik
Vermögensdelikte	Betriebswirtschaft Einführung	Anatomie	Reformpädagogik (Internet)
Arbeitsrecht	Kostenrechnung		
BGB	Bilanzierung		
Strafrecht Schweiz			
Zwangsvollstreckung	Buchhaltung		
Steuerrecht			
1. Staatsexamen (I)			

Und für die Schule:

Biologie	Mathe	Deutsch	Sprachen	Sach-unterricht
Pflanzen	Dreisatz	Rechtschreibung Klasse 2, 3, 4	Englisch	Klasse 1, 2
Humanbiologie	Realschule Rechnungswesen	Grammatik Klasse 5, 6	Französisch (CD-ROM)	Klasse 3, 4
Wirbeltiere	Realschule Klasse 7			Klasse 2-6
	Klasse 5, 6			Chemische Formeln (I)
	Klasse 7, 8			Physik des 21. Jahrhunderts (I)
	Klasse 2 (CD-ROM)			Nahrungsmittelpyramide (I)

Man kann auf CD-ROM Software erwerben, um auf dem Computer selbst eine interaktive Lernkartei anzulegen (z.B. Crazy Didactic Multimedia Lernkartei, Phase 6, Record-Card-Lernsystem mit der Möglichkeit von Verknüpfungen der Karten (Hypertext)). Solches gibt es auch als Shareware, die man aus dem Internet herunterladen kann (z.B. Armin Batzels Lernkartei). Im Internet findet man auch einen Test aller Vokabeltrainer (Sieger war im Jahr 2004 VTrain 4.5). Als Freeware kann man das Programm „Lernkartei-Hilfe" herunterladen. Es fällt auf, dass gerade in der Kernanwendung von Lernkarteien, nämlich dem Vokabellernen, die Fremdsprachenmöglichkeiten kaum ausgeschöpft sind. Es wäre schön, wenn Internet-Lehrer auch für weitere Fremdsprachen Lernkarteien entwickeln würden.

g) Eine Innovation

Es gibt eine mögliche Innovation beim Lernen von Vokabeln: Wenn Vokabeln bekannten Wörtern ähneln, lernt man sie leichter; warum also nicht erst einmal alle die Vokabeln einer Sprache lernen, die so ähnlich klingen wie ein deutsches Wort? Dann hat man gleich zu Beginn einen gewissen Wortschatz, mit dem man starten kann. Gerade jemand, der die Sprache lernt, um sie bei einer bald folgenden Reise zu nutzen, freut sich, wenn er schnell über einige Wörter verfügt. Im zweiten Durchgang könnte man dann alle Vokabeln lernen, die so ähnlich klingen wie Vokabeln einer Fremdsprache, die man schon kann, oder die so ähnlich klingen wie Fremdwörter der deutschen Sprache. Dieser Lernweg müsste von den Autoren der Lehrbücher allerdings erst einmal vorbereitet und angeboten werden. Vielleicht nimmt sich eine der vielen Internetseitenbetreiber zum Lernen einmal dieses Vorschlags an.

h) Muskeln und Nervenbahnen

Bei Muskeln und Nervenbahnen sind der Name, die Lage und der Verlauf des Muskels der Lernstoff, daher muss man hier anders vorgehen. Wenn man das Wort (z.B. einen Muskelnamen) selbst schon kennt, kann man versuchen, Ansatz und Ursprung in Form einer Lernkartei aufzuarbeiten (s.u.). Viele Nerven und Muskelnamen sind insofern sinntragend, als die lateinische Bezeichnung den Verlauf, den Ort oder Ansatz und den Ursprung beschreibt. Kann man die Bezeichnung also übersetzen, hilft das sehr. Der Muskel „sterncleidomastoideus" geht nämlich vom „sternum" zum „mastoideum". Statt stur zu pauken, sollte man zunächst diese Bedeutungen nutzen. Kann man nur wenig oder gar kein Latein, hilft das allerdings nicht. Auch dann ist es jedoch sehr erleichternd, wenn man die häufigsten Wörter in diesen Namen (wie etwa „lateral", „radial") einmal nachschlägt, denn das erleichtert das Lernen. Ansonsten hilft die **Ersatzworttechnik**: Wir suchen ein ähnlich klingendes Wort und verbinden es bildhaft mit der Bedeutung (vgl. oben, Punkt e).

> **Beispiel**
>
> Also etwa: Der musculus spinalis verläuft längs der Wirbelsäule (spina); wer das übersetzen kann, braucht hierzu keine Lernhilfe. Sonst könnte man das Ersatzwort „Spinat" wählen und sich das Rückenmark in einer Spinathülle vorstellen.

Allgemeiner: das Lernen von Sprachen

Auch wenn man die Sprache noch kaum beherrscht, ist es günstig, Texte in dieser Sprache zu hören und dabei zu versuchen, sie zu verstehen. Dabei entwickelt sich ein Gefühl für die Grammatik, man lernt die Aussprache, und natürlich werden bekannte Vokabeln verfestigt und neue gelernt. Im Grunde entspricht diese Vorgehensweise in Ansätzen dem natürlichen Spracherwerb in der Kindheit. Man hört Texte, die man nur halb versteht, und erschließt sich deren Bedeutung schrittweise besser. Im Fernsehen kann man per Kabel und vor allem per Satellit zahlreiche fremdsprachige Programme empfangen. Schalten Sie eine Nachrichtensendung ein und versuchen Sie zu verstehen, was der Sprecher sagt. Wenn Sie Anfänger sind, kann es nicht schaden, wenn Sie die Nachrichten des Tages inhaltlich schon kennen. Sie können dann leichter erraten, worum es geht. Schlagen Sie einige Vokabeln, die Sie noch nicht kannten, nach. Andere Sprachen kann man im Radio hören (Sender fest einstellen und nur noch Radio in dieser Fremdsprache hören), oder man besorgt sich ein Hörbuch in dieser Sprache – anfänglich vielleicht eines, von dem man das Buch schon auf Deutsch gelesen hat und das gefiel.

Zudem ist es günstig, ein Buch in der Sprache zu lesen, die man lernen möchte. Suchen Sie einen Buchtyp aus, der Sie fasziniert, vielleicht einen Krimi oder einen Liebesroman. Zunächst ist das Unterfangen mühevoll, denn man muss sehr viele Vokabeln nachschlagen (Tipp: in ein Vokabelheft eintragen, das man eigens für dieses Buch anlegt!). Also sollte das Pensum zunächst klein sein. Nehmen Sie sich nur eine Seite vor. Mit der Zeit kennen Sie das Vokabular dieses Buches immer besser und Sie gewinnen – auch wegen des Stoffes – Spaß an der Sache.

Das Lernen von Namen

Auf jeden Fall macht es einen guten Eindruck, wenn man bei einer Konferenz, auf einer Party oder als Kursleiter die anwesenden Personen bald mit ihrem Namen ansprechen kann. So wirkt man aufgeweckt, frisch und intelligent. Wenn Sie – manchmal – so wirken wollen, lohnt es sich, auf das Merken der Namen ein wenig Mühe zu verwenden. Wie bei allen Memotechniken erscheint das zunächst etwas kompliziert. Im täglichen Leben funktioniert es aber immer besser, je öfter man es einsetzt.

Ohne Aufmerksamkeit geht da allerdings gar nichts. Man muss auf den Namen achten, wenn man ihn zum ersten Mal hört, ihn am besten einmal laut wiederholen („Freut mich, Sie zu treffen, Herr Molitor!") oder gleich noch einmal nachfragen, wenn der Name nicht so eingängig war. Nutzen Sie jede Gelegenheit, im darauf folgenden Gespräch den Namen zu wiederholen („Herr Molitor, Sie waren doch auch ganz begeistert von Mallorca.").

Es gibt Gedächtniskünstler, die sich die Namen aller 100 Teilnehmer ihrer Kurse merken können, auch wenn sie diese nur ein einziges Mal gehört haben. Wie machen sie das? Ihr Vorgehen wird in vielen Lernbüchern beschrieben. Nach meiner Erfahrung braucht man aber einige Übung, bis es gut funktioniert. Daher haben wir es für den Alltagsgebrauch ein wenig abgewandelt. Vielleicht fangen Sie einfach mal mit einem einzigen Namen auf einer Party damit an.

1) Sie machen den Namen irgendwie „sinnvoll".

2) Sie verbinden den Namen bildhaft mit einer Besonderheit der Person.

Wenn man sich den Namen für immer und nicht nur für diese Gelegenheit merken will, muss das ein physiognomisches Merkmal sein, also ein Merkmal, das wir immer wieder an der Person antreffen. Wenn man sich den Namen nur einen Abend lang merken will, kann man auch flüchtigere Merkmale wie die Kleidung verwenden.

Besonders leicht ist es natürlich, wenn der Name aus sich heraus bedeutungsvoll ist, dann fällt Schritt 1 weg. Im dritten Schritt werden zum Zwecke der Assoziation zwischen Merkmal und Name bildhafte Vorstellungen gebildet:

3a) Der Name ist sprechend: z.B. Schuster, Bäcker, Klein oder Groß.

Vielleicht finden Sie an der Person ein unveränderliches Merkmal, das eine Assoziation zwischen Name und Person erlaubt; wenn Herr Bäcker z.B. eine Glatze hat, können Sie sich statt seiner Glatze einen schön glänzenden Berliner vorstellen. Das ist lustig, und Sie werden es so leicht nicht vergessen.

> **Beispiel**
>
> Herr Bäcker wird Ihnen vorgestellt. Während Sie den Namen in der Begrüßung wiederholen, suchen Sie nach einem auffallenden körperlichen Merkmal. Nehmen wir in diesem Beispiel an, Herr Bäcker hat buschige Augenbrauen. Dies muss nun zusammen mit dem Backen in ein sinnvolles Bild gebracht werden. Bei den Brauen denken Sie an dicke Teigrollen. Treffen Sie Herrn Bäcker später wieder, springen Ihnen erneut die dicken Brauen ins Auge – und Ihr lustiges Bild fällt Ihnen ein und damit auch der Name.

Vielleicht hat die Person einen markanten Gesichtsausdruck, vielleicht einen übertriebenen Schmollmund. Stellen Sie sich den bei Frau „Groß" ins Riesige gesteigert vor – auch das werden Sie kaum vergessen. Hilfreich kann dabei sein, innerlich mit den eigenen Gesichtsmuskeln das Gesicht des anderen nachzuahmen. Beobachten Sie, welche Empfindung dabei entsteht! Setzen Sie die Empfindung in eine Assoziation zum Namen.

3b) Der Name hat keine oder keine sich auf Anhieb erschließende Bedeutung, z.B. Lüllau, Schröder, Kiesinger, Wickert und Molitor.
Manchmal kann man auch bedeutungslosen Namen eine Bedeutung abgewinnen: „Wickert" kommt aus der Arbeit in den Wicken, das sind Pflanzen, aus denen früher die blaue Farbe gewonnen wurde. Extremisieren Sie den leicht blauen Lippenton des Herrn Wickert, und Sie haben wieder eine Assoziation.

Wenn keine Bedeutung gefunden wird, kann man die Ersatzwortmethode (s.o.) oder Reimwörter verwenden, dann wird es allerdings ein wenig mühsam und indirekt. Die Ersatzwortmethode kann auch zu – manchmal peinlichen – Fehlerinnerungen führen. Nehmen wir für Lüllau das Ersatzwort Müll-Au und verbinden das Wort assoziativ mit der Schrottbrille, die er trägt: Wehe, wenn Sie hinterher „Guten Tag, Herr Müll-Au" sagen. Erfahrene Namenslerner markieren ihre Bildvorstellung mit einem Hinweis: „Achtung, der Name ist etwas anders."

Beispiel „Kiesinger": An diesem Beispiel werden Sie erkennen, dass die Ersatzwortlerntechnik Sie nicht völlig vom Merken des Namens befreit: Die Technik führt nur in die Nähe des Namensklanges. Man muss schon noch einen Rest Originalerinnerung haben. In der Eile, in der die Anwendung der Merktechnik stattfindet, ist etwas Eindeutigeres aber oft nicht möglich.

Wie funktioniert die Technik mit dem Namen Kiesinger? Nehmen wir an, es handelt sich um einen eleganten älteren Herrn mit grauem Haar. „Kies-inger" könnte einer sein, der im Kies arbeitet. Das eignet sich in diesem Fall nicht. Aber „Kies" bedeutet auch Geld, der Kiesinger hat Kies: Nun können Sie sich an der teuren Frisur einen Zettel mit hoher Friseurrechnung vorstellen. Das führt zu „Kies". Den Rest -inger müssen sie aber immer noch aus dem Gedächtnis ersetzen.

Auch beim Namen Molitor (Molitor ist Müller auf Lateinisch) fällt einem vielleicht zunächst kein klangähnlicher Sinn ein. So ähnlich klingt

„Monitor"; aber Vorsicht, den Namen gibt es auch. Das „tor" am Ende führt zu „armer Tor", das ist schon mal gut. „Moli" verwandle ich zu „Molli": der „mollige Tor". Das ist nun das Ersatzwort.

In Abb. 5–7 haben wir Fotos von berühmten Personen der Geschichte einmal auf diese Weise bearbeitet. Wir haben die Bilder so genommen, wie sie der Computer anbot (Porträts von Talbot), und die ersten Assoziationen notiert. Die sind sicher nicht perfekt, aber in der Kürze des jeweils aktuellen Momentes kann es nicht um Perfektion gehen!

Abb. 5: Hier sehen wir ein Bild des Komponisten Reynaldo Hahn. Der Name „Hahn" hat eine konkrete Bedeutung. Was erinnert im Bild an „Hahn"? Nehmen wir an, die kleine Locke über der Stirn ist an ihrer üblichen Stelle, so wirkt sie doch wie ein kleiner „Hahnenkamm".

Abb. 6: Hier sehen wir den berühmten Komponisten Jacques Offenbach. Nehmen wir an, er wird uns auf einem Fest vorgestellt und wir kennen den Namen nicht. Offenbach hat zwar eine Bedeutung, die aber in dieser zusammengesetzten Form nicht zu einem einheitlichen Vorstellungsbild führt. Er hat eine auffallend breite Stirn, eine spitze Nase, schmale Lippen und in Wellen abfallendes Haupthaar. Das kann man verwenden: Wellen wie Wasser wie „Bach". Ansonsten ist das Haupthaar offen getragen (und lässt in seiner Dichte auch Öffnungen erkennen). Vielleicht reicht das zusammen, um zur Bedeutung „Offenbach" zu kommen.

Es ist allerdings etwas ungewöhnlich, in dem Moment des Vorstellens eines bis dahin unbekannten Menschen innerlich herumzubasteln und sich Gedächtnisbrücken zu überlegen. Eigentlich ist man ja eher etwas aufgeregt und neugierig auf den anderen. Dem Schüchternen kann die Technik allerdings eine gute innere Beschäftigung sein, um Hemmungen gar nicht erst zu bemerken.

3c) Wenn man sich den Namen nur für einen Abend merken will, eignet sich das „Markierungsverfahren".
Wieder geht es darum, ein Merkmal der Person zu finden. Im Alltag muss man ja nicht 50 Namen von 50 fremden Personen lernen. Da ist eher so, dass Sie zu einer Party oder einem Essen eingeladen sind und höchstens 10 neue Namen behalten müssen. Die Merkmale der Personen, an die Sie den

Das Lernen von Namen 113

Abb. 7: Dies ist der Maler Jean Francois Millet (der seinerzeit sehr berühmt war). Der Name Millet hat keine Bedeutung, wir brauchen also ein Ersatzwort oder ein Reimwort: vielleicht Mille (Tausend, das klingt so ähnlich, wie man den Namen ausspricht) oder Pille (?) oder Miller (?) oder Stilett. Mein erster Einfall wäre: der Mann mit den tausend Haaren (Bart, Brauen und Kopf); vielleicht auch: die mit dem Stilett scharf eingeschnittenen Nasenfalten.

Namen nun heften, müssen Ihnen also nur helfen, eine von 10 anderen Personen zu unterscheiden. Solche Merkmale sind leicht zu finden. Sie nehmen ein Merkmal, das Ihnen an der Person, die Ihnen gerade vorgestellt wird, als „stark ausgeprägt", als „überdurchschnittlich" erscheint. Wahrscheinlich kommt in einer Gruppe von 10 Personen kein zweiter mit einer solchen Ausprägung gerade dieses Merkmals vor. Wenn Sie wollen, können Sie als Merkmal auch die Kleidung verwenden. Die wird ja während eines Abends nicht gewechselt. Die Merkhilfe dient auch nur dazu, dass man sich während dieses einen Treffens, dieser Party an den Namen erinnert. Hat man ihn einige Male ausgesprochen und findet man die Person interessant, ist der Name ohnehin gut gemerkt, und man braucht die Lernhilfe nicht mehr. Im Folgenden sind einige solcher ganz normalen Merkmale genannt:

- Gesamtaussehen: attraktiv, aufgedonnert, elegant, vernachlässigt
- Haare: Locken, sehr blond, schwarz, lang, kurz, struppig, grau
- Figur: groß, klein, dick, dünn, untersetzt, muskulös
- Alter: jung, alt, jünger, älter, gleich alt wie Sie selbst
- Augenbrauen: buschig, dünn, gerade, gebogen
- Kleidung: Farbe, Minirock, Maxirock, Stiefel, spitze Schuhe etc.

Zu den Merkmalen formen Sie ein kleines Bild, was man ganz spontan machen kann. Später hat man eine Sammlung solcher Merkmalsbilder im Gedächtnis, auf die man stets zurückgreifen kann. Das könnten für unsere Liste folgende Bilder sein (kursiv):

- Gesamtaussehen: aufgedonnert (*Perücke*), elegant (*Anzug*), vernachlässigt (*Clochard*)
- Haare: Locken (*Locken*), sehr blond (*blondes Haar*), schwarz (*schwarzes Haar*), lang (*Haar bis zum Boden*), kurz (*Stoppelfrisur*), struppig (*Dackelhaar*), grau (*graues Haar*)
- Figur: groß (*Hochhaus*), klein (*Hütte*), dick (*Bauch*), dünn (*Bohnenstange*), untersetzt (*Koffer*), muskulös (*Herkules*)
- Alter: jung (*Baby*), alt (*Methusalem*)
- Augenbrauen: buschig (*buschige Augenbraue*), dünn (*Strichaugenbraue*), gerade (*gerade Augenbraue*), gebogen (*gebogene Augenbraue*)
- Kleidung: *Farbe und Art der Kleidung.*

Schließlich erfahren Sie den Namen, z.B. Hermann Mühle; jetzt stellen Sie sich erst das ausgewählte Merkmal bildhaft vor und fügen dann eine Mühle hinzu. Nach der obigen Liste sind u.a. folgende Bilder möglich: Mühle hat oben Perücke, Mühle mit Anzug, Clochard dreht am Mühlrad, Mühle hat Locken; Mühle hat blondes, langes, schwarzes, struppiges Haar auf der Oberfläche; Mühle steht auf Hochhaus, Mühle steht klein in der Hütte; Mühle ist dick aufgebläht, Mühle ist lang und dünn wie eine Bohnenstange etc.

Wenn Sie Hermann Mühle nun wiedersehen, fällt Ihnen auf jeden Fall das auffallende Merkmal ins Auge, denn das war Ihnen ja auch schon zu Beginn aufgefallen, und von dort führt die Bilderinnerung ganz automatisch zum Begriff und zum Namen „Mühle".

Noch einmal der Name Kiesinger: Hier könnten Sie auch den Marker für „elegant" verwenden, also die Vorstellung von einem Anzug. In Kiesinger steckt das Wort Kies, also könnte man sich die Anzugtaschen nun übervoll mit Kies vorstellen. Das ist an sich ein einprägsames Bild. Allerdings fehlt die Endung „-inger". Die muss nun doch erinnert werden. Bemühen Sie sich, den Namen einige Male im Gespräch zu verwenden, damit Sie die Lernhilfe bald gar nicht mehr brauchen.

Falls Ihnen nichts einfällt, greifen Sie zur Sicherheit noch zu anderen Methoden. Stellen Sie sich vor, wie Sie einen Namen mit Handschrift in riesigen Lettern an jede Wand des Zimmers sprühen (das geht natürlich nur, wenn es nicht zu viele Namen auf einmal sind).

3d) Es geht nur um Vornamen.
Sie möchten sich die Vornamen einer Gruppe von Menschen merken. Die heißen z.B. Christine, Angelika, Kurt und Michael, allesamt Namen, die Sie schon tausendmal gehört haben. Nun kommt ein neuer Michael dazu. Wie soll man nun den von den anderen Michaels unterscheiden? Am besten gar nicht an die anderen Michaels denken? Nein, falsch! Denken Sie an jemanden, der Michael heißt und den Sie gut kennen: Bringen Sie den neuen Michael mit einem äußeren Merkmal in Verbindung zum alten Michael, z.B. ist der kleiner und nicht so dick. Stellen Sie sich vor, wie die beiden Michaels sich umarmen. Sie werden sehen, die reiche assoziative Struktur des alten Michael erlaubt das Anhängen der neuen Information, also des neuen Michael leicht.

Das Lernen von Aufzählungen, Listen und Gliederungen

Hier geht es um das Lernen von Aufzählungen, Gliederungen, Listen, z.B. von Stichwortlisten. Solche Aufzählungen sind im Lernstoff mehr oder weniger deutlich abgehoben; so sind z.B. Symptomlisten bei Krankheitsbildern manchmal hervorgehoben im Lerntext vorhanden. Manchmal präsentiert sich der Stoff aber auch als durchgehender Text, den man erst selbst in einer Aufzählung von Stichworten strukturiert und zusammenfasst. Wenn man die Inhaltsangabe eines Romans vortragen soll und denkt: „Aufzählungen kommen in meinen Lerntexten ja gar nicht vor", hat man nicht die Möglichkeit bedacht, eine zu lernende Liste selbst herzustellen.

Eine geordnete Liste von Stichworten ist dann der geeignete Zwischenschritt zum Lernen des Inhalts.

Daher ist dieses „Listenlernen" auch eine sehr wichtige Lernform. In vielen der Lerntechniken zu anderen Materialien werden solche Stichwortlisten eingesetzt.

> **Hinter welchen Lernstoffen verbergen sich Aufzählungen?**
> Einkaufslisten, „To do"-Listen
> Kochrezepte
> Bedienungsanleitungen
> Wegbeschreibungen
> Zahlen
> Melodien
> Listen von Unterscheidungsmerkmalen (z.B. Pilze)

a) Akronyme

Bei kleineren Aufzählungen kann man eine Eselsbrücke verwenden, die den abschreckenden Namen „Akronym" trägt. Damit ist aber nur der einfache Sachverhalt gemeint, dass man aus den Anfangsbuchstaben der Elemente (in der Lernliteratur wird für ein Element der Liste oft das englische Wort „item" verwendet) der zu lernenden Aufzählung ein Wort oder einen Satz formt.

Viele Abkürzungen für internationale Organisationen sind so ausgesucht, dass sich ein Akronym ergibt (also zumindest ein sprechbares Wort: NATO, UNO – oder auch START, ein auch in sich bedeutungsvolles Wort). So prägen sie sich gut ein. Abkürzungen wie KPdSU oder UdSSR dagegen prägen sich schwerer ein. Beispiele für Akronyme finden sich zuhauf. Es kommt darauf an zu demonstrieren, wie man sie aktuell im Lernvorgang als Eselsbrücken einsetzen kann. Zu dem Zweck suchen wir eine Aufzählung, wie sie häufig gelernt werden muss. Nehmen wir also die Hirnnerven:

> Nervus olfactorius (Riechnerv (s. Geruchssinn)), II. Hirnnerv: Nervus opticus (Sehnerv (s. Sehen, Auge)), III. Hirnnerv: Nervus oculomotoricus (Augenbewegungsnerv), IV. Hirnnerv: Nervus trochlearis (Au-

genrollnerv), V. Hirnnerv: Nervus trigeminus (Gesichtsempfindungsnerv), VI. Hirnnerv: Nervus abducens (seitlicher Augenabzieher), VII. Hirnnerv: Nervus facialis (Gesichtsbewegungsnerv), VIII. Hirnnerv: Nervus statoacusticus (Gehör- (s. Gehör, Hören, Ohr) und Gleichgewichtsnerv (s. Gleichgewichtssinn)), IX. Hirnnerv: Nervus glossopharyngeus (Schlundnerv), X. Hirnnerv: Nervus vagus (herumschweifender Nerv, Teil des Parasympathikus), XI. Hirnnerv: Nervus accessorius (Beinerv), XII. Hirnnerv: Nervus hypoglossus (Zungennerv).

Die Buchstabenfolge ist 1.: O, 2.: O, 3.: O, 4.: T, 5.: T, 6.: A, 7.: F, 8.: S, 9.: G, 10.: V, 11.: A, 12.: H.

Ein einziges Wort ist da nicht zu bilden. Also muss ein Satz her; und es wäre schön, wenn der etwas mit Gehirnnerven zu tun hätte:

Oh, Oh, Oh, Tante Tina arbeitet für schwer gehirngeschädigte Veteranen auf Hawaii. Das wäre ein solcher Satz (unser erster Einfall), der in etwa drei Minuten zustande kam. Die Anfangsbuchstaben ersetzen zwar nicht den Lernprozess, können aber beim Abruf hilfreich sein, weil man weiß, was als Nächstes kommen muss. Bei mehrfachen Abrufversuchen prägt sich auch der etwas arbiträre Satz ein. (Übrigens: Im Internet findet man für die Gehirnnerven Mind-maps und noch bessere Eselsbrücken; meistens muss man aber Aufzählungen lernen, für die es keine fertigen Hilfen gibt.) Im Internet findet man allein für die Hirnnerven sieben Eselsbrücken; eine ist im Folgenden wiedergegeben (aus dem Medinet des Thieme-Verlags auf *www.thieme.de/viamedici/lernen/eselsbruecken/anatomie.html#anker18*):

Ohne (Olfactorius) Optikers (Opticus) Okular (Oculomotoricus) trottet (Trochlearis) Trittbrettfahrer (Trigeminus) Abel (Abducens) fürchterlich (Facialis) verlassen (Vestibulocochlearis) genau (Glossopharyngeus) vor (Vagus) Anneliese (Accessorius) her (Hypoglossus). (N. statoacusticus fehlt hier allerdings.)

Hier noch ein Akronym aus dem Internet für die Faserqualitäten der 12 Hirnnerven: **1 So**me **2 Say 3 Money 4 Matters 5 But 6 My 7 Brother 8 Says 9 Big 10 Boobs 11 Make 12 More Sense!**

M = motorisch (Faserqualitäten)
S = sensorisch
B = beides

Das Lernen von Noten mit Akronymen

Für Schüler im Musikunterricht ist es ziemlich schwer, sich die Notenbezeichnungen der Tonleiter zu merken, beispielsweise die Noten der C-Dur-Tonleiter: C, D, E, F, G, A, H. Wenn man die Noten als Anfangsbuchstaben von Wörtern nimmt, die einen sinnvollen Satz ergeben, so kann man sich diese Noten (in der richtigen Reihenfolge der C-Dur-Tonleiter) leicht merken:

Chili **d**arf **e**in **F**isch-**G**ericht **a**llemal **h**aben. Die Gitarrenseiten E, A, D, G, H, E kann man sich mit dem Merksatz einprägen: „**E**in **A**nfänger **d**er **G**itarre **h**at **E**ifer.

Jeder Geigenschüler kennt auch die Namen der vier Violinsaiten G, D, A, E, weil er den Satz kennt: **G**eh **d**u **a**lter **E**sel.

Es gibt ein Karteikartensystem als Lernhilfe zum Lernen der Noten von Haehnel (2002).

b) Die Loci-Technik (Methode der Orte)

Die Loci-Technik ist aus der Antike überliefert: Der Dichter Simonides verließ ein Festmahl. Als kurz darauf das Haus über dem Festmahl zusammenstürzte, konnte er anhand der Orte die Leichen identifizieren. Im Mittelalter wurde die Methode ausgearbeitet, um dann für einige Zeit in Vergessenheit zu geraten.

Die Loci-Technik ist eine wirkungsvolle Lerntechnik zum Lernen von Wortreihen (also: Gliederungen, Listen etc., vgl. das Lernalphabet in Kapitel 2, Buchstabe U). Sie kann die Gedächtnisleistung ganz erstaunlich steigern und ist die Grundlage der Leistungen von Gedächtniskünstlern, wie wir sie manchmal im Fernsehen bewundern.

Zunächst soll an einem einfachen Beispiel erklärt werden, wie diese Technik funktioniert. Im Anschluss werden zu den einzelnen Schritten weitere Erläuterungen gegeben.

Sie haben eine Aufzählung, die Sie lernen wollen, sagen wir eine Einkaufsliste. *Die Liste besteht aus den zehn Elementen: 1. Zucker, 2. Milch, 3. Lammkotelett, 4. Pfeffer, 5. Brot, 6. Äpfel, 7. Kartoffeln, 8. Reis, 9. Zahncreme, 10. Kerzen.*

1. Schritt: Sie suchen einen Weg aus, den Sie sehr gut kennen und der es erlaubt, zehn verschiedene Orte zu unterscheiden (*z.B. der Weg von der Wohnung zum Arbeitsplatz*).

2. Schritt: Sie gehen den Weg in der bildhaften Vorstellung entlang ab und schreiben eine Anzahl von (beispielsweise zehn) Orten auf, die Ihnen bei Ihrer gedanklichen Durchschreitung des Wegs besonders auffallen. Es wäre gut, wenn diese Orte in ungefähr gleichen Abständen über den Weg verteilt wären. *(Im Beispiel könnten das folgende Orte sein: 1. Haustür, 2. Bushaltestelle, 3. Bahnhof, 4. Straßenbahnhaltestelle, 5. Kiosk, 6. Kirche, 7. Park, 8. Radiogeschäft, 9. große Kreuzung, 10. Pförtnerloge der Firma.)*

3. Sie überprüfen gleich einmal, ob Sie diese Orte beim Durchschreiten des Wegs in ihrer richtigen Reihenfolge in der Vorstellung wiedergeben können.

4. Sie nehmen nun die Liste mit den zu lernenden Begriffen und verknüpfen der Reihe nach den ersten Begriff mit dem ersten Ort, den zweiten Begriff mit dem zweiten Ort usw. Die Verknüpfung soll in einer bildhaften Vorstellung bestehen, in der Ort und zu lernender Begriff in einem Vorstellungsbild verbunden sind. *(Im Beispiel: 1. Vor der Haustür steht eine riesige **Zucker**tüte. 2. An der Bushaltestelle ist auf der Straße eine **Milch**pfütze. 3. Im Bahnhof fahren auf den Gleisen keine Züge, sondern **Lammkoteletts**. 4. Das Schild der Straßenbahnhaltestelle steht in einem Haufen **Pfeffer**säckchen. 5. Der Kiosk hat die Form eines **Brot**laibes. 6. Auf dem Kirchturm ist ein riesiger **Apfel** aufgespießt. 7. Der Park ist ein **Kartoffel**feld, auf dem einige Kartoffeln herumliegen. 8. Im Fenster des Radiogeschäftes stehen **Reis**pakete. 9. In der Mitte der großen Kreuzung steht eine riesige **Zahnpastatube**. 10. Der Pförtner hat in seiner Loge viele **Kerzen** angesteckt.)* Die Verbindung von Ort und Listenelement muss wirklich bildhaft vorgestellt werden, es reicht nicht aus, einfach innerlich einen Satz zu formulieren.

5. Nun brauchen Sie nichts weiter zu machen, keine inneren Wiederholungen, kein weiteres Denken an den Stoff. Nach einer Stunde z.B. fallen Ihnen die Begriffe ganz mühelos ein, wenn Sie in der Vorstellung wieder Ihren Weg durchschreiten.

Warum ist das Beispiel einfach?
1. *Es hat nur wenige zu lernende Elemente (10). Man kann mit dieser Technik aber auch Listen von 100 und mehr Elementen lernen.*
2. *Die Wörter sind alle gut bildhaft vorstellbar. Das ist bei anderen Wörtern nicht gegeben, wie z.B. „Relation", „Gerechtigkeit" usw.*
3. *Die Wörter sind kurz und einfach (im Gegensatz z.B. zu Wörtern wie „Hasenpfeffer", „Pökelzunge" usw.).*

Ich empfehle nun einen ersten eigenen Versuch. Erst danach lässt sich die Wirksamkeit dieser Technik wirklich einschätzen. Konstruieren Sie einen eigenen Weg mit zehn Orten und benutzen Sie die Einkaufsliste des Beispiels.

Für Verbesserungen und Erweiterungen gibt es nun weitere Informationen:

Zu Schritt 1: mögliche Ortsreihenfolgen
Für verschiedene Listen, Aufzählungen, Gliederungen, Zahlen (Ziffernfolgen) werden verschiedene Ortsreihenfolgen gebraucht, die unterschiedlich lang sind und ohne langes Überlegen zur Verfügung stehen:

1. Weg von der Arbeit nach Hause (bis zu 50 Orte)
2. Weg (im oder gegen den Uhrzeigersinn) durch Ihr Schlafzimmer, Wohnzimmer, Arbeitszimmer, Büro (jeweils etwa 10 Orte)
3. Weg auf öffentlichen Plätzen Ihrer Heimatstadt im Uhrzeigersinn (etwa 10 Orte)
4. Wege auf berühmten Plätzen (z.B. Pariser Platz in Berlin; Piazza Navona in Rom; Petersplatz in Rom)
5. eine Hauptstraße entlang
6. eine bekannte Straße entlang (z.B. die Hohe Straße in Köln)
7. in den Zentren der deutschen Großstädte von Nord nach Süd (bis zu 10 Orte)
8. Weg am Körper entlang von oben nach unten (ca. 15 Orte)
9. seitlich am Körper entlang (ca. 10 Orte)
10. im Inneren des eigenen Körpers von oben nach unten an der Peripherie entlang (bis zu 20 Orte), am Körper der Freundin (des Freundes)
11. am Körper des Hundes entlang (ca. 10 Orte)
12. am Körper einer Giraffe (von hinten nach vorn: 1. Schwanz, 2. Hinterbeine, 3. Po, 4. Rücken, 5. Vorderbeine, 6. Hals, 7. Nüstern, 8. Kopf, 9. Ohren, 10. Hornansatz (etwa 10 Orte)
13. an verschiedenen anderen Tieren (etwa 10 Orte)
14. an den Bedienungselementen der Stereoanlage, des Fernsehers etc. (z.B. von links nach rechts)
15. im Inneren Ihres Autos; die Orte sind nun „klein", aber in der Vorstellung kann man ja auch das zu verbindende Bild „zoomen"
16. an Kunstwerken, die man besitzt, an Statuen
17. am Teddybär von oben nach unten
18. Weg zum Bäcker (etwa 20 Orte)

19. Weg zu verschiedenen Bekannten (etwa 10-50 Orte)
20. Fächer und Schubladen eigener Möbel
21. Bilder, die in der eigenen Wohnung an der Wand hängen
22. häufige Wanderungen
23. an verschiedenen Kleidungsstücken entlang (z.B. von oben nach unten: Kragen, erstes Knopfloch, Brusttasche, Seitentasche, letztes Knopfloch, Saum = etwa 6 Orte)
24. am Auto außen (z.B. der Weg ums Auto: rechter Blinker, rechtes Rücklicht, hintere Fensterscheibe, Kofferraumdeckel, hintere Türe, Seitenholm, Dach, Schiebedach, Frontscheibe, Motorhaube, vorderer Blinker, Scheinwerfer, Grill, Vorderrad etc.)
25. auf der Tastatur der Schreibmaschine (wenn man sie auswendig kann)
26. an den U-Bahn-Stationen eines Wegs, den man häufig fährt
27. an Bahnstationen eines Wegs, den man häufig fährt
28. an Bushaltestellen

Zu Schritt 2: Wie sollen die Orte beschaffen sein?

- Es sollen markante Punkte des Wegs sein, die beim inneren Durchlaufen auch spontan in der Vorstellung auftreten.
- Sie sollen gut beleuchtet sein.
- Sie sollen nach Möglichkeit gleich weit voneinander entfernt sein, damit man weiß, wann wieder ein relevantes Bild kommt.
- Sie sollen möglichst unterschiedlich sein, damit keine Verwechslungen entstehen (z.B. nicht mehrere Kreuzungen, Ampeln, Geschäfte etc.).
- Sie sollen spezifisch sein: nicht einfach eine weiße Wand, sondern z.B. die Wand des Hilton-Hotels.

Bei sehr großen Listen kann man nach jeweils zehn Orten eine Markierung in die Bildvorstellung einfügen, um zu überprüfen, ob man auch alle relevanten Orte abgerufen hat. So machten es auf jeden Fall die mittelalterlichen Gelehrten: An jedem zehnten Ort wurde z.B. eine Hand in das Vorstellungsbild eingefügt. Sieht man in der Vorstellung die Hand, muss man seit dem Anfang oder eben der vorherigen Hand zehn Erinnerungsbilder abgeschritten haben. Ist das nicht der Fall, hat man einen Ort ausgelassen.

Zu Schritt 4: Wie sollen die Bilder sein?

> - Sie sollen interagierend sein: Bild und Ort sollen sich nach Möglichkeit durchdringen.
> - Sie können (müssen aber nicht) bizarr sein, damit das Bild auffällt: Die Sache ist riesig oder tausendfach vorhanden – die Sache durchdringt jedenfalls den Ort.
> - Sie sollen vom Hintergrund des Ortes visuell abgehoben sein, damit sie in der Vorstellung wieder auffallen.
> - Nach jeweils fünf oder zehn Orten ein Markierungszeichen unterbringen, damit man eine Kontrolle hat, ob alle Orte durchlaufen sind (s.o.).
> - Sie sollen farbig sein.
> - Nicht nur ausdenken, sondern wirklich bildhaft vorstellen!

Allgemeine Bedingungen

Weil man bei der Arbeit mit der Loci-Technik bildhafte Vorstellungen generieren muss, funktioniert sie besser, wenn das Sehen nicht gleichzeitig belastet ist. Es scheint beim Lesen von Texten eine gewisse Interferenz zwischen der visuellen Aufgabe „Lesen" und dem Erzeugen von Bildvorstellungen zu geben. Es fällt daher leichter, die Loci-Technik anzuwenden, wenn man die zu merkenden Begriffe hört und sie nicht lesen muss. Dieser Faktor ist allerdings mit etwas Training auszuschalten.

❯ **Abb. 8: a** Im Computerprogramm „Photoshop" haben wir die "Items" der Liste wie in einem Vorstellungsbild in die Orte eingefügt (Item 1–3). Es handelt sich um eine Liste mit Lebensmitteln: 1. Nudeln, 2. Sahne, 3. Fenchel, 4. Äpfel, 5. Eier, 6. Kerzen, 7. Butter, 8. Tempotaschentücher, 10. Dosentomaten. Diese sind hier im Foto mit den Orten verbunden worden (in der Loci-Technik werden sie in der Vorstellung (!) mit den nun folgenden Orten verbunden): 1. Haustür, 2. Türchen, 3. Spielplatz, 4. Durchgang, 5. Briefkasten, 6. Kindergarten, 7. Park, 8. Ankündigungsschild, 9. Kirche, 10. Apotheke.

Lernen von Aufzählungen, Listen und Gliederungen 123

3. Ort

3. Vorstellungsbild

3. Fenchel

2. Ort

2. Vorstellungsbild

2. Sahne

1. Ort

1. Vorstellungsbild

Einkaufsliste: 1. Nudeln

Kapitel 5 · Auswendiglernen

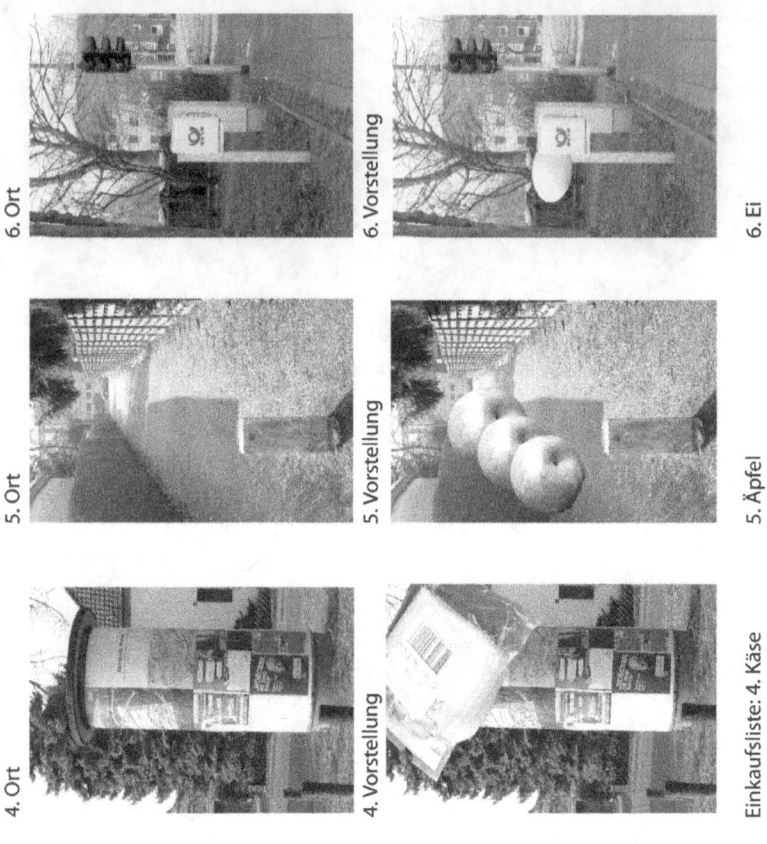

Abb. 8: *(Fortsetzung)* **b** Item 4–6

Lernen von Aufzählungen, Listen und Gliederungen 125

Abb. 8: *(Fortsetzung)* **c** Item 7–10

Probleme mit der Loci-Technik

Das Hauptproblem stellen Wörter dar, die kein Vorstellungsbild aufrufen, also z.B. abstrakte Wörter. Hier gibt es zwei Wege, dennoch zu einer Vorstellung zu kommen:

> - Man sucht einen eng mit dem Begriff assoziierten Sachverhalt, der gut vorstellbar ist, z.B. führt „Freiheitsstatue" sofort zum Begriff „Freiheit".
> - Man verwendet die Ersatzwortmethode, sucht also ein ähnlich klingendes Wort, das vorstellbar ist (so.).

Dies führt aber in besonderem Maße zu der Schwierigkeit, dass das Bild nicht nur oder nicht ganz genau zu dem richtigen Begriff leitet und es zu Abruffehlern kommt. Nehmen wir z.B. das zu merkende Wort „Rad"; es könnte bei der Bildvorstellung „Rad am Auto" mit „Reifen" verwechselt werden. Ein gewisser Erinnerungsrest an das Originalwort sollte also schon noch da sein. Hier liegt der Grund dafür, dass nach längeren Abrufabständen die Fehler zunehmen. Manchmal erfordern die Wege vom Bild zum Wort zu viele Zwischenschritte, die in der Erinnerung verloren gegangen sind.

Verschiedene Anwendungen

Die möglichen Anwendungen sind vielfältiger, als man zunächst denkt: Man kann z.B. auch Zahlen mit der Loci-Technik lernen; es gibt ja für jeden Menschen eine ganz Reihe von Zahlen, die er auswendig kennen sollte (Zahlen lernen mit der Loci-Technik: ausführlich S. 135).

Weitere Anwendungen der Loci-Technik

Es gibt viele Anwendungen, die leicht verwirklicht werden können.

> - Lernen von Bedienungsschritten von Geräten; viele Geräte braucht man selten, und wenn man sie dann braucht, weiß man nicht mehr, wie sie zu bedienen sind
> - Lernen von Erste-Hilfe-Maßnahmen
> - Lernen von Prüfschritten
> - Lernen von Gliederungspunkten für eine Rede

Die Lernrallye

Für Kinder – natürlich auch für Erwachsene, die es mögen – hat sich eine „materialisierte" Form der Loci-Technik entwickelt. Die Lerninhalte, also z.B. Vokabeln oder Aussagen aus einem Text, werden auf Kärtchen geschrieben und in der Wohnung platziert. Dort sieht man sie und nimmt sie immer wieder auf. Wenn man sie abrufen will, geht man nun in der Vorstellung den Weg entlang, und die „Items", die Elemente, fallen leichter wieder ein, weil sie mit einem Bündel von Assoziationen an den Ort in der Wohnung geknüpft wurden.

Achtung: Die Technik könnte dazu verführen, es bei nur einer wiederholten Aufnahme des Stoffes zu belassen und auf den Abruf zu verzichten (vgl. nämlich den basalen Dreischritt des Lernens).

c) Die Geschichtentechnik

Auch mit Hilfe von selbst ausgedachten Geschichten kann man sich eine Abfolge von Schritten merken. Das nennt man **Geschichtentechnik**.

Marion will sich ein Brotbackrezept merken

Als Marion bei ihrer Freundin eingeladen war, hatte deren Mutter ein Brot gebacken. Das schmeckte so gut, dass Marion nach dem Rezept fragte. Die Mutter der Freundin diktierte es:

> Beim Brotbacken darf es keinen Durchzug geben, also Fenster schließen!
> In eine große Schüssel kommen
> 1 Pfund Mehl,
> 1 Beutel Trockenhefe,
> 1 Esslöffel Zucker,
> eineinhalb Teelöffel Salz.
> Das wird miteinander vermischt, zum Beispiel mit einem Rührlöffel. In diese Mischung kommen ½ Liter lauwarmes Wasser und ein Schuss Olivenöl. Das Ganze wieder mischen. Da hinein wird nach und nach 100 bis 200 Gramm Hartweizengries hinzugemischt, und zwar so lange, bis der Teig ziemlich fest geworden ist. Man knetet ihn nun kräftig mit den Händen. Man legt ein Geschirrtuch über die Schüssel und lässt den Teig zwei Stunden in Ruhe.
> Jetzt knetet man den Teig noch ein wenig und formt daraus einen Brotlaib. Den legt man auf ein eingefettetes Backofenblech und schiebt es in die mittlere Schiene des Backofens. Dann schaltet man den Backofen an und stellt die Temperatur

> auf 200 Grad. Nach 50 bis 75 Minuten ist das Brot fertig. Man kann das prüfen, indem man an die Unterseite des Brotes klopft. Wenn es hohl klingt, ist es fertig. Brot auf ein Kuchengitter legen oder auf ein Backofengitter, so dass es rundherum auskühlen kann.

Marion will dieses Rezept zum Brotbacken auswendig lernen, und zwar so, dass sie es möglichst lange behält. Sie wählt die Geschichtentechnik.

Zunächst ist es sinnvoll, die verschiedenen Schritte bzw. Zutaten untereinander zu schreiben. Das sieht dann so aus:

> Kein Durchzug
> 1 Pfund Mehl
> 1 Beutel Trockenhefe
> 1 Esslöffel Zucker
> 1 ½ Teelöffel Salz
> das Ganze vermischen
> ½ Liter lauwarmes Wasser
> ein Schuss Olivenöl
> dieses wieder mischen
> nach und nach 200 Gramm Hartweizengrieß
> mischen und kneten
> ein Tuch über die Schüssel legen
> 2 Stunden ruhen lassen
> den Teig wieder etwas kneten
> einen Brotlaib formen
> ein Backofenblech einfetten
> den Brotlaib auf das Backofenblech legen und dies auf die mittlere Backofenschiene legen
> Backofen einschalten und auf 200 Grad einstellen
> 60 bis 75 Minuten backen lassen
> Klopfprobe
> Brot auf ein Gitter legen zum Auskühlen

Wenn man die Elemente dieser Backliste zählt, kommt man auf 21. Die Liste ist nicht unproblematisch, weil sie Maße und Zeiten, also Zahlen enthält. Daher würde die Liste sich auch gut für die Loci-Technik (s. o.) eignen. Hier haben wir einen ersten Vorschlag, die Elemente der Liste in eine Geschichte einzubinden.

Wie Findebald und der Täter jeweils einmal ausrutschen
Der Detektiv Findebald steht leider wieder im **Durchzug.** Er hat auf den Boden einen Haufen **Mehl** gestreut, den er mit einer **Pfund**note so auseinanderwischt, dass er alle Spuren sehen kann. Ein Beutel **Trockenhefe,** den er zufällig bei sich hat, wäre dafür zu teuer gewesen. Er hat sich aber angewöhnt **Salz** und **Zucker** bei sich zu tragen, um die Getränke aus der Thermosflasche zu würzen. Je nach Laune trinkt er dann salziges oder süßes Wasser. Er ist Junggeselle und muss die Mengen mit den zwei Löffeln abmessen, die er besitzt. Er hat nämlich nur einen **Teelöffel** und einen **Esslöffel**. Das Wasser soll richtig salzig sein, da nimmt er **einen und einen halben** Teelöffel **Salz**. Für den Zucker nimmt er **einen ganzen** Esslöffel. Leider hat sich das diesmal alles in seiner Tasche **vermischt**, da muss er jetzt eben den **halben Liter lauwarmes Wasser** (mehr geht nicht in die Taschenthermosflasche) ganz ohne Zutaten trinken. Plötzlich fällt ein **Schuss. Olivenöl** lässt ihn ausrutschen, als er losrennen will. Im Fallen **mischt** sich wieder alles, was er in der Tasche trägt.
Das ist „**harter Weizen**" für einen **gries**grämigen Detektiv (so sagt man unter Detektiven). Diese Erfahrung muss er erst nach und nach **durchkneten.** Am liebsten würde er ein **Tuch über die Schüssel** der Erinnerung legen und erst mal gar nicht daran denken und es in Gedanken **dann erst wieder** etwas durchkneten.
So muss er gestandene **2 Stunden** auf seinem Posten warten. Dann endlich im Nebel **formt sich aber jetzt der Leib** des Täters ab. Glücklicherweise hat Findebald nicht vergessen, den **Blech-Boden einzufetten**, so dass – wer oder was der Leib auch ist – genau in dem **mittleren der Bleche** niederfällt. Man sagt ja: „Jemand ist auf hundert Grad". Aber der ist mindestens doppelt so aufgeregt. Der ist vielleicht auf **200 Grad** jetzt. Aber Findebald macht das gar nichts aus, ihn (ein gutes Stündchen) **60–75 Minuten** dort **backen** zu lassen. Dann zeigt eine **Klopfprobe** an den Kopf, ob er noch lebt. Leider nicht, also wird er **auf dem Gitter bald auskühlen.**

Aufgabe
Versuchen Sie einmal, die folgende Geschichte so umzuwandeln, dass sie für Sie stimmig und nützlich wird. Am besten sollte ein Element der Geschichte folgerichtig zum nächsten Element führen.

> **Eine Back-Geschichte**
> Es war einmal eine Backhöhle. In der war es streng verboten, Fenster und Türen aufzumachen, weswegen es auch keine Fenster und Türen gab. Darin gab es einen Hexerich. Er schnippte mit den Fingern, und sofort erschienen vier „Trockengeister": Der erste war eine dicke weiße Tüte, auf der eine englische Pfundnote (englische Königin mit Krone) abgebildet war. Man konnte gleich sehen: ein Pfund Mehl. Dann kam ein dünnes Papiermännchen, das immerzu mit einer piepsigen Stimme quiekte: „Ich kann noch ganz groß werden, weil ich die Trockenhefe bin." Und dann kam eine Barbiepuppe auf einem Esslöffel angeritten. Die Barbiepuppe hatte ein weißes T-Shirt an, auf dem stand: „Zucker". Die Barbiepuppe rief: „Ich bin so süß!" Und dann kam noch eine schöne männliche Gestalt in einem weißen Anzug, der die Farbe von köstlichem Salz hatte. In der obersten Tasche des Anzugs steckte ein ganzer Teelöffel und dann noch ein halber Teelöffel. Und dann tanzte die dicke weiße Mehltüte mit dem dünnen Hefemännchen und die süße Zuckerpuppe mit dem weißen Salzmann. Der Hexerich schaute den Tanzenden mit großer Freude zu. Nach einer Weile rief er: „Mischen!" Und sofort zerfiel alles in Staub: Mehl-, Hefe-, Zucker- und Salzstaub, und alles mischte sich. Der Hexerich freute sich und tat alles in eine große Schüssel.
> Jetzt hörte man aber ein gewaltiges Pfeifen und irgendwoher – es gab ja keine Fenster und Türen – stand die Hexe in der Höhle. Sie sprach: „Was ist das denn für ein trockener Staub?" Der Hexer sagte: „Ich bin ja gerade dabei, Wasser warm zu machen. Aber die Hexe ging ungeduldig zum Herd und ergriff das Wasser, das nur lauwarm war und verschüttete dabei so viel, dass nur ein halber Liter übrig blieb. Den schüttete sie in die Schüssel des Hexers. Dieser war ganz erstaunt und sagte nur: „Was kommt denn jetzt?" Da sagte eine Kinderstimme: „Ich komme jetzt." Das war das Hexenkind, und es hatte eine Flasche Olivenöl in der Hand, mit dem es sich gerade die Haare geölt hatte. Diese Flasche nahm das Kind und tat einen guten Schuss davon in die Schüssel. Dem Hexer blieb nichts anderes übrig, als dies gut zu mischen. Das machte ihm keine Mühe, denn dazu hatte er seinen Zauberstab. Aber die Mischung war viel zu flüssig. Nun war guter Rat teuer, und niemand der drei wusste, wie man den Teig fester machen konnte. Die drei hätten noch lange so ratlos herumgestanden, wenn nicht zufällig die Hexengroßmutter gekommen wäre. Und die murmelte nur: „Hartweizengries – langsam reinrühren und kneten."

Sicher können Sie diese Geschichte weiterspinnen oder – vielleicht noch besser – eine eigene Geschichte erfinden. Und wenn Sie das getan haben, werden Sie wissen, wie man ein Brot backen kann, und Sie werden es auch im Gedächtnis behalten.

Das Lernen von Zahlen

Zahlen sind auch Ziffernfolgen, also „Listen von Ziffern". So eignen sich Mnemotechniken, mit denen man Listen und Gliederungen lernen kann, mit einigen Anpassungen auch für Zahlen.

Für Zahlen gibt es zudem bewährte Mnemotechniken. Sie reichern die immer gleichen, also bedeutungsarmen Zahlen mit individueller Bedeutung an.

Manchmal geht es darum, eine Zahl mit einer Person oder einer anderen Information zu verbinden, was zusätzliche Maßnahmen erforderlich macht.

Zahlen, die man ggf. auswendig können sollte:

Kurze Zahlen
Parkplatznummer, Hotelzimmernummer, Hausnummer
Postleitzahlen
Preise
Konfektionsgrößen des Partners/der Partnerin
Geburtstage, Hochzeitstage, wichtige Daten, Geburtsjahre
Abfahrzeiten von Bussen und Bahnen

Längere Zahlen
Kontonummer
Geheimzahlen der Scheckkarten
PIN-Nummer, PUK-Nummer des Handys
Telefonnummern wichtiger Personen
Tresorkombination, Tresor im Hotel
Codenummer beim Fahrradverleih der Deutschen Bahn

Kurze Zahlen, die im Gespräch erwähnt werden

Hört man eine kurze Zahl im Gespräch (wie eine Hausnummer), kann man eine Mnemotechnik nicht in aller Ruhe umsetzen. Dann ist es vermutlich am besten, die Zahl zu bekannten Zahlen zu assoziieren oder sie zu rhythmisieren.

Sie bitten um eine Auskunft über eine Adresse oder eine Telefonnummer. Nun möchten Sie sich die schnell hergesagte Nummer merken. Aufschreiben wäre besser, das geht aber vielleicht gerade nicht, weil Sie beide Hände am Steuer haben und bereits jetzt schon den Verkehr aufhalten.

a) Assoziation mit bekannten Zahlen

Mathematiker können sich oft sehr leicht Zahlen merken. Zahlen sind für sie bedeutungsvoll geworden, und sie können neue Zahlen aus ihnen bekannten bedeutungsvollen Zahlen zusammensetzen. Aber auch jeder von uns Nichtmathematikern kennt viele Zahlen: Geburtstage, Lebensalter, Europreise, Kleidergrößen, evtl. Geheimzahlen und Kontonummern. Will man sich also eine Zahl merken, dann kann man versuchen, sie mit einer bereits bekannten Zahl zu assoziieren und/oder Regelmäßigkeiten der Zahl zur Informationsreduktion, aber eben auch zu ihrer Individualisierung zu verwenden.

Machen wir an dieser Stelle einen kleinen Test: Wir suchen aus dem Telefonbuch eine beliebige Nummer, z.B. die 3605365. Wie kann ich (Schuster) diese Zahl zu mir bekannten Zahlen in Verbindung setzen? Es geht jetzt nicht um die perfekte Assoziation, sondern es geht darum zu prüfen, ob ich schnell einige Assoziationen finden kann, die das Merken der Zahl erleichtern.

Beispiel

3 Jahre fehlen mir noch, bis ich 60 bin (360xxxx). 53 Jahre ist meine Frau (36053xx), zu jeder Ziffer der vorherigen Zweiergruppe: erste Ziffer 1 addieren und zweite Ziffer 2 addieren (also 5 + 1 und 3 + 2) = 6 und 5. Jetzt ist die Zahl komplett.
Mal sehen, ob ich die Zahl jetzt kann? Ja: 3605365; ich müsste sie allerdings noch ein paar Mal alle Stunden wieder ins Gedächtnis rufen, um sie länger zu behalten. Der ganze Vorgang hat circa eine Minute gedauert.
Kann man dieselbe Zahl auch personenunabhängig lernen? Es steckt zwei Mal die 36 drin, getrennt durch die 05: das hat ungefähr die Bedeutung von Hälfte/Mitte. Es sind (außer 0) nur Zahlen von 3–6, jetzt fehlt noch die 5. Wieder gilt: Diese Eselsbrücke hält nur kurze Zeit vor (temporäre Eselsbrücke).

Der Entwurf der Eselsbrücke hat ca. drei Minuten gedauert. Für längerfristiges Behalten ist sie allein aber nicht geeignet. Ich müsste die Zahl immer wieder einmal ins Bewusstsein rufen, um sie länger zu behalten, oder eben bald aufschreiben. Im Folgenden lernen Sie aber auch Mnemotechniken, die für ein längerfristiges Behalten von Zahlen geeignet sind.

Oft sind es auch nur zwei- oder dreistellige Zahlen, wie Hausnummern oder Preise, die man sich kurzfristig merken möchte; dann ist es noch leichter, geeignete Assoziationen zu finden. Ich habe mir z.B. die Endziffern meiner Telefonnummer als 4711 (Hausnummer der Firma „Kölnisch Wasser") – 1 = 4710 gemerkt.

Ist es eine einzige Nummer, die Sie sich zeitweilig merken müssen (z.B. eine Hotelzimmernummer oder eine Parkplatznummer), dann verbinden Sie diese irgendwie mit einer bekannten Nummer.

Beispiel

Ich nehme als Beispiel die ersten vier Ziffern der ISBN-Nummer eines Buches, das neben mir liegt. Wenn ich mir die für einen Tag merken sollte, würde ich versuchen, etwas damit zu verbinden: 3801; als erstes fällt mir ein: 3 ist eine Glückszahl, 8 wie „Achtung, merk' es dir", 01 wie die erste Zahl, die ich mir heute merken soll. Es geht hier nicht darum, es ganz toll zu machen, denn in der schnellen, meist mündlichen Interaktion muss der erste Einfall gut genug sein. Allein das Bemühen um die Umsetzung der Zahl prägt sie schon ein.

Natürlich ist es noch sicherer, sich solche Informationen aufzuschreiben und eine Gewohnheit zu bilden, wo man das Niedergeschriebene aufbewahrt. Was aber, wenn man keinen Stift hat? Da helfen Pfadfindertricks: Wenn man mit dem nassen Finger auf eine glatte Fläche (z.B. Autoscheibe) schreibt, kann man das noch lange danach erkennen. Man kann auch im Handy die Zahl als SMS-Entwurf abspeichern.

b) Zahlen in eine räumliche Vorstellung umsetzen

Aus welchem Grund wichtige Nummern ständig geändert werden, weiß niemand genau – vielleicht, um das Volk lernfähig zu halten. Mit der neuen Auskunftsnummer 11 8 33 hatte die Telekom aber Schwierigkeiten. Kein Mensch konnte sich die merken, und die Gebühreneinnahmen sprudelten nicht wie vorgesehen. Also produzierte die Werbung Merkhilfen. Ich erinnere mich an eine, die bei mir funktionierte: Die Zahlen 11 8 33 sind auf dem Ziffernblock des Telefons wie ein V angeordnet: zwei Mal die 1 und dann die 8 unten in der Mitte und die 3 wieder oben rechts. Das ist eine

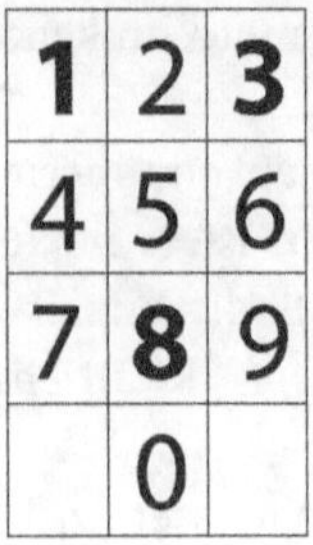

```
1 2 3
4 5 6
7 8 9
  0
```

Abb. 9: Darstellung einer Zahl als Tastenbewegung auf einem Ziffernblock

unkonventionelle Visualisierung der Bewegung, die man beim Wählen machen muss. Ein gut gelerntes Bild hilft somit als Abrufreiz.

Diese Werbung kann man natürlich zum Vorbild nehmen und bei einer Telefonnummer versuchen, die Bewegung auf dem Ziffernblock zu visualisieren. Manchmal ergibt sich keine so symmetrische, aber dennoch eine visualisierbare Bewegung.

Auch aus dem schnellen Diktat heraus kann man sich eine Nummer auf diese Art sehr wohl merken.

Manchmal sind aber auch längere Zahlen zu beherrschen. Dann reichen die genannten Eselsbrücken nicht mehr aus.

c) Rhythmisierung

Bei nicht allzu langen Zahlen wird die Merkbarkeit wesentlich erhöht, wenn man sie rhythmisch in Gruppen spricht. So wird aus dem Einerlei der Ziffern eine eindeutige Klanggestalt: die Zahl 338 890 836 könnte man sich also als drei,drei,acht – Pause – acht, neun, null – Pause – acht, drei, sechs vorsprechen; so prägt sie sich wesentlich leichter ein.

d) Die Wortlänge entspricht der Zahl

Wenn die Zahl nicht allzu lang ist, kann man einen oder mehrere Sätze aus Wörtern bilden, die ebenso viele Buchstaben haben wie die jeweilige Ziffer der Zahl, die zu lernen ist. Nehmen wir willkürlich an, dies sei eine Geheimzahl:

6 6 4 7 1 0

Mit den Wortlängen kann man den folgenden Satz bilden:

Tresor (6 Buchstaben) bleibt (6) noch (4) relativ (7) – und jetzt müssen zwei Ziffern zusammengezogen werden, weil es Wörter mit einem und null Buchstaben ja nicht gibt – **chiffriert (10)**.

Diesen Codesatz (der immerhin ein wenig sinnvoll ist) für die willkürlich gewählte Zahl zu finden, war nicht ganz leicht und hat fünf Minuten gedauert. Wenn man die Technik häufiger einsetzen will, braucht man eine große Liste mit nach Wortlängen sortierten Wörtern. Man kann mit der Zeichenfolge „****" (= viermal Stern) mit der Suchfunktion von Word in Texten nach Wörtern mit z.B. vier Buchstaben suchen.

Gelegentliches Lernen von längeren Zahlen

Geht es nur um ein gelegentliches Zahlenlernen, kann man die bestehenden Kennwortreihen oder auch Ortsreihenfolgen (Loci-Technik) verwenden. Dabei werden Ziffern in Bilder transformiert. Sie werden dann als Vorstellung mit den Orten der Ortsreihenfolge verknüpft. Das geht allerdings für jede Kennwortreihe oder Ortsreihenfolge nur einmal.

Bei den Kennworttechniken und der Loci-Technik benötigt man dabei für die einzelnen Ziffern Bildvorstellungen. Man kann Bilder nehmen, die so ähnlich aussehen wie die Ziffern; davon gibt es mehr, als man denkt. Also kann man verschiedene Bilder für dieselbe Ziffer verwenden, um Verwechslungen und Gleichförmigkeiten im Verlauf der Bildkombinationen aus Ort und Ziffer zu vermeiden. Dennoch gibt es Grenzen. Man kennt zwar einige, aber nicht tausend Wege, die man verwenden kann.

Die Bilder der Ziffern werden mit dem Bild des Ortes in der Vorstellung zusammengebracht. Wie das gemacht wird, ist an einem Beispiel leicht nachzuvollziehen:

Zunächst müssen die 10 Ziffern in Bildvorstellungen umgesetzt werden. Dafür gibt es verschiedene Möglichkeiten. Sie sind alle so plausibel, dass man sie gar nicht erst lernen muss.

1. **Bilder, die so aussehen wie die Ziffer**

   1: Bleistift, Antenne, Baum
   2: Schwan, Kelle, Angelhaken
   3: Po, Brötchen, Herz unvollständig
   4: Brückenpfeiler der Eisenbahnbrücke, übergeschlagene Beine, Stuhl
   5: Freischwingersessel, Tasse im Querschnitt

Kapitel 5 · Auswendiglernen

6: Tennisschläger, Ölkanne,
7: Sense, Rampe, Golfschläger
8: Sanduhr, Rennbahn, Brezel
9: Wandlampe,
0: Ball, Ei, Kopfkissen

2. Es sind auch Bilder denkbar, die nicht so aussehen wie die Ziffer, an denen aber die Ziffer ablesbar ist

1: Nase
2: Beine
3: Dreizack
4: Tisch
5: Pentagramm (fünfzackiger Stern), Pentagon
6: Fliege (mit 6 Beinen)
7: siebenarmiger Leuchter
8: zwei Stühle
9: Kartenspiel 99
0: Tasse, Henkel abgebrochen (o Henkel)

Abb. 10: Bilder für die Ziffern 0–9

3. **Bilder, die nur aus Tieren bestehen**

1: Süßwasserpolyp, Schlange (gerade)
2: Vogel (zwei Beine)
3: Hahnenfuß, Saurierfuß (drei Zehen)
4: Pferd (vier Beine)
5: Elefant (plus Rüssel = fünf Extremitäten)
6: Fliege (sechs Beine), Maikäfer mit sechs Punkten
7: Siebenschläfer
8: Octopus
9: Affe auf Elefant (vier + fünf Extremitäten)
0: Fisch (keine Beine), Muschel, Schlange im Kreis

In dieser Hinsicht kann man sicher noch mehr Phantasie entwickeln. Bei längeren Zahlen könnte man die Art der Bildumsetzungen (vielleicht alle 10 Ziffern) variieren, um die Bildvorstellungen unverwechselbarer zu machen.

> **Beispiel**
>
> Nehmen wir einen Geburtstag. Meist muss man sich nur Tag und Monat merken, also eine maximal vierstellige Zahl; um die Zahl etwas zu verlängern, nehmen wir das Jahr hinzu, z.B. 18.12.1946. Diese Zahl hat immerhin acht Ziffern. Wir brauchen also eine Ortsreihenfolge mit acht Orten (oder eine längere, auf der wir nur acht Orte belegen). Nehmen wir einfach einmal den Kopf von oben nach unten:
> 1. Ort ist Haar, 2. Ort ist Stirn, 3. Ort ist Nase, 4. Ort ist Oberlippe, 5. Ort ist Zahn, 6. Ort ist Zunge, 7. Ort ist Unterlippe, 8. Ort ist Kinn.
> Nun nehmen wir für die Ziffern die erste Bilderliste. Es lassen sich folgende Bilder formen (aber natürlich sind auch ganz andere Bilder möglich, die jeweils den Ort und das Bild für die Ziffer enthalten):
>
> 1. Bild: Ein Bleistift ist wie eine Haarspange durch das Haar gesteckt.
> 2. Bild: Die Stirnlinien verlaufen in Form einer Sanduhr.
> 3. Bild: Aus beiden Nasenlöchern ragt ein Bleistift.
> 4. Bild: Ein Schwan hat sich in der Oberlippe verbissen.
> 5. Bild: In allen Zahnzwischenräumen stecken Bleistifte.
> 6. Bild: Die Zunge ist herausgestreckt und trägt eine Lampe.
> 7. Bild: Ein Stuhl ist über die Unterlippe gestülpt.
> 8. Bild: Das Kinn ragt durch einen Tennisschläger.
>
> Der Koautor konnte die Zahl danach auswendig. Wie geht es Ihnen, liebe Leser? Haben Sie sich schon einmal so leicht eine Zahl gemerkt? Wenn Sie sie einmal richtig abrufen konnten, können Sie die Zahl auch in einer Woche noch. Danach wird sie – ohne Abrufwiederholung – langsam verblassen.

> **Beispiel**
>
> Das Lernen von Terminen
> Manchmal muss man das Format der Information etwas umwandeln, um sie mit der Loci-Technik zu lernen. Wenn Sie sich z. B. einen Termin merken wollen, den Sie gerade verabredet haben, muss der in eine reine Ziffernfolge umgewandelt werden:
>
> 1. und 2. Ziffer = Monat
> 3. und 4. Ziffer = Tag des Monats
> 5. und 6. Ziffer = Stunde
> 7. und 8. Ziffer = Minute
>
> Gut wäre es auch, eine kleine (eben achtstellige) Ortsreihenfolge nur für gerade verabredete Termine zu verwenden, damit man weiß, wo man den Eintrag suchen muss. (Man könnte die Monate aber auch in Bilder umsetzen.)

Die Kennworttechnik

Nur der Vollständigkeit halber wird die Kennworttechnik erwähnt. Zum Beispiel wird die Kennwortreihe aus den Buchstaben des Alphabets (A=Affe, B=Bär, C=Chamäleon, D=Dachs etc.) bildhaft mit den Ziffern einer zu lernenden Zahl verbunden. Nehmen wir als Beispiel einmal die Zahl „Wurzel aus 2" = 1,412…

1. Bild: Der Affe hat einen Bleistift im Mund.
2. Bild: Der Bär sitzt auf einem Stuhl.
3. Bild: Das Chamäleon hat statt einer Zunge einen Bleistift, mit dem es eine Fliege aufsticht.
4. Bild: Der Dachs reitet auf einem Schwan über den See usf.

Diese Mnemotechnik, die in vielen Büchern ausgeführt wird, hat insofern einen geringeren Nutzen, als sie eine Liste mit 25 Elementen beinhaltet, die man erst mühsam lernen muss und dann nur einmal verwenden kann. Die Loci-Technik scheint uns da wesentlich flexibler.

Das phonetische System

Wie kann man sich viele längere Zahlen dauerhaft merken? Die vielen unterschiedlichen Folgen von den immer gleichen 10 Ziffern entgleiten dem Gedächtnis schnell. Einen Satz dagegen kann man sich vergleichsweise leicht merken, weil er eine einmalige und unverwechselbare Bedeutung hat. Zwar besteht auch der Satz aus Buchstabenfolgen von vielleicht zehn oder 20 verschiedenen Buchstaben; weil wir aber wissen, wie Wörter geschrieben werden, weil die Wörter des Satzes wiederum einen vorstellbaren Sachverhalt beschreiben, können wir uns einen Satz gut merken und auch – selbst nach nur einmaligem Hören – alle 20 Buchstaben in der richtigen Reihenfolge niederschreiben. Bei einer 20-stelligen Zahl ist das nicht so leicht möglich.

Könnte man aus einer Zahl durch Zuordnung der Ziffern zu Buchstaben einen sinnvollen Satz machen, könnten wir uns die 20-stellige Zahl ebenso gut wie einen einzigen Satz merken. Genau das leistet das phonetische System! Bis man es routinemäßig anwenden kann, bedarf es jedoch einer gewissen Übung. Bevor die Einzelheiten und technischen Details erklärt werden, soll zunächst die Funktionsweise des Systems vorgestellt werden.

Jeder Ziffer wird ein (oder einige) Buchstabe(n) zugeordnet. Dazu werden nur die Konsonanten verwendet. Die Vokale bleiben frei, um mit den nun festgelegten Konsonanten viele verschiedene Wörter formen zu können. Wenn ein Wort zwei festgelegte Konsonanten (für die Ziffern) enthält, kann man durch die freie Ergänzung von Vokalen (und auch der Umlaute ä, ü, ö sowie der Doppellaute eu, ei, au, äu) meist leicht ein Substantiv bilden. Ein Beispiel: Wenn z.B. die Konsonanten „m" und „s" (in dieser Reihenfolge) vorgegeben sind, kann man durch freie Ergänzung von Vokalen das Wort „Maus" bilden. Aus einigen solchen Hauptwörtern kann man nun leicht kurze Sätze formen, bei denen die Verben nun wieder frei ergänzt werden. In den Verben sind also keine Ziffern versteckt. Wenn ein Satz drei Nomen mit zwei Konsonanten enthält, kann man aus ihm eine sechsstellige Zahl rekonstruieren. Die Reihenfolge der Ziffern ergibt sich beim Abruf aus der Reihenfolge der Konsonanten in den Hauptwörtern im Satz.

Bei manchen Konsonantenpaaren ist es vielleicht nicht ganz so leicht, ein Wort zu finden. Es gibt daher eine Hilfe, nämlich eine Liste mit Wörtern für alle zweistelligen Zahlen von 00 bis 99, die hier im Text später folgt.

Die Zuordnung der Ziffern zu den Konsonanten

Die Ziffern sind den Konsonanten so zugeordnet, dass man jeweils einen sinnvollen Hinweis hat. Nach einmaligem Durchlesen sollte man die Zuordnung im Groben schon im Kopf haben.

> Die 1 ist ein t und d, weil beide einen senkrechten Strich haben.
> Die 2 ist ein N, weil N zwei senkrechte Striche hat.
> Die 3 ist ein m, weil das (kleine) m 3 senkrechte Striche hat.
> Die 4 ist ein r, weil das Zahlwort „vier" mit r aufhört.
> Die 5 ist ein L, weil L im lateinischen Zahlensystem die 50 ist.
> Die 6 ist ein ch und x, weil sie so klingt; das sch wird hinzugenommen.
> Die 7 ist ein K, weil man aus 2 mal 7 ein K formen kann; ck, g, Q und J kommen hinzu.
> Die 8 ist ein f, weil sie einem f in deutscher Schrift ähnelt.
> Die 9 ist ein p und ein b, weil sie so aussieht wie die Buchstaben.
> Die 0 ist ein Z wie „zero"; s, c und ß klingen ähnlich und kommen hinzu.

Vielleicht könnte man noch geeignetere und leichter merkbare Zuordnungen finden, aber diese haben sich seit Jahrzehnten bewährt und sollten daher so übernommen werden. Die 4 ist vielleicht ein wenig schlecht zu merken, und das Prinzip der Eselsbrücken wechselt leider von Buchstabe zu Buchstabe; manchmal (wie bei der 7) sind die noch mit hinzukommenden Buchstaben wenig logisch. Wie auch immer; es macht nur wenig Mühe, diese Zuordnungen zu lernen.

Wir wissen jetzt, dass das Wort „*Maus*" aus dem soeben erwähnten Beispiel für 30 steht. Wäre die Ziffernfolge umgekehrt gewesen, also 03 käme ein ganz anderes Wort heraus, nämlich z.B. „*Saum*". Müssten wir uns die Zahl 3003 merken, könnten wir aus „Maus" und „Saum" einen einfachen Satz formen: Die *Maus* knabbert am *Saum*. Wer sich eine längere Zahl merken will, kann sie aus den bestehenden Codewörtern des phonetischen Systems zusammensetzen. Hier ist die Liste für die Zahlen von 1–100 wiedergegeben.

Liste der Codewörter für die Zahlen 1–100

0	Hose	26	Nische	51	Latte	76	Koch
1	Tee	27	Onko	52	Leine	77	Geige
2	Noah	28	Napf	53	Lamm	78	Kaff
3	Oma	29	Nabe	54	Lore	79	Kappe
4	Reh	30	Maus	55	Lilie	80	Fass

5	Löwe	31	Matte	56	Leiche	81	Pfote
6	Schuh	32	Mine	57	Liege	82	Pfanne
7	Kuh	33	Mumm	58	Lava	83	Vim
8	Pfau	34	Meer	59	Lippe	84	Feier
9	Bau	35	Maul	60	Schuss	85	Feile
10	Dose	36	Masche	61	Schutt	86	Fisch
11	Tod	37	Mücke	62	Schiene	87	Feige
12	Ton	38	Muff	63	Schaum	88	Pfeife
13	Dom	39	Mopp	64	Schere	89	Vopo
14	Teer	40	Rose	65	Schal	90	Bus
15	Diele	41	Rute	66	Scheich	91	Boot
16	Tisch	42	Rinne	67	Scheck	92	Bahn
17	Teig	43	Ramme	68	Schiff	93	Baum
18	Topf	44	Rohr	69	Scheibe	94	Bär
19	Taube	45	Rolle	70	Käse	95	Ball
20	Nase	46	Rache	71	Kette	96	Busch
21	Niete	47	Rock	72	Kanne	97	Backe
22	Nonne	48	Riff	73	Kamm	98	Puff
23	Name	49	Rippe	74	Karre	99	Popo
24	Nero	50	Lasso	75	Kohle	100	Dosis
25	Nil						

Es fehlen nun aber noch einige Zahlenpaare, nämlich die von 00–09:
00 = Soße, 01 = Zote, 02 = Zone, 03 = Saum, 04 = Zier, 05 = Zoll, 06 = Zeus, 07 = Zacken, 08 = Zofe, 09 = Suppe.

Die Codewörter sind alle gut bildhaft vorstellbar, und es lassen sich leicht mit beliebigen Wortkombinationen Sätze formen. Die Satzlänge kann variieren, aber es hat sich als besonders praktikabel erwiesen, im Satz maximal drei Hauptwörter unterzubringen und dann einen neuen Satz zu beginnen.

Beispielaufgabe

Welche Zahl ist das?
„Auf der Karre liegt ein Rock. Sie fährt über eine Rippe in den Busch." (Antwort für Aufgabe B im Anhang).

Wenn man eine längere Zahl phonetisch umsetzen will, wäre es natürlich schön, wenn sich die Sätze sinnvoll aufeinander bezögen. Wir wählen wieder zufällig eine Nummer aus dem Telefonbuch. Es ist die 02 20 35 66 12 78. Die Codewörter sind: Zone, Nase, Maul, Scheich, Ton, Kaff.

„Ungefähr in der Zone, in der Nase und Maul liegen, gibt der Scheich einen Ton von sich, der das ganze Kaff aufweckt." Das ist nur ein einziger Satz; man kann aber auch eine Geschichte konstruieren: „In der (Besatzungs-) Zone sollte man benimmmäßig eine gute Nase haben. Da musste nämlich jeder Scheich sein Maul halten. Beim kleinsten Ton war das ganze Kaff informiert."

Oft kommt dieselbe Ziffer zweimal hintereinander vor; wenn das innerhalb der zu lernenden Zahlengruppe passiert, verwendet man die Codewörter der Liste, die denselben Konsonanten in einem Wort zweimal vorkommen lässt (Popo). Eine Verdopplung des Konsonanten im Wort (wie: doppelt) zählt dagegen nur einmal als Ziffer.

Verwenden wir das System in einem Beispiel ganz schematisch. Wir wollen die Zahl Pi mit vier Kommastellen auswendig lernen: 3,1415.

Die Kennwörter des phonetischen Systems sind: Matte, Rute, Löwe. Nun ist Phantasie gefragt, daraus einen Satz zu machen, der irgendwie Bezug zu Pi hat. Vielleicht geht der: „Auf der Matte liegt die Rute rund um den Löwen." Nur die Hauptwörter zählen. Man kann sich den Satz gut bildhaft vorstellen und daher leicht merken.

Mögliche Variation:
Man hat für den zu formenden Satz mehr Freiheiten, wenn man das phonetische System nur für die Anfangsbuchstaben aller Wörter eines Satzes verwendet. Dann könnte man den sehr schön passenden Satz formulieren: „M(3)an d(1)reht R(4)äder d(1)urch L(5)ager."

Verbinden von Zahlen mit zusätzlichen Informationen

Das phonetische System ist besonders geeignet, Zahlen mit anderen Informationen zu kombinieren. Sie wollen sich beispielsweise merken, dass Herr Meyer 44 Jahre alt ist. Das Codewort für 44 ist Rohr; Merksatz z.B.: „Meyer schaut in die Röhre".

Sie haben bereits die Umformung von Ziffern in Bilder verwendet und sie auf eine Ortsreihenfolge verteilt. Natürlich könnte man so auch den

Namen Meyer mit dem Alter verbinden. Dann sollte der Anfangsort am besten mit einem auffälligen Merkmal von Meyer belegt sein: die Knollennase; der zweite Ort muss aber nun noch sinnvoll angeknüpft werden, damit auch eine bekannte Reihe beginnen kann. Die Knollennase stellen Sie also gleich mit auf den ersten Ort des von Ihnen gewählten Weges.

Das Auswendiglernen von Gedichten oder Texten

Gebete, Gedichte, z.B. auf Feiern (z.B. Geburtstagsfeiern), Liedertexte, Texte für Theateraufführungen

Manchmal mag man auch als Erwachsener noch in die Lage kommen, ein Gedicht auswendig lernen zu müssen. Vielleicht ist es eine Schulaufgabe für Ihr Kind, das sich schwer tut, und Sie wollen ihm helfen. Auch im Unterricht für Konfirmanden und Kommunionkinder werden mitunter liturgische Texte und Bibeltexte auswendig gelernt.

a) Zuhilfenahme der Loci-Technik

Man könnte die ersten Hauptwörter der Zeilen (eines Gedichtes) auf eine Ortsreihenfolge verteilen und mit Bildern an die Orte knüpfen, dann hätte man bei Gedichten, die nicht allzu viele Zeilen haben, für jede Zeile einen Hinweisreiz. Allerdings kommt es auf den genauen Wortlaut an: Allein den Sinn zu erinnern, bringt da nichts. Das erste Wort einer Zeile zu wissen, bringt oft mehr „Erinnerungshilfe" als das erste Hauptwort (das müsste irgendwie auch mit dem ersten Wort der Zeile verbunden werden, und die ersten Wörter der ersten Zeilen sind oft nicht als Bild zu verwirklichen (wenn, dann, was etc.)).

Hier nun als Beispiel ein Auszug aus Schillers „Glocke"; die Nomen sind kursiv markiert:

1 Fest gemauert in der *Erden*
2 steht die *Form* aus Lehm gebrannt.
3 Heute muss die *Glocke* werden,

4 frisch, *Gesellen,* seid zur Hand.
5 Zum *Werke*, das wir einst bereiten,
6 geziemt sich wohl ein ernstes *Wort,*
7 wenn gute *Reden* sie begleiten ,
8 dann fließt die *Arbeit* munter fort.
9 So lasst uns jetzt mit *Fleiß* betrachten,
10 was durch die schwache *Kraft* entspringt;
11 den schlechten *Mann* muss man verachten,
12 der nie bedacht, was man verbringt.
13 Und dazu ward ihm der *Verstand,*
14 dass er im innern *Herzen* spüret,
15 was er erschafft mit seiner *Hand.*

Die „Glocke" hat über 500 Zeilen. Das wäre auch für die Loci-Technik etwas lang. In diesem Abschnitt ist eine Zeile ohne Hauptwort, das könnte verwirrend sein. Manche Hauptwörter wie „Kraft" und „Reden" sind nicht ohne weiteres bildhaft vorstellbar. Der Text ist aber insgesamt sehr bildhaft, so dass eine Technik der assoziativen Verbindungen eher helfen könnte. Der Gedächtniskünstler Schereschewski lernte so Gedichte. Verwenden wir also Bilder aus Schillers „Glocke":

Erstes Bild
1. Vorstellung: Eine Mauer in der *Erde*
2. wird am rechten Rand zu Lehm*form,*
3. in der eine *Glocke* liegt.
4. Gesellen legen die *Hände* daran.

Zweites Bild
5. Ein Geselle schaut auf das Uhr*werk,*
6. wo die Zeit in *Worten* angegeben ist.
7. Ein anderer Geselle hält eine *Rede.*
8. Alle *Arbeiter*
9. bekommen *Fleiß*kärtchen.

So geht in der Folge ein Bild ins nächste über und bietet damit einen Hinweisreiz für die nächste Zeile.

Im gegebenen Fall ist das aber alles recht kompliziert, und man braucht schon von Beginn an ein gutes Gedächtnis, um davon zu profitieren. Daher folgt hier eine praktikablere Technik, die wir zu dem Zweck des Lernens von Gedichten erfunden haben.

b) Die Methode
des ausschleichenden Hinweisreizes

Vielleicht ist es besser, die Möglichkeiten von Textprogrammen zu nutzen, um beim Aufsagen des Gedichtes fortschreitend weniger Hinweisreize zu geben und den Abruf jeweils so lange fortzusetzen, bis das Gedicht „sitzt". Sie müssen den Text oder das Gedicht als Word-Text besitzen oder abschreiben (das allein bringt schon einen Lerngewinn). Manche Texte gibt es in digitalen Bibliotheken (CD-ROMs), wie z.B. auch Schillers „Glocke". Nun machen Sie mehrere Ausdrucke, in denen fortschreitend immer mehr Teile des Gedichtes wegfallen.

1. Schritt
Am Anfang lassen Sie nur die ersten Wörter weg und versuchen, das Gedicht mit Hilfe der Restzeile zu erinnern:

1 ... gemauert in der *Erden*
2 ... die *Form* aus Lehm gebrannt.
3 ... muss die *Glocke* werden,
4 ... *Gesellen* seid zur Hand.
5 ... *Werke*, das wir einst bereiten,
6 ... sich wohl ein ernstes *Wort*.
7 ... gute *Reden* sie begleiten,
8 ... fließt die *Arbeit* munter fort.
9 ... lasst uns jetzt mit *Fleiß* betrachten,
10 ... die schwache *Kraft* entspringt;
11 ... schlechten *Mann* muss man verachten,
12 ... nie bedacht, was man verbringt.
13 ... dazu ward ihm der *Verstand*,
14 ... er im innern *Herzen* spüret,
15 ... er erschafft mit seiner *Hand*.

2. Schritt

Nun wird die Abrufhilfe weiter reduziert: Das erste Wort ist vorgegeben, der Rest soll erinnert werden. Wenn Sie wollen, können Sie als Zwischenschritt auch noch die Hauptwörter im Lückentext belassen.

1	Fest ...
2	steht ...
3	Heute ...
4	frisch ...
5	Zum ...
6	geziemt ...
7	wenn ...
8	dann ...
9	So ...
10	was ...
11	den ...
12	der ...
13	Und ...
14	dass ...
15	was ...

3. bis 5. Schritt:

Nun drucken Sie nur noch das erste Wort jedes fünften Zeilenanfangs, später jedes zehnten Zeilenanfangs usw. aus und versuchen auf diese Weise, mit immer weniger Abrufreizen auszukommen:

1	Fest ...
5	Zum ...
10	Was ...
15	was ...

Sollten sich einzelne Zeilen oder Übergänge als besonders schwierig erweisen, kann man dafür eigene Bildvorstellungen oder Eselsbrücken konstruieren.

Auswendiglernen von Prosa

Das Auswendiglernen von Prosa ist noch schwieriger, weil dabei Reim und Rhythmus wegfallen. Meist sind es aber nur kurze Passagen, die auswendig zu lernen sind, wie vielleicht Paragrafen oder Definitionen. Wählen wir als Beispiel einmal eine Intelligenzdefinition, wie sie in einer Psychologieprüfung abgefragt werden könnte:

Wechsler: „Intelligenz ist die globale und zusammengesetzte Fähigkeit, sinnvoll zu denken, vernünftig zu handeln und sich wirkungsvoll mit seiner Umwelt auseinanderzusetzen."

Man könnte sich erst einmal die Hilfswörter „und/sinnvoll/vernünftig/wirkungsvoll" herausschreiben und versuchen, ob schon damit das Aufsagen gelingt. Dann ein Versuch ohne Hilfswörter.

Wenn man noch Bildvorstellungen zu Hilfe nehmen will: Ein zusammengesetzter Globus, als Denkblase mit Armen, greift in einen Umweltkreis.

Trotz aller Hilfen muss man sich die Definition immer wieder einmal in Erinnerung rufen (abrufen), damit sich der genaue Wortlaut einprägt.

Lernen von Bewegungsfolgen

> Schreiben, tanzen, Auto fahren (Kupplung kommen lassen, schalten); Sportarten: Ski laufen, turnen; Handwerk, musizieren, Knoten binden

a) Rückmeldungen

Beim Lernen von Bewegungen ohne professionellen Lehrer ist die richtige Rückmeldung das A und O des Lernens. Manchmal erhält man die Rückmeldung unmittelbar durch die Konsequenzen von Fehlern: beim Skilaufen fällt man hin, beim Tanzen tritt man dem Partner auf die Füße. Allerdings muss die Skihaltung nicht immer optimal sein, damit es halbwegs klappt; es reicht zunächst, dass man nicht hinfällt. Auch der Tanzschritt muss nicht wettbewerbsfähig sein – wenn man nur die Füße des Partners schont.

Oft hat man das Gefühl, alles ganz richtig zu machen, z.B. beim Skilaufen tief in die Knie zu gehen; sieht man sich aber auf einem Videoband, wirkt das ganze manchmal doch ziemlich steif (nach der eigenen Erfahrung der Autoren). Wie kann man sich selbst beobachten? Dazu gibt es zwei Wege: Man kann Freunde bitten, einen mit einer Videokamera aufzunehmen. Oft reicht es auch, ein Stativ aufzustellen und sich selbst zu filmen (dann kann man seine Fehler sogar ganz ohne fremde Beobachtung korrigieren). Bei einigen Bewegungen, zum Beispiel beim Geigenspiel, muss man nicht immer genau hinschauen, speziell wenn man die Noten auswendig beherrscht, und so kann man seine Bewegungen im Spiegel kontrollieren.

b) Das erste Mal

Gerade beim Lernen von Bewegungen, wie beim Schreiben oder Computerschreiben, kommt es ganz besonders auf die ersten Male der Ausübung an. Hat man es sich falsch beigebracht, ist das Umlernen doppelt so schwer. Wer eine Bewegung also ganz neu erlernen will, sollte nicht auf eigene Faust probieren, wenn er professionelle Unterweisung bekommen kann. Auf sich allein gestellt ist die Gefahr groß, dass man sich die Bewegung falsch beibringt.

Erste Ausübungen von Bewegungsfolgen unterscheiden sich wesentlich von späteren, weil bei den ersten Malen das Bewusstsein die Bewegung steuert. Wenn man die Bewegung dann oft wiederholt (also immer wieder abruft), automatisiert sie sich, d.h. sie läuft schließlich ohne Bewusstsein ab. Bei gut automatisierten Bewegungen stört es geradezu, sich den Ablauf bewusst zu machen. Daher ist bei allen Bewegungen ein längeres Üben die wichtigste Voraussetzung für die kompetente Ausübung.

c) Visualisierung in der Vorstellung

Wenn man sich die richtige Bewegung vorstellt, ist das wie ein tatsächliches Einüben. Es werden dabei nicht nur die zentralen Nervenbahnen gestärkt, sondern auch die beteiligten Muskeln trainiert. Visualisierung eignet sich zur schnellen Automatisierung neuer Bewegungen, z.B. beim Lernen eines komplizierten Musikstücks. Stellen Sie sich vor, wie Sie die Finger richtig auf der Tastatur oder auf dem Steg des Musikinstruments bewegen, ohne die Bewegung aber tatsächlich auszuführen. Oder stellen Sie sich vor, wie Sie die richtige Haltung beim Skilaufen einnehmen und in unterschiedlichem Gelände beibehalten. Nach einigen solchen Vorstellungen geht die Bewegung schon viel leichter. Die Vorstellungsübung eignet sich auch, die Bewegung im Gedächtnis zu behalten, wenn man – warum auch immer, vielleicht verletzungsbedingt – eine Pause einlegen muss.

Auch beim Betrachten einer Bewegung, z.B. bei Sportübertragungen, werden die gelernten Bewegungsfolgen (über so genannte Spiegelneuronen) im Gehirn aktiviert. Auch das Betrachten einer schwierigen Bewegung (die man allerdings bereits beherrschen muss) kann die Bewegung in Übung halten. Insgesamt ist es natürlich außerordentlich sinnvoll, beim Lernen von Bewegungen auf Lehrvideos zurückzugreifen.

d) Lernen durch Analogiebildung

Finden Sie eine Haltung oder Bewegung, die so ähnlich ist wie die neue Bewegung und an die Sie dann bei der neuen Bewegung denken können. Wie bei anderen Lernbereichen auch bringt Koppelung an schon Bekanntes viel Lernersparnis.

> **Beispiel**
>
> **Fahrradfahren**
> Wir haben im ersten Kapitel schon erwähnt, dass es beim Fahrradfahren nicht viel zu lernen gibt. Nach ein wenig Üben kann man es. Daher wird es Sie vielleicht besonders überraschen, dass eine Bewegungsanalogie das Fahrradfahren noch verbessern kann. Tatsächlich kommt es nämlich darauf an, den nicht belasteten Fuß, also den Fuß, der beim Fahren gerade keinen Druck auf das Pedal ausübt, aktiv zu heben. Unterlässt man das, muss man nicht nur das Fahrrad bewegen, sondern auch noch das Gewicht des eigenen Fußes nach oben drücken. Die Bewegung ist, wenn sie richtig ausgeführt wird, so ähnlich wie Treppensteigen. Wenn das eine Bein den Körper hochdrückt, muss das andere Bein nachgezogen, also aktiv gehoben werden. Denkt man nun beim Fahrradfahren an das Treppensteigen, zieht man den nicht belasteten Fuß automatisch hoch. In der Regel wird die Bewegung dadurch effizienter, und Sie fahren plötzlich – ganz ohne es zu wollen – schneller. Probieren Sie es einmal aus: Es ist eine überraschende Erfahrung.

Abb. 11: Beim Fahrradfahren sollte man wie beim Treppensteigen das unbelastete Bein aktiv hochbewegen.

Abb. 12: Die Haltung des Skiläufers kann man in Analogie zu einer Banane setzen.

> **Beispiel**
>
> **Skilaufen**
> Beim Skilaufen ist die richtige Körperhaltung ganz wichtig. Sie besteht aus vielen Einzelelementen: Der Kopf blickt geradeaus, die Schulter zeigt zum Tal, die Hüfte zum Berg, die Füße sind gegen den Hang eingekantet. Wer das in voller Fahrt eins nach dem anderen überprüft, ist schnell hingefallen. Es gibt aber eine Analogie, eine einigende Bildvorstellung, die es erlaubt, gleichzeitig alle Komponenten der richtigen Haltung herzustellen: Stellen Sie sich vor, sich wie eine Banane zu biegen, dann macht man es automatisch richtig. Zum Skilaufenlernen (auch Wasserski und Snowboard) gibt es im Handel einige Videokassetten, die zum Teil gut bewertet wurden (z.B. Ski 2000).

Für das Lernen und Lehren anderer Bewegungsfolgen muss jeder selbst Analogien finden. (Wie man das macht, ist in Abschnitt 9.2 näher beschrieben.)

e) Das Bewusstsein so weit wie möglich ausschalten

> **Beispiel**
>
> **Im 10-Finger-System am PC schreiben lernen**
> **(eine neue Methode, die sich allerdings**
> **noch im Experimentierstadium befindet)**
> Es gibt viele und auch gute Kurse zum Lernen des Schreibmaschineschreibens. Hier wird eine Methode vorgeschlagen, die die bewusste richtige Bewegung der Finger ganz automatisch einübt – ohne allzu viel Überlegung (das ist beim Lernen von Bewegungen günstig; s.o.). Das Lernen soll ja ohnehin nicht in das Bewusstsein einprägen, welcher Finger welche Taste anschlägt, sondern die Bewegung soll automatisch und ohne Nachdenken ablaufen.
> Die Tasten (Eingabepunkte) für jeden Finger werden auf der Tastatur farbig markiert (kleben Sie einfach kleine Farbpunkte auf). Jede Fingerkuppe bekommt einen jeweils gleichfarbigen Ring oder einen geklebten Farbpunkt auf den Fingernagel. Nun kann es losgehen: Jeder Finger schlägt (jeweils auf seiner Seite) nur die Tasten seiner Farbe an. Sie brauchen dabei zunächst gar nicht aus dem Kopf zu wissen, welcher Buchstabe von den jeweiligen Fingern bedient wird. So hat man sich an die Lage aller Tasten und an die Fingerbewegung schnell gewöhnt. Das Anschlagen der Buchstaben soll aber gerade blind erfolgen. Das wird in einem zweiten Schritt gelernt. Nun liegt neben der Tastatur ein Bild der Tasten, das die farbigen Bereiche für die Finger farbig wiedergibt. Wenn ein Buchstabe

> aus einer Schreibvorlage abgeschrieben werden soll, schaut man nun nicht mehr auf die Finger, sondern auf das Bild der Tastatur und bewegt den Finger nun blind zu den Buchstaben hin. Damit ein gleich schnelles Schreiben aller Buchstaben erreicht wird, soll der Tastenanschlag erst nach dem langsamen und dann allmählich sich steigernden Takt eines Metronoms erfolgen. Zuerst wird die Färbung der Finger, dann die Färbung der Tastatur, schließlich das farbige Tastaturblatt weggelassen.

Das Lernen ist so ganz leicht und automatisch. Mit der Ausübung wird Ihre Beherrschung der Finger-Tasten-Kombinationen immer schneller werden. Das sinnlose Abdienen von endlosen Buchstabenfolgen wird bei dieser Methode vermieden. Man könnte gleich einen Brief an einen Freund schreiben! Die Autoren versprechen sich von diesem System, dass Sie schon sehr bald mit zehn Fingern schreiben können und die farbigen Punkte und die farbige Tastaturbelegung nicht mehr benötigen!

f) Modelllernen

Der Skilehrer fährt vor, die Gruppe folgt ihm. Sie lernen am Modell die richtige Körperhaltung und die richtigen Bewegungen. Auch wer keinen Skikursus gebucht hat, kann sich abschauen, wie die Lehrer es machen, und so sein Fahrverhalten verbessern. Manches kann man allerdings nicht so gut abschauen, z.B. die richtige Gewichtsverteilung auf die Skier (Talski belasten), denn das sieht man einfach nicht. Aber wenn Sie irgendeine Bewegung professionell lernen wollen, ist es auf jeden Fall gut, besonders kompetente Vorbilder zum Modell zu nehmen.

g) Krawatten binden und Taue knoten

Die Anweisungen zum Krawattenbinden kommen gar nicht ohne Bilder aus. Ein weiterer Beleg, wie wenig eine reine Instruktion in Worten das Bewegungslernen unterstützt. Für jede Art Knoten finden sich Bilder im Internet (z.B. Google für Bilder). Hier ist auf ein Video hinzuweisen: „Knoten und Spleißen für Skipper und Crew".

Zeitweiliges Merken: Welche Karten sind noch im Spiel?

Manchmal geht es gar nicht darum, etwas dauerhaft zu behalten, sondern eine bestimmte Information muss nur kurz behalten werden.

Im Verlauf eines Kartenspiels z.B. sollten die Spieler wissen, welche Karte schon gefallen ist. Der erfahrene Spieler kann das schon ganz automatisch. Als Anfänger sollte man kleine Gedächtnistricks verwenden.

Machen Sie sich je nach Spiel ein veränderbares Bild. Wir wollen ein Beispiel dafür bringen:

> **Beispiel**
>
> **Julian will Skat spielen**
> Julian ist 15 Jahre alt und geht aufs Gymnasium. Auf der Klassenfahrt haben die Jugendlichen vom Klassenlehrer das Kartenspiel Skat beigebracht bekommen. Jetzt spielen sie es oft in der Pause. Was Julian allerdings ärgert, ist die Tatsache, dass sich seine beiden Mitspieler die Karten besser merken können als er.
> Was sollte man sich bei diesem Spiel überhaupt merken? Am wichtigsten wäre es zu wissen, welche Trümpfe noch im Spiel sind. Insgesamt gibt es elf Trumpfkarten. Das sind die vier Buben und die anderen: As, Zehn, König, Dame und die Neun, Acht, Sieben. Dabei sind die Buben am wichtigsten. Unter den Trümpfen gibt es eine Rangreihenfolge: Kreuz-Bube, Pik-Bube, Herz-Bube, Karo-Bube, As, Zehn, König, Dame, Neun, Acht, Sieben. Die Karte, die im Rang höher ist, sticht alle Karten, die in der Rangreihe darunter stehen.
> Die eigenen Trümpfe muss man sich nicht merken, die hat man ja vor Augen. Nehmen wir einmal an, man hätte folgende Karten auf der Hand: Kreuz-Bube, Herz-Bube, Karo-Bube, Kreuz-Sieben, Herz-König, Herz-Dame, Herz-Neun, Herz-Sieben, Karo-Dame, Karo-Sieben. Damit könnte man ein „Farbspiel Herz" machen. Das Fallen der fremden Trümpfe, nämlich Pik-Bube, Herz-As, Herz-Zehn und Herz-Acht, sollte man sich merken.
> Wir verwenden dazu ein Bild, nämlich das Bild eines sehr kleinen Dorfes. Das schauen wir uns im Geiste von oben an, wie von einem Berg aus. Das Dorf beginnt mit drei Einfamilienhäusern, die nebeneinander stehen. Diese drei Häuser stellen die Neun, die Acht und die Sieben dar. Dahinter kommen – etwas weiter weg – nebeneinander zwei Bürogebäude, nämlich König und Dame. Und wieder dahinter: zwei Kirchen, As und Zehn. Und ganz hinten stehen vier Türme. Das sind die vier Buben. Es gibt also vier Gruppen von Gebäuden. Innerhalb jeder Gruppe sind die Gebäude etwas unterschiedlich. Die As-Kirche ist größer als die Zehner-Kirche. Der Kreuz- und der Pik-Turm sind schwarz, die anderen beiden Türme sind rot. Kreuz- und Herzturm sind oben rund, Pik- und Karo-Turm sind oben spitz – weil die Zeichen von Kreuz und Herz oben rund sind und die Zeichen von Pik und Karo oben spitz.

> Zu merken waren Pik-Bube, Herz-As, Herz-Zehn und Herz-Acht. Diese Karten stellen wir uns vor, als wenn sie Gebäude in unserem Dorf wären. Der Pik-Bube ist ein schwarzer Turm mit einer Spitze oben. Das Herz-As ist die große Kirche, die Herz-Zehn ist die kleine Kirche. Die Herz-Acht ist das mittlere Einfamilienhaus. Aus dem Dorf mit seinen möglichen elf Gebäuden ist nun ein Mini-Dorf mit vier Gebäuden geworden.
> Angenommen, man hätte das Aufspiel und spielte den Kreuz-Buben aus. Was passiert jetzt mit dem vorgestellten Mini-Dorf? Da verschwinden zwei Gebäude, mindestens aber eins. Vielleicht der schwarze, spitze Turm und das Einfamilienhaus Nummer 8. Wenn man danach den Karo-Buben spielt, verschwinden vielleicht die beiden letzten Gebäude, vielleicht aber auch nur eins. Wenn nur die kleine Kirche fällt, was bleibt dann noch übrig? Die große Kirche. Und die große Kirche steht für das Trumpf-As.

Meist sind einige Karten wichtiger als andere: Beim Doppelkopf z.B. muss man auf jeden Fall wissen, ob die „Alte" (Kreuz-Dame) gefallen ist oder, wenn ein Solo gespielt wird, welche Trümpfe gefallen sind. Im Skatspiel hingegen ist es wichtig, die gefallenen Buben und die Asse im Kopf zu haben.

Beginnen Sie damit, sich nur die wichtigsten Karten zu merken. Mit der Zeit fällt es leicht, den Spielverlauf mit immer mehr Karten im Kopf zu haben. Allein schon die bewusste Beachtung des Spielverlaufs macht die Erinnerung immer leichter.

Sinngemäßes Wiedergeben

Meist geht es nicht darum, einen genauen Wortlaut wiederzugeben, sondern darum, die Bedeutung, den Inhalt einer mündlichen oder schriftlichen Lernvorgabe zu kennen. Beim Lernen von Texten, die man nur hört, muss man natürlich ganz anders vorgehen als beim Lernen aus geschriebenen Texten, die man vor sich liegen hat und in denen man vor- und zurückblättern kann. Daher wird hier zwischen dem Lernen aus geschriebenen Texten und dem Lernen aus gehörten Texten unterschieden. Wenn man von einem gesprochenen Text eine Mitschrift besitzt, ist die natürlich wieder wie ein geschriebener Text zu lernen.

Sinngemäßes Lernen aus geschriebenen Texten

Das Lernen aus den verschiedensten Texten, beispielsweise aus Lehrbüchern, Gesetzestexten, Skripten, Kompendien und Lexika, ist die Lernanforderung, die sich am häufigsten stellt. Daher wird das Lernen aus Texten hier auch umfassend behandelt.

Einige allgemeine Strategien

a) Text und Gliederung

Studenten halten oft Referate. Dabei haben wir beobachtet, dass sie manchmal den Text wiedergeben, aber die Gliederung (also die Kapitelüberschriften und die Überschriften untergeordneter Absätze) nicht beachten. Ein Text ergibt aber immer nur zusammen mit einer Gliederung einen Sinn. Oft ist die Gliederung allein wichtiger als der Text: Wer nur die Gliederung gelernt hat, hat schon ein gewisses Wissen; wer jedoch allein den Text gelernt hat und nicht die Gliederung, hat oft nichts wirklich Brauchbares in der Hand.

> **Beispiel**
>
> Sie lernen aus einem Buch über Psychotherapie, haben aber die Gliederungspunkte 1. Verhaltenstherapie und 2. Psychoanalyse nicht beachtet. Dann stoßen Sie im Text auf völlig widersprüchlich erscheinende Aussagen zur Psychotherapie. Das ganze Buch ergibt nun keinen Sinn.

Besonders der Punkt „Ideenkarten" (s.u.) zwingt den Lerner, speziell die Gliederung zu beachten.

b) Dem Text gegenüber verschiedene Blickwinkel einnehmen

Zunächst wird der Lerntext gelesen; unter Umständen kann man sich dabei schon genug Informationen merken. Andererseits ist das eigene Interesse an dem Text vielleicht nicht besonders groß, man findet ihn sogar langweilig. Dann kann es helfen, den Blickwinkel, die Perspektive eines anderen Lesers probeweise einzunehmen:

- Wie würde ein Praktiker des Fachgebietes den Text lesen?
- wie ein Gymnasiast?
- ein Student?
- ein Pensionär?
- ein Rezensent?
- ein Gegner der Position?
- ein Verleger?
- ein Lektor?
- ein Freund des Autors?
- Ihre Freundin, Ihr Freund?
- ein Filmautor, der einen kleinen Film über den Text drehen will?
- ein Grafiker, der für jede Seite ein Bild erfinden soll?
- ein Leserbriefschreiber?
- ein Künstler?
- ein Pedant?

Erfinden Sie in kreativer Weise noch weitere Rollen. Lesen Sie den Text wenigstens in zwei verschiedenen Rollen. Sie werden bestimmt entdecken, dass der Text interessanter wird und Sie bei jedem Lesen andere Details wahrnehmen.

c) Aufmerksamkeit beim Lesen

Die beschriebenen Maßnahmen fesseln die Aufmerksamkeit beim Lesen. Dennoch kommt es vor, dass die Gedanken abschweifen. Beim Lesen geht es dann gar nicht voran. Oder wir lesen weiter, ohne die Bedeutung des Gelesenen aufzunehmen, weil wir mit den Gedanken ganz woanders sind.

- Stellt sich ein Problem mit der Aufmerksamkeit beim Lesen ein, ist es günstig, nach jedem Absatz in Gedanken einen zusammenfassenden Satz zu finden. Diese Maßnahme führt auch schon wieder zum Aufnehmen des Inhalts.
- Den Text laut vorzulesen, erfordert ebenfalls Konzentration und macht das Lernerlebnis vielfältiger. Also trauen Sie sich, lesen Sie sich den Text mit der richtigen Betonung laut vor!
- Als Kind hat man beim Lesen die Zeilen mit den Fingern verfolgt. Das ist zum Erhalt der Aufmerksamkeit auch für den erwachsenen Leser nicht schlecht; man kann statt des Fingers ebenso einen Stift nehmen. Gerade wer Schwierigkeiten mit der Aufmerksamkeit hat, verliert beim Lesen schnell mal die Stelle, an der er gerade stand, und liest Passagen doppelt oder überspringt Absätze. Das erschwert die Sinnentnahme weiter. Markiert man dagegen die Lesestelle, kann das nicht passieren.

d) Textlernen: den Text verstehen

Manchmal ist es verführerisch, alle Details eines Textes einfach zu lernen, ohne sie zu hinterfragen. Beim Verstehen eines Textes, bei jeder Information, bei jedem Detail hilft es aber zu fragen: „Warum wird das eigentlich erwähnt?" Eine Information kann etwas illustrieren, kann Beweis für eine These sein etc. In den folgenden Textbeispielen können Sie das einmal an einem einfachen und anschließend an einem schwierigeren Beispiel üben.

Hier ein leichtes Beispiel (aus: Bednorz und Schuster 2002, S. 11). Beachten Sie die Sternchen beim ersten Lesen bitte nicht. Sie werden später erklärt.

Kapitel 6 · Sinngemäßes Wiedergeben

Beispiel

Grundlegende Modelle einer Psychologie des Lernens
„Die klassische Lerntheorie verwendete ein recht einfaches Grundmodell für menschliches Lernen bzw. für menschliches Verhalten. Man ging davon aus, dass Menschen im Laufe des Lebens lernen, eine bestimmte Reizsituation (S = Stimulus) mit einer bestimmten Reaktion (R = Response) zu beantworten. Diese Verhaltenstheorien des Behaviorismus tragen den Namen SR-Theorien.
Im Tierversuch wurde gezeigt, wie z.B. Ratten lernen können, auf einen Hebel zu drücken, um eine Futterpille zu erhalten. Sie können lernen, wann sie auf den Hebel drücken müssen bzw. wie oft sie auf den Hebel drücken müssen, um eine Futterpille zu erhalten.
Für eine Reihe von Lernsituationen ist dieses SR-Modell auch bei menschlichem Verhalten zutreffend. So kann ein bestimmter Signalreiz in einer eindeutigen Verbindung zur Auslösung eines Reflexes stehen. Beim Anblick von Nahrung läuft dem Betrachter das Wasser im Munde zusammen, der Salivationsreflex wird durch das visuelle Signal ausgelöst. Dieses Lernen bezeichnet man als klassisches Konditionieren. Es wird in diesem Buch in seiner Bedeutung für menschliches Verhalten in Kap. 3. behandelt. Menschen lernen auch, auf die Ergebnisse ihres Verhaltens zu reagieren und in einer bestimmten Situation solche Verhaltensweisen zu wählen, die zu einem Erfolg führen (operantes Konditionieren). Für diese Form des Lernens bzw. für diese Form der Verhaltensselektion kann das SR-Modell menschlichen Verhaltens ebenfalls verwendet werden. Allerdings haben die Forscher im Laufe der Zeit zwischen den Stimulus und die Reaktion Organismusvariablen gelegt, weil z.B. die Tatsache, dass eine Ratte einen Weg durch ein Labyrinth nur dann lernt, wenn sie hungrig ist (bzw. dann schneller lernt, wenn sie hungrig ist), nur durch eine differenzierende Organismusvariable, den Hunger, verstanden werden kann. Die Verhaltensformel heißt dann: Der Reiz führt über differenzierende Bedingungen des Organismus (o) zur Reaktion."

Dieser Text gibt eine ganze Menge Informationen, aber er ist ausreichend gut gegliedert, man kann ihm folgen und hat schon alles Wichtige verstanden, wenn man die Gliederung etwas deutlicher macht und die Information ein wenig hierarchisiert. Manches erwähnen wir nur als Stichwort und reduzieren so die Wortmenge, ohne Information wegzulassen:

Das hier besprochene Grundmodell ist das Stimulus-Response-Modell, das dem Behaviorismus angehört.

1. Beispiel für das Modell ist das „klassische Konditionieren", das bei Tieren und Menschen nachgewiesen werden kann. (Es gibt hierfür Beispiele im Text.)

2. Beispiel ist das operante Konditionieren, das ebenfalls bei Tieren und Menschen nachgewiesen werden kann.

Eine Erweiterung des operanten Konditionierens ist die „Organismusvariable"; Beispiel: Hunger der Ratte. (Wenn man es nicht schon weiß, ist auch wichtig, was man unter klassischem und operantem Konditionieren versteht.)

Hier ein schwieriges Beispiel (aus: Bednorz und Schuster 2002, S. 63):

> **Beispiel**
>
> **Lern- und Gedächtnisentwicklung beim Tier,**
> **Ontogenie des klassischen Konditionierens**
> Auch zur Ontogenie des klassischen Konditionierens liegen einige Untersuchungen vor. *Sie machen besonders deutlich, wie genau man darauf achten muss, dass altersgerechte Leistungsanforderungen** an die Tiere gestellt werden. So schien es lange Zeit so zu sein, dass 15-18 Tage alte Ratten Schwierigkeiten haben, sich gezielt fortzubewegen (passive Vermeidung), wenn sie einen Fußschock bekamen (Feigley und Spear 1970). Wenn man jedoch nur eine allgemeine Bewegungslosigkeit (Ruhigstellung) verlangte, konnten diese jungen Ratten passiv vermeiden (Stehouwer und Campbell 1980). Gab man über ein gleichzeitiges leichtes Anblasen mit Luft eine Hilfestellung, so konnten Ratten schon im Alter von 2-3 Stunden vermeiden (Myslivecek und Hassmannova 1983).
> Da junge Ratten besonders leicht auf taktile, thermische und olfaktorische Reize reagieren, sind darauf aufbauend Untersuchungen zum Aversionslernen durchgeführt worden. Auch hier muss man aber wieder darauf achten, dass die unterschiedlichen unkonditionierten Stimuli altersspezifische Wirkungen haben. *Wenn man Tiere, die einem Zitronenduft ausgesetzt sind, eine Übelkeit erzeugende Lithium-Chlorid-Injektion verabreicht, so vermeiden etwas ältere Tiere (15 Tage alt) den Zitronenduft auch dann, wenn das Lithium-Chlorid bis zu 90** Minuten nach dem Zitronenduft gegeben wird, bei jüngeren Tieren (12 Tage alt) gelingt das nur, wenn beide Reize unmittelbar aufeinander folgen. Dagegen können 9 Tage alte Tiere das noch gar nicht (Rudy et al. 1984). *Demgegenüber erwerben 5 Tage alte Ratten eine Aversion gegen den Geschmack einer Zuckerlösung (also nicht Geruch), unabhängig davon, ob als aversiver Stimulus LiCl, ein Fußschock oder ein Bitterstoff gegeben wurde.** Bei älteren Tieren wird so eine konditionierte Aversion nur auf die LiCl-Gabe hin ausgebildet (Hoffmann und Spear 1988)."

Der Text enthält viele Details und ungewöhnliche Fremdwörter; wie soll man den nun fürs Lernen bearbeiten? Weil ein Fremdwort gleich im Titel vorkommt, sollte man „Ontogenie" im Fremdwörter-Duden nachschlagen. Es bedeutet das gleiche wie „Ontogenese". Was bedeutet nun das wieder? Also nochmals nachschauen: Es ist die Entwicklung des Individuums (im Kontrast zur Entwicklung der Art, der „Phylogenese"). Da wimmelt es nur so von Fremdwörtern. Zu klären ist noch „olfaktorisch" = geruchlich. Man könnte noch „Aversion" und „taktil" nachsehen.

Mit dieser neuen Kenntnis liest man den Text noch einmal und unterstreicht die wichtigen Stellen (damit diese nicht schon beim ersten Lesen auffallen, setzten wir am Anfang der Stelle einen Stern und am Ende zwei Sterne). Jetzt haben wir viele Details weggelassen und entscheiden uns, gar keine chemischen Begriffe zu lernen, weil diese bei einem Psychologielehrbuch ja eigentlich nicht nahe am zentralen Thema sind. Wenn man eine Mind-map machte, würde man die wichtige Stelle Nr. 1 quasi als These betrachten und die Stellen Nr. 2 und Nr. 3 als Belege.

Wir formulieren den Inhalt, soweit wir ihn wichtig finden, jetzt mit eigenen Worten aus dem Gedächtnis:

> *„Das klassische Konditionieren ist bei Ratten unterschiedlichen Alters nicht gleich.* Beleg 1: Folgt auf einen Zitronenduft ein unangenehmer Reiz, vermeiden junge Tiere den Zitronenduft nur unmittelbar darauf, während ältere ihn bis zu 90 Tage nach der Lernerfahrung vermeiden. Beleg 2: Junge Ratten vermeiden eine Zuckerlösung nach ganz verschiedenen unangenehmen Erfahrungen, ältere nur nach einer unangenehmen Erfahrung von Übelkeit. *Der Tier-Experimentator muss auf diese unterschiedlichen Reaktionsweisen achten."*

Nachdem wir die vielen erwähnten Untersuchungen als „Belege" für die zentrale These identifiziert haben, haben wir zwei davon ausgesucht. Wir denken, es kommt nicht darauf an, alle Beispiele zu kennen; wir müssen auf jeden Fall welche aussuchen. Es hätten aber auch die ersten Beispiele mit der Bewegung sein können.

Den letzten Satz des Textes hätten wir beinahe weggelassen, wenn wir uns nicht gefragt hätten, warum der Autor diesen Sachverhalt eigens erwähnt. Und siehe da, versteckt im Beleg 2, hier wiederum versteckt in einem unverbindlichen „man" (Originaltext), bringt der Tierexperimentator sich selbst ein. Natürlich ist der letzte Satz unseres kleinen reduzierten Textes der wichtigste: Wenn man alle Details weglässt, käme man auch allein mit ihm und dem ersten Satz aus.

e) Schnell lesen oder langsam lesen?

Manche Lernbücher bieten Information zum Schnelllesen an. Man soll die Augen z.B. gar nicht entlang der Zeilen bewegen, sondern einfach langsam von oben nach unten auf die Seite blicken. Das kann nach unserer Meinung nur zu sehr oberflächlicher Informationsaufnahme führen und eignet sich bei schwierigeren Texten überhaupt nicht. Im Gegenteil: Je schwieriger der Text ist, desto langsamer muss man lesen. Manchmal ist ein langsameres Lesen schon die wirksame Maßnahme, die zu Textverstehen führt.

f) Möglicher Fehler: nur aus Zusammenfassungen lernen

Die Empfehlung, eine Zusammenfassung zu erstellen, um dabei zu lernen, was in einem Text steht, darf nicht missverstanden werden. Es ist nicht immer richtig, sich dann beim weiteren Lernen nur noch mit der Zusammenfassung zu beschäftigen. Wenn ein bestimmter Text Lernstoff ist, werden in der Prüfung auch oft Details abgefragt.

In den beiden Texten oben sind einige Beispiele erwähnt. Solche Details sind aber in der Zusammenfassung eventuell nicht mehr vorgekommen, also auch nicht gelernt worden. Der Originaltext wurde ja schon lange nicht mehr gelesen. Es kommt dann vielleicht zu der unangenehmen Situation, dass der Kandidat bei einer Frage „keinen Schimmer" hat und auch mit Hilfen und Nachfragen nicht auf die richtige Antwort kommt. Die Prüfungsleistung ist dann möglicherweise schlechter, als wenn man den Text nur kurz vor der Prüfung einmal gelesen hätte.

Besser ist es, im Laufe des Lernens den Kontakt zum Text zu erhalten. Wenn Sie sich z.B. Fragen auf Karteikarten geschrieben haben (vgl. S. 103), sollten Sie auf der Rückseite auch immer die Seite im Text angegeben haben, auf der Sie den Sachverhalt noch einmal im Originalwortlaut nachlesen können. Speziell alle Beispiele, Abbildungen und Fallbeispiele mit ihrer Einbindung in die Gedankenführung des Textes sind wichtiger Lernstoff (der in einer Zusammenfassung meist entfällt). Prüfer haben oft zunächst nur diese Beispiele im Kopf und wollen dann die Gedankenführung durch weitere Fragen anhand dieser Beispiele entwickeln.

g) Unterstreichen

Unterstreichen hilft beim Lernen, weil man analysiert, was für den eigenen Bedarf wichtig ist, und weil so das Seitenbild einzigartiger wird, besonders beim farbigen Unterstreichen. Allerdings darf man nicht zuviel unterstreichen (maximal ein Drittel des Textes), und man sollte sich auch sicher sein, was wichtig ist: Also nicht gleich beim ersten Lesen unterstreichen, sondern erst beim zweiten Lesen – und mit Bedacht. Natürlich geht das nicht in geliehenen Büchern. Mancher mag in eigenen teuren Büchern einen Anstrich mit Bleistift bevorzugen; erst in der Kopie (extra fürs Unterstreichen gemacht) kann man sich ganz ohne Bedenken mit Farbe ausleben.

h) Hypertext (Lernen aus CD-ROMs und Internetangeboten)

Die Informationen in Büchern sind linear angeordnet, ein Kapitel folgt dem nächsten. Hypertext ist ein Netzwerk von Textbausteinen, die nicht nur linear, sondern eben vielfältig untereinander vernetzt (verlinkt) sind. Der Lernende kann bei jedem Textbaustein entscheiden, welchem von verschiedenen Links er folgen will, kann also seinen Weg durch den Lernstoff individuell wählen. Dies ist eine moderne Form der Wissensaufbereitung, die durch elektronische Speichermedien möglich wird. Dennoch hat sie nicht per se einen Lernvorteil. Wir wollen den Sachverhalt in einer Analogie verständlich machen (hier wäre also im Hypertext ein Link zu dem Gliederungspunkt des Buchs „Lernen durch Analogiebildung").

Stellen Sie sich vor, Sie sollten Kenntnisse über eine sehenswerte Stadt erwerben. Dann müssen Sie zuerst einmal die Stadt mit ihren Sehenswürdigkeiten kennenlernen. Zu dem Zweck laufen Sie ohne festes Ziel durch die Straßen. An wichtigen Punkten können Sie entscheiden, was Sie als nächstes besichtigen wollen. An jeder Sehenswürdigkeit finden Sie nämlich Hinweisschilder zu ähnlichen und verwandten Sehenswürdigkeiten: Am Kölner Dom etwa finden Sie einen Wegweiser zur Kirche St. Gereon. Sie können sich an dieser Stelle entscheiden, erst einmal einige Kirchen kennen zu lernen. Am nächsten Tag geht die Wanderung wieder von vorne los, und Sie gehen einen anderen Weg und verfolgen vielleicht ein anderes Ziel. Oder Sie lassen sich einfach treiben. Dieses Vorgehen hat – wie man am Beispiel sieht – Vor- und Nachteile.

> **Vorteil**
> Weil Ihre Wanderung die Sehenswürdigkeiten nicht in einer vorgegebenen Reihenfolge darbietet, kommen beim Lernen keine falschen Verknüpfungen durch die Reihenfolge, sondern eben nur Verknüpfungen durch inhaltlichen Bezug zustande. Auch im Kopf entsteht so ein angemessen vernetztes Wissen.

Nachteile
Sie lernen die Struktur der Stadt, z. B. ihre Anordnung in Ringen, nur zufällig kennen; Sie wissen nie, ob Sie eine Sache vollständig erfasst haben. Sie können im ungünstigen Fall nicht zwischen bedeutenden und weniger bedeutenden Sehenswürdigkeiten unterscheiden.

Solche Hypertext-Informationsangebote sind modern und gerade an Stellen, an denen ein Publikum sich freiwillig mit Wissensangeboten auseinandersetzt (wie z.B. in Museen), sehr beliebt. Man schätzt dabei die motivierende Kraft der Selbststeuerung beim Lernen. Aus empirischen Forschungen hat sich aber kein Lernvorteil durch solche vernetzten Informationsangebote ergeben. Im Gegenteil, wenn Sie daraus etwas lernen wollen, müssen Sie zusätzliche Operationen durchführen.

Beim Lernen mit Hypertexten ist es günstig, sich den Gesamtplan des Wissens klarzumachen. Im Beispiel wäre das zu Beginn ein Studium des gesamten Stadtplans. Nehmen Sie sich dann bestimmte Touren durch das Wissen vor (z.B. 1. Altstadt, Dom und zentrale Museen). Machen Sie sich während des Studiums – auf dem Papier – eine Gesamtgliederung des Stoffs, also fügen Sie die vielen Einzelelemente des vernetzten Stoffs wieder in eine einzige Gliederung ein (etwa wie die Sitemap einer Homepage). Letztlich wäre es ja auch Ihre Aufgabe, aus den verstreut liegenden Wissensteilen einen zusammenhängenden Wiedererzähltext zu generieren.

Ideenkarten

Das Konzept der Ideenkarte wurde unter verschiedenen Namen eingeführt. Früher sprach man von „Netzplantechnik". Heute ist der Begriff „Mind-map" modern geworden. Das romantischere Wort „Sinngewebe" ist vielleicht die beste deutsche Übertragung für Mind-map. Alle diese Begriffe bezeichnen aber im Wesentlichen den gleichen Sachverhalt.

Bei der Ideenkarte wollen wir versuchen, die Arbeitsschritte so genau zu beschreiben, dass man gar nichts falsch machen kann. Es geht dabei im Kern um ein Vorgehen in drei Schritten:

1) Der Stoff wird im Laufe des Lesens nach Wichtigkeit auf wesentliche Stichworte reduziert (z.B. werden sie im Text markiert).
2) Die Ideen des Stoffs werden dabei nach ihrer Struktur, nach ihrer Gliederung mit Pfeilen verbunden.

2a) Bei der Erstellung von Ideenkarten haben wir es als praktisch empfunden, erst einen Entwurf zu machen, den man in einem zweiten Durchgang in eine endgültige Form bringt, und zwar aus folgendem Grund: Erst nachdem man die Ideenkarte einmal vollständig erstellt hat, weiß man, wie viel Platz man für die einzelnen Pfeile braucht, und kann sie nun besser auf der Seite anordnen.
2b) Die Pfeile können je nach Verbindungstyp benannt werden oder einfach als jeweils nächste Untergliederung unbenannt bleiben. In den veröffentlichten Netzplantechniken wurden u.a. folgende Pfeiltypen vorgeschlagen: „ist ein Beispiel für", „folgt aus", „Definition", „Anekdote", „ist ein 1., 2., 3. Argument", „dem widerspricht", „daran ist zu kritisieren" etc. Jeder Anwender kann sich leicht selbst Pfeiltypen konstruieren, die zu seinem jeweiligen Text passen und dann auch unterschiedlich gestaltet werden können.
3) Die so entstandene grafische Struktur wird nun mit kleinen Bildern, mit der farbigen Gestaltung von Kästchen und Pfeilen und mit der Variation der Form von Kästchen und Pfeilen zu einem einzigartigen Bild zusammengefügt.

Das Vorgehen ist zwar etwas zeitraubend, hat aber wichtige Vorteile.
A) Beim Erstellen der Ideenkarte setzt man sich intensiv mit der Gliederung und den Inhalten des Textes auseinander. Gliederungsschwächen des Textes und auch Wiederholungen fallen z.B. sofort auf. Schon dabei kommt ganz automatisch Lernen zustande. Die Analyse der Gliederung führt auch zu einem vertieften Verstehen von Texten. Dabei ist es z.B. beim Lernen für Prüfungen ganz wichtig, dass man seine Ideenkarten selbst macht! Eine Ideenkarte, die eine andere Person gemacht hat, führt kaum zu Lerneffekten, wenn man sich nicht selbst auch gründlich mit dem zugrundeliegenden Text beschäftigt hat!
B) Aus der Folge von Begriffen wird ein einzigartiges Bild, das man sich nun – eben als Bild – recht leicht merken kann. Auch beim Abrufen hilft das gespeicherte Bild der Ideenkarte. Man geht bei einer Frage in der Vorstellung zu der relevanten Stelle und wandert an den Pfeilen des Bildes entlang. Die Stichwörter und Bilder sind nun Abrufhilfen für die Textinhalte. Natürlich muss der Inhalt eines Textes nun vollständiger ins Gedächtnis gerufen werden. Das fällt aber eben mit dem relevanten Stichwort sehr viel leichter. Wenn man mit Ideenkarten lernt, muss man aber – genau wie bei anderen Lernvorgängen – immer

wieder einmal versuchen, den Stoff wiederzugeben, um zu überprüfen, ob das relevante Stichwort ausreicht, um das Wissen komplett abzurufen (2. Schritt des Dreischritts des Lernens).
C) Querverbindungen werden sichtbar. Das können Querverweise sein, die der Autor schon vorgibt, aber auch Verbindungen, die der Leser selbst entdeckt (mit eigener Farbe markieren!); so wird aus einem linearen Lernen von Textfolgen ein vernetztes Lernen der Textelemente.

a) Ideenkarten mit umfangreichen Texten

Wie geht man vor, wenn man ein ganzes Buch zu bearbeiten hat? Die Stoffmenge kann man gar nicht auf einer einzigen Ideenkarte unterbringen! Klar: Das Buch muss in Teile zerlegt werden. Nehmen Sie dazu einfach das Inhaltsverzeichnis zu Hilfe. Jeder Unterpunkt des Inhaltsverzeichnisses ist eine eigene Ideenkarte. Meist handelt es sich bei solchen Unterpunkten um Abschnitte, die nicht größer als zwei bis drei Seiten sind. Wenn sie aber sehr viel kleiner sind, vielleicht nur eine halbe Seite lang, können Sie ja mehrere Unterpunkte in einer übergeordneten Ideenkarte zusammenführen. Für ein Lehrbuch der Gedächtnispsychologie z.B. kämen ca. 120 kleinere Ideenkarten zustande, die sozusagen an den Endpunkten der Feingliederung des Inhaltsverzeichnisses hängen. Wenn man nun über das Buch in einer Prüfung Auskunft geben müsste, sollte man auch das Inhaltsverzeichnis kennen. Das kann aber auch in einer Übersichtskarte verarbeitet werden. Das ist leicht, weil es praktisch ja schon als Stichwortliste vorliegt. Sie können dann anhand der Ideenkarte „Inhaltsverzeichnis" überprüfen, ob Ihnen jede der 120 Einzelkarten zu einem gegebenen Inhaltspunkt einfällt. In dem Buch, das wir nun zur Überprüfung des Ratschlages betrachten, ist das Inhaltsverzeichnis mit 15 Kapiteln und 120 weiteren Untergliederungen wiederum zu groß, um auf einer Ideenkarte Platz zu finden. Man braucht dann eine erste allgemeine Karte für 15 Kapitel und dann für jedes Kapitel noch eine Unterkarte: Die Ideenkarten sind dann hierarchisch übereinander gegliedert:

1. 1 Karte für 15 Kapitelüberschriften
2. 15 Karten für die Unterpunkte des jeweiligen Kapitels
3. 120 Karten für die Inhalte (der Einzelgliederungspunkte) der Kapitel, also pro Kapitel ca. 10 Karten.

Sicher ist dies ein Vorhaben, das Zeit kostet. Und natürlich können Sie diese Arbeit nicht mit anderen teilen (s.o.). Es ist ja gerade die Erstellung der Ideenkarte, die den Lerneffekt bringt. Wenn man vielleicht am Tag 10 bis 15 solcher Einzelkarten erstellen kann, würde das Vorgehen bei diesem Buch der Lernpsychologie, das insgesamt rund 300 Seiten hat, mindestens zehn Tage in Anspruch nehmen. Die Ideenkarte für umfangreiche Lernstoffe ist also keine Vorgehensweise der letzten Minuten vor einer Prüfung. Bedenken Sie: Ein wichtiges Buch auf diese Weise gründlich zu lernen wird mehr bringen, als sich mit verschiedenen Büchern zum Thema nur oberflächlich zu beschäftigen.

> **Beispiel**
>
> Im Beispielfall sind das erwähnte Lehrbuch der Gedächtnispsychologie und ein weiteres einfacheres Buch, dessen Stoff sich mit dem Lehrbuch teils überschneidet, das Lernpensum für eine Lehramtsprüfung in Psychologie. Die Gesamtvorbereitungszeit für diese eine Prüfung (von fünf mündlichen Abschlussprüfungen) wäre also mit zusätzlichen Wiederholungsphasen ca. 20 „Netto"-Lerntage lang, d. h. „brutto" – also mit Wochenenden und anderen unabweisbaren Verpflichtungen – ungefähr einen Lernmonat.

b) Lernen von gesprochenen Texten, Vorträgen und Vorlesungen mit Ideenkarten

Man kann auch bei Vorträgen, die man selbst hält, die Stichwörter einer Ideenkarte (Mind-map) als Bild geordnet ins Gedächtnis rufen und gleichzeitig in Worten nach dieser Gliederung sprechen.

Auch die Mitschrift bei einem Vortrag kann eine Ideenkarte sein. Das hat den Vorteil, dass die Gliederung des Vortrags besonders deutlich wird, allerdings auch den Nachteil, dass man nicht genau weiß, wie einzelne Punkte auf der Seite ausufern. Sobald das Blatt Papier, auf dem man mitschreibt, an einer Stelle so gefüllt ist, dass beim besten Willen nichts mehr darauf passt, fügt man an diese Stelle einen Verweis ein (vielleicht einfach eine Zahl) und schreibt auf einem neuen Blatt mit dieser Zahl weiter. Bei der Rückkehr des Vortrags zu übergeordneten Gliederungspunkten kehrt man dann auch wieder auf die erste Seite zurück. Ein Lehrer kann den Lernbedürfnissen seiner Schüler entgegenkommen, indem er z.B. als vorangestellten Überblick über einen Text/Vortrag eine Ideenkarte anbietet.

c) Computerprogramme zur Erstellung von Ideenkarten

Es gibt Computerprogramme, mit denen man Ideenkarten entwerfen kann, ja mit denen man sie sogar in eine Power-Point-Präsentation überführen kann (z.B. MindManager 2002; es gibt aber auch freeware, z.B. FreeMind; eine freeware für Concept-Maps (Mind-maps) findet man unter: *http://www.cmap.ihmc.us*.).

Aus Clipart-Sammlungen kann man am Computer kleine vorgefertigte Bilder in die entstehenden Karten einfügen. Meist ist aber auch schon eine Sammlung von Cliparts in die bestehenden Programme eingebunden. Im Programm „Word" ist in der unteren Befehlsleiste ein kleiner Kopf. Wenn man darauf klickt, kommt man zu vielen Hundert verschiedenen Bildchen, die nach Sachgebieten geordnet sind. Für einige braucht man allerdings die Programm-CD.

Das Internet bietet aber auch wohlsortierte Bildschätze. Man kann z.B. mit Google nach Bildern suchen lassen. Gibt man als Suchbegriff „Intelligenz" ein, findet man die Bilder von wichtigen Wissenschaftlern, von Strukturmodellen der Intelligenz oder von Aufgaben in Intelligenztests. Diese Bilder lassen sich ohne Probleme in die eigenen Dateien speichern (allerdings sind bei Veröffentlichungen Copyrights zu beachten!). Die Auflösung, also die Detailfeinheit dieser Bilder, ist gering, aber für ein kleines Bild in einer Ideenkarte reicht es allemal.

Nachteil der Computerprogramme

Alle Mind-map-Programme (nicht „Concept-maps") gehen von einer „zentralen Ordnungsidee" aus, also einem Begriff in der Mitte der Karte, um den herum eine Anzahl von Zweigen angeordnet werden kann. Die Zweige, die von der zentralen Ordnungsidee ausgehen, sind gliederungsmäßig gleichberechtigt und stehen nebeneinander. Manchmal entspricht das der Struktur eines Textes, manchmal aber auch nicht, dann nämlich, wenn der Text eher seriell geordnet ist, wenn sich also anfängliche Ideen im folgenden Text weiter verzweigen, ohne dass ein Rückgriff auf die erste Idee erfolgen muss. Dann wäre eine andere Visualisierung angemessen, als sie von den Programmen vorgegeben wird. Man kann sich andere, also seriell angeordnete Ideenkarten aber auch leicht mit dem Computer herstellen. In Word sind sehr schöne Ideenkarten einfach erstellt.

Ideenkarten mit Word

In der unteren Werkzeugleiste (Symbolleiste „Zeichnen") in „Word" gibt es den Befehl „Textfeld einfügen". Klickt man ihn an, erscheint ein Kästchen, das sich in der Größe dem eingegebenen Text anpasst. Der Vorteil des Textfeldes gegenüber anderen Autoformen ist, dass sich Textfeld und Text jetzt immer gemeinsam an jeden beliebigen Ort verschieben lassen. In „Autoformen" (ebenfalls in der Symbolleiste „Zeichnen") gibt es Verbindungspfeile, die man an die Kästchen anheften kann und die auch bei Verschiebungen an ihren Kästchen haften bleiben. Außerdem sind verschiedene graphische Formen für die Umrandungen und die Linienstärken etc. zu finden. Mit diesen Möglichkeiten in Word (hier lag die Version 2000 zugrunde) lässt sich das Blatt sogar besser ausnutzen als mit den vorhandenen Mind-map-Programmen. Mit dem Befehl „Organigramm" in MS-Office Powerpoint (Menüleiste „Einfügen" und dann schematische Grafik/Organigramm oder Radialdiagramm aufrufen) lassen sich ebenfalls Mindmaps erstellen.

Hier ist ein kleines Beispiel wiedergegeben. Aus den im Office-Paket vorhandenen Cliparts habe wir zwei Bildchen ausgesucht, die sich (bei entsprechender Verkleinerung) sogar in die Rahmen des Diagramms einfügen lassen.

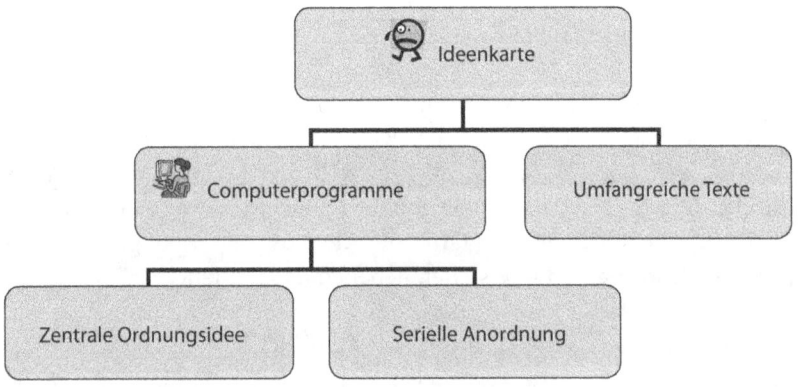

Eine Anordnung um eine zentrale Idee herum wäre mit der Option „Organigramm" weniger geeignet. Auch das kann man aber in „Word" herstellen – allerdings nur die erste Ebene; erst in einem neuen Diagramm könnte die Verzweigung „Zentrale Ordnungsidee" des ersten Diagramms aus „Word" angefügt werden.

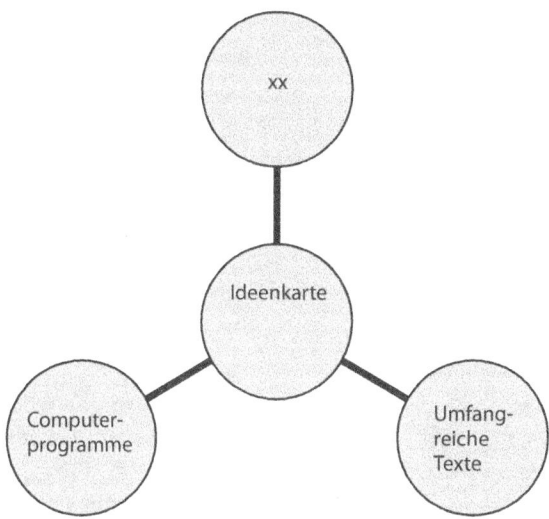

Beispiel für eine umfangreichere Ideenkarte mit Textfeldern
Im Folgenden wird eine umfangreichere Mind-map anhand eines Ausschnitts aus dem berühmten Erziehungsroman „Emile" von Rousseau gestaltet. Der Ausschnitt handelt von der Rolle des Zeichnens und Malens in der Erziehung von Emile und seiner Schwester Sophie. Der Text ist nicht sehr schwierig, aber – wie man es von einem Romantext nicht anders erwartet – nicht ganz stringent gegliedert. Für die Beispiel-Mind-map wurde der folgende Text aus Rousseaus „Emile" gewählt:

Über die Ausbildung und Größe der Körper kann man nicht richtig urteilen lernen, wenn man nicht auch ihre Gestalten kennen und sogar bildlich wiedergeben lernt; denn im Grunde beruht diese Nachbildung schlechterdings nur auf den Gesetzen der Perspektive, und man ist nicht imstande, die Ausdehnung nach dem bloßen äußeren Schein abzuschätzen, wenn man nicht ein gewisses Verständnis von diesen Gesetzen hat. Die Kinder, die von einem starken Nachahmungstrieb beseelt sind, versuchen alles zu zeichnen. Ich wünschte, daß mein Zögling diese Kunst eifrig triebe, nicht gerade um der Kunst selbst willen, sondern um einen sicheren Blick zu erlangen und seine Hand geschmeidig zu machen. Im allgemeinen kommt es sehr wenig darauf an, ob er diese oder jene Kunst versteht, wofern er sich nur die Schärfe des Sinnes und die körperliche Gewandtheit erwirbt, welche uns diese Übung zu verleihen vermag. Ich werde mich deshalb auch sehr hüten, ihm einen Zeichenlehrer zu geben, welcher ihn nur Nachbildungen nachbilden und Zeichnungen abzeichnen lassen würde. Mit meinem Willen soll er keinen anderen Lehrer als die Natur, keine anderen Vorbilder als die Gegenstände selbst haben. Er soll das Original selbst vor Augen haben und nicht das Papier, auf welchem es dargestellt ist. Ein Haus soll er nach einem Hause, einen Baum nach einem Baume, einen Menschen nach einem Menschen zeichnen, damit er sich gewöhne, die Körper und die Gestalt, unter welcher sie uns erscheinen, genau zu beobachten und nicht falsche und herkömmliche Abbildungen für richtige Darstellungen anzusehen. Ich werde ihn sogar abhalten, etwas, ohne den Gegenstand vor Augen zu haben, rein aus dem Gedächtnis zu zeichnen, bis zu dem Augenblick, wo sich die Umrisse desselben durch häufige Beobachtungen seiner Einbildungskraft fest eingeprägt haben, er könne dadurch, daß er bizarre und phantastische Figuren an Stelle der wahren Formen der Dinge setze, die Kenntnis der Verhältnisse und den Geschmack an den Schönheiten der Natur verlieren.

Ich bin mir dessen sehr wohl bewußt, daß er auf diese Weise viel Papier verderben wird, bevor er einen Gegenstand erkennbar darzustellen imstande ist; daß er sich erst spät die Eleganz der Konturen und den leichten Pinselstrich des Malers erwerben und es vielleicht niemals zu der Fähigkeit bringen wird, die malerischen Effekte richtig zu beurteilen, ja daß es ihm vielleicht stets am guten Geschmack im Zeichnen fehlen wird; dafür wird er indes sicherlich einen schärferen Blick, eine sicherere Hand, die Kenntnis der wahren Größen- und Formenverhältnisse der Tiere, Pflanzen und Naturkörper sowie eine richtigere Behandlung der Perspektive erlangen. Und gerade darauf war ich ausgegangen; meine Absicht ist nicht sowohl, daß er die Gegenstände nachbilde, als daß er sie vielmehr kennen lerne. Ich will zufrieden sein, wenn er imstande ist, mir eine Akanthuspflanze zu zeigen, und will ihm dann gern vergeben, wenn er die Akanthusblätter am korinthischen Säulenkapitäl auch nicht vollendet schön zeichnen kann.

Übrigens verfolge ich dabei keine andere Absicht, als daß diese Übung wie alle übrigen meinem Zögling nur Vergnügen bereiten sollen. Ich will sie ihm dadurch nur noch um so angenehmer zu machen suchen, daß ich unausgesetzt daran teilnehme. Er soll keinen anderen Nebenbuhler als mich haben; werde ich es auch ununterbrochen sein, so wird es ihm dennoch nicht zum Nachteil gereichen; dies wird seinen Beschäftigungen ein gewisses Interesse einflößen, ohne Eifersucht zwischen uns zu erregen. Ich werde den Bleistift geradeso wie er halten und anfangs ebenso ungeschickt führen. Und wäre ich ein Apelles, so würde ich mich ihm gegenüber doch nur als einen elenden Farbenkleckser zeigen. Zuerst werde ich einen Mann zeichnen, wie ihn wohl die Diener an die Wände malen: ein Strich stellt jedes Bein, ein Strich jeden Arm vor, und die Finger übertreffen die Arme an Dicke. Erst lange nachher fällt dem einen oder dem anderen von uns dieses Mißverhältnis auf. Wir bemerken, daß ein Bein eine gewisse Dicke hat und daß diese Dicke nicht überall gleich ist; daß die Länge des Armes in einem ganz bestimmten Verhältnis zum Körper steht usw. Bei diesem Fortschreiten werde ich höchstens gleichen Schritt mit ihm halten oder ihn doch nur in so geringem Grad übertreffen, daß es ihm stets leicht werden wird, mich einzuholen oder mich wohl gar zu überflügeln. Darauf nehmen wir Farben und Pinsel; wir bemühen uns, das Kolorit der Gegenstände und ihre ganze äußere Erscheinung ebensogut wie ihre Gestalten wiederzugeben. Wir werden austuschen, malen, sudeln; aber bei allen unseren Sudeleien werden wir nicht aufhören, die Natur zu belauschen; wir werden nie anders als unter den Augen dieser Meisterin arbeiten.

Wir waren um Ausschmückung unseres Zimmers in Verlegenheit; jetzt fehlt es uns nicht mehr daran. Ich lasse unsere Zeichnungen einrahmen, lasse sie mit schönem Glas bedecken, damit sie nicht berührt werden können, und damit jeder von uns, da er sieht, daß sie unverändert in dem Zustand bleiben, in welchem sie unter unserem Bleistift oder unserem Pinsel hervorgegangen sind, ein Interesse daran habe, seine Arbeiten nicht zu vernachlässigen. Ich hänge sie in bestimmter Ordnung im Zimmer ringsherum auf, jede Zeichnung zwanzig-, dreißigmal wiederholt und an jedem Exemplar den Fortschritt seines Zeichners von dem Augenblick an nachweisend, wo das Haus nur ein unförmliches Viereck war, bis dahin, wo seine Fassade, seine Seitenansicht, seine Verhältnisse, seine Schatten in vollster Wahrheit hervortreten. Es ist nicht anders möglich, als daß diese Abstufungen uns stets solche Bilder vorhalten, die für uns selbst interessant, für andere sehenswert sind und uns zu immer regerem Wetteifer anspornen. Die ersten ungeschicktesten dieser Zeichnungen erhalten sehr prächtige, reich vergoldete Rahmen, durch welche sie hervorgehoben werden; sobald aber die Abbildung genauer wird und die Zeichnung wirklich gut ist, so gebe ich ihr nur einen ganz einfachen schwarzen Rahmen. Jetzt ist sie sich selbst der höchste Schmuck und bedarf keiner anderen Verzierung mehr; es würde schade sein, wenn die Einfassung die Aufmerksamkeit, welche der Gegenstand allein verdient, zum Teil auf sich lenkte. Deshalb strebt jeder von uns nach der Ehre eines schmucklosen Rahmens; und wenn einer von uns über die Zeichnung des anderen seinen Tadel aussprechen will, so verurteilt er sie zur Strafe des goldenen Rahmens. Vielleicht werden diese goldenen Rahmen eines Tages unter uns zum Sprich-

wort, und wir werden uns wundern, wie viele Menschen sich Gerechtigkeit widerfahren lassen, indem sie sich gleichsam auch also einrahmen lassen.
[Rousseau: Emile oder Über die Erziehung, S. 322 ff.,
Digitale Bibliothek Band 2: Philosophie, S. 21703
(vgl. Rousseau, Emile, Bd. 1, S. 245 ff.)]

Über Sophie ergänzt Rousseau:

Mit diesen freiwilligen Arbeiten läßt sich nun leicht das Zeichnen verbinden, denn diese Kunst ist für jeden, der sich geschmackvoll zu kleiden wünscht, durchaus nicht gleichgültig. Ich würde aber freilich wünschen, daß man sie nicht Landschaften, noch weniger aber Figuren zeichnen ließe. Blätter, Früchte, Blumen, Faltenwurf, kurz alles, was zur äußeren Zier der Kleidung dienen kann, sowie die Fähigkeit, sich selbst ein Stickmuster zu entwerfen, wenn man kein passendes aufzutreiben vermag, das ist für sie völlig genügend. Wenn sich die Männer schon im allgemeinen auf das Studium nützlicher Kenntnisse beschränken sollen, so gilt dies für die Frauen in noch höherem Maße.
[Rousseau: Emile oder Über die Erziehung, S. 983 ff.,
Digitale Bibliothek Band 2: Philosophie, S. 22364
(vgl. Rousseau, Emile, Bd. 2, S. 346 ff.)]

Dadurch, daß Sophie Emile beim Zeichnen zuschaut und seine Arbeiten nachzeichnet, vervollkommnet sie sich mehr und mehr auch in dieser Kunst, denn auch in ihr nimmt sie ihn sich zum Muster. Sie pflegt alle ihre Talente, und ihre Anmut verschönert sie alle. Ihre Eltern erinnern sich wieder der Zeiten ihres früheren Reichtums, da sie von neuem die schönen Künste, die ihnen denselben allein wert machten, rings um sich glänzen sehen. Die Liebe hat ihr ganzes Haus geschmückt; sie allein ist der Zauberstab, unter dem darin wieder ohne Kosten und Mühe dieselben Freuden erblühen, welche sonst nur mit großem Geldaufwand und mit vielen Verdrießlichkeiten erkauft werden konnten.
[Rousseau: Emile oder Über die Erziehung, S. 1158 ff.,
Digitale Bibliothek Band 2: Philosophie, S. 22539
(vgl. Rousseau, Emile, Bd. 2, S. 472 ff.)]

Die Mind-map haben wir im Programm „Word" angefertigt. Die Kästchen sind Textfelder (Menüpunkt: Einfügen; Textfeld) und die Pfeile sind aus den Autoformen (Autoformen: Verbindungen). Diese Pfeile kann man mit

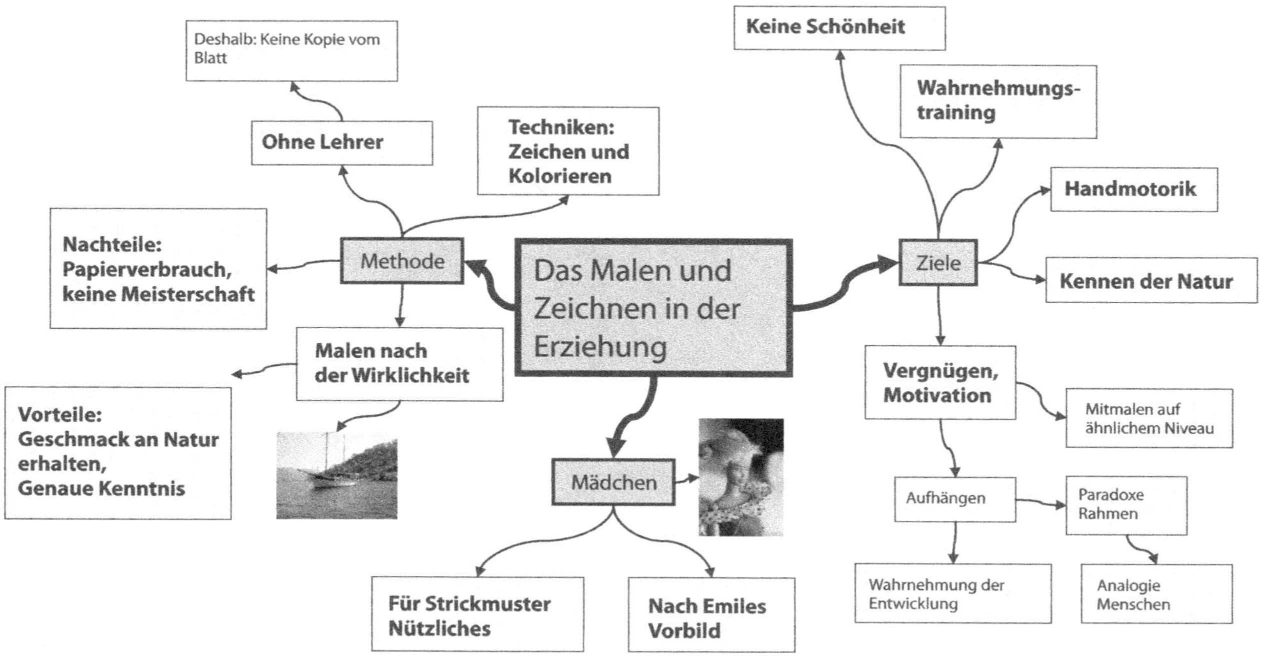

Sinngemäßes Lernen aus geschriebenen Texten 173

Abb. 13: Mind-map eines Textausschnitts aus „Emile" (J.J. Rousseau)

Ausgangs- und Endpunkt an die Kästchen der Textfelder anheften, so dass die Kästchen später verschoben werden können und die Pfeile automatisch richtig bestehen bleiben. Wir haben zwei Bilder aus unseren Bilddateien und zwei Cliparts aus der „Word"-Sammlung eingefügt, um das Bild der Mind-map eindeutiger werden zu lassen. Die Schriftgrößen, Rahmen und Füllungen der Textkästchen haben wir je nach Gliederungsebene etwas unterschiedlich gestaltet. Solch eine Mind-map lässt sich natürlich auch mit einem Stift zeichnen. Die Computergrafik hat den Vorteil, dass man sie später auch noch ändern und ergänzen kann. Zudem ist sie natürlich sehr ordentlich und leserlich. Es kann durchaus vergnüglich sein, eine Mind-map zu gestalten.

Fertige Mind-maps für einige Sachgebiete
- Im Internet kann man eine Sammlung von klausurrelevanten Normen des Strafgesetzbuches bestellen: Jura-Mind-maps (z.B. *juramindmaps.com*).
- Man findet verschiedene Mind-maps für den Bereich Medizin, so z.B. die zwölf Hirnnerven mit ihren Funktionen (z.B. *www.medizin.lernplaner.de*).

Achtung: Der optimale Lerngewinn durch Mind-maps ergibt sich nur dann, wenn man sie selbst erstellt!

> **Aufgabe**
> Erstellen Sie eine Mind-map für die kleine, aber schwierige Textpassage auf S. 159, dem zweiten Beispiel aus Bednorz und Schuster. Sie finden eine in „Word" erstellte Lösung im Anhang (Abb. 17). Ihre Lösung muss nicht identisch sein, aber untersuchen Sie die möglichen Gründe für Abweichungen.

Den Text neu schreiben und dabei verständlich machen

In unserer Erhebung von Lernverhaltensweisen erwähnten einige Studenten, sie würden einen Text, den sie lernen wollen, einfach noch einmal abschreiben, um sich seiner quasi „mental zu bemächtigen". Einige Studenten erledigten das in Maschinenschrift, andere handschriftlich (Voraussetzung ist allerdings eine gut leserliche Handschrift). Das ist natürlich zeitraubend, aber es beinhaltet perfekt die „kleinste Einheit des Lernens", denn beim Abschreiben (allerdings nicht beim Abschreiben Wort für Wort) muss man sich ja einen Satz erst merken und dann beim Abschreiben wiederholen. Die Methode des Abschreibens wird also tatsächlich zu einer Einprägung führen. Eine noch bessere Einprägewirkung hat diese Methode, wenn man den Text beim Abschreiben gleich noch verständlicher macht, weil a) ein verständlicher Text leichter zu lernen ist und b) die Operation des „Verständlichmachens" eine tiefere Analyse erfordert, tieferes Verständnis erzeugt und dabei gleichzeitig zum Lernen der Textinhalte führt.

Aber: Wie macht man einen Text verständlich?
1. Lange Sätze in kurze verwandeln! Machen Sie aus Schachtelsätzen mehrere einfache Sätze mit Subjekt, Prädikat, Objekt.
2. Fremdwörter ersetzen! Bei Fachtexten müssen die Fachwörter natürlich erhalten bleiben, die sollen Sie ja in einer Prüfung beherrschen. Oft strotzen deutsche Texte aber auch vor allgemeinen Fremdwörtern. Übersetzen Sie diese ins Deutsche! (Achtung: Nicht immer ist die im Fremdwörterlexikon angeführte Bedeutung korrekt, manchmal ergibt sich die korrekte Bedeutung erst aus dem Kontext!)
3. Beim Umschreiben fallen Längen und Wiederholungen auf. Kürzen Sie den Text, wenn das ohne Sinnverlust möglich ist! So ersparen Sie sich Schreib-, Lese- und Lernaufwand.
4. Gliederung verbessern! Führen Sie gegebenenfalls mehr Gliederungspunkte ein. Verschieben Sie Textstücke, die besser zu einem vorherigen Gliederungspunkt passen. Verbessern Sie Zahl und Anordnung der Gliederungsebenen.
5. Auf eigene Beispiele verweisen! Machen Sie sich eine kurze Anmerkung in den Text, wenn Ihnen ein gutes Beispiel einfällt.

Wir haben einen etwas komplizierten Text von einer Studentengruppe umschreiben lassen. Danach haben wir in einer folgenden überraschenden Abfrage des Textes festgestellt, dass die Studenten – ohne dass sie sich das vorgenommen hatten – beinahe alle Informationen des Textes gelernt hatten.

Noch eine Anmerkung zum Aufwand: Stellen Sie sich vor, Sie haben ein Lehrbuch mit 400 Seiten vor sich, das Sie auf diese Weise lernen wollen. Das wäre ein ungeheurer Aufwand. Wer aber die Zeit hat, könnte sich vornehmen, jeden Tag eine Seite zu schreiben oder umzuschreiben. Dann wäre man in etwas mehr als einem Jahr damit fertig.

So etwas ist auch eine lohnende Gruppenaktivität. In einer Lerngruppe können Sie die Arbeit, einen Grundlagentext einzuscannen, auf viele Köpfe verteilen. Das ist dann nicht mehr so viel Aufwand. Nun geht es für jeden nur noch darum, den Text verständlich umzuschreiben. Bei den gemeinsamen Treffen können Sie die Lösungen vergleichen und die beste Lösung auswählen. Manche Texte, die wegen ihres Alters keinen Copyright-Schutz mehr genießen, sind sogar in digitaler Form günstig zu kaufen. So bietet die „Digitale Bibliothek" mehrere Hunderttausend Seiten deutscher Philosophie auf einer einzigen CD-ROM an. Vielleicht funktionieren bald einmal die Spracherkennungsprogramme (was sie nach unserer Erfahrung bis heute nicht tun); dann kann man die Neufassung auch diktieren, was natürlich wesentlich schneller gehen würde.

Wenn sich mehr Menschen mit dieser Lernmethode beschäftigten, würden neue verständliche Buchfassungen entstehen, die sogar berechtigt veröffentlicht werden könnten. Stellen Sie sich vor, es gäbe neben den Büchern von Kant, z.B. der „Kritik der reinen Vernunft", noch eine Fassung, die da heißen könnte: „Kritik der reinen Vernunft – verständlich". Das wäre für viele folgende Studentengenerationen eine große Erleichterung. Sie können ja Ihre verständliche Fassung eines Textes gegebenenfalls ins Internet stellen. Es ist sicher interessant zu beobachten, ob Sie dazu Kommentare von Experten des Fachs bekommen.

Natürlich ist das nur bei Sachtexten möglich. Bei Romanen geht es schließlich ganz zentral um die Originalsprache des Autors!

Eine Gesamtstrategie im Umgang mit Texten

Hat man einen Lerntext vor sich, wäre es fatal, ihn nur immer wieder zu lesen. Man würde dann durch Gewöhnung (Habituation) bald dieses Textes überdrüssig, ja, es könnte ein Widerwille entstehen, ihn überhaupt noch einmal anzuschauen. Daher ist ein planvolles Vorgehen gegenüber und mit dem Text angesagt. Im Folgenden ist dieses Vorgehen in neun Schritte aufgeteilt. An anderer Stelle ist dies als „SQ3R-Methode" (Survey, Question, Read, Reread, Review) erwähnt.

Schritt 1: Informationen über den Text aufnehmen
Vor dem Lesen sollte man sich über den Text informieren – vielleicht so, als wollte man eine Besprechung schreiben. Wann ist der Text geschrieben, ist er also sehr aktuell oder älter, handelt es sich um eine Neuauflage oder gar um eine Übersetzung? Wann ist die erste Fassung des Textes entstanden? All diese Informationen sind im Impressum und den Klappentexten

zu finden. Es lohnt sich immer, das Vorwort zu lesen, weil dabei manches über die Absichten des Autors erkennbar wird. Gibt es einen „wissenschaftlichen Apparat", also ein Literaturverzeichnis, Anhänge oder Stichwort- und Personenregister? Wie alt ist die zitierte Literatur? Ist auch aktuelle Literatur dabei? Schließlich sollte einmal das Inhaltsverzeichnis durchgelesen werden, um einen ersten Eindruck der behandelten Themen zu gewinnen. Scheint der Text eher populär oder eher wissenschaftlich, wendet er sich an ein breites Publikum etc.?

Schritt 2: Fragen stellen
Nun haben Sie eine ungefähre Vorstellung, was Sie erwartet. Formulieren Sie nun einige Fragen an den Text, die vermutlich beantwortet werden und die Sie interessieren. Diese Fragen können auch Ihre ganz persönlichen Interessensgebiete betreffen. Schreiben Sie diese Fragen auf.

Schritt 3: Erstes Lesen
Beim ersten Lesen versuchen Sie ganz unbeschwert, einfach mit Interesse aufzunehmen, welche Information der Text anbietet. Werden Ihre vorab gestellten Fragen beantwortet? Dabei können Sie schon einmal feststellen, wie viel Lesezeit Sie brauchen.

Wer den Text zunächst schnell lesen will, um einen Überblick zu bekommen, kann ihn vorab nach Signalwörtern durchsuchen:

Wörter, die ein **Umdenken** andeuten, z.B. aber, andererseits, dennoch, anstelle, obwohl;

Wörter, die auf **Bedeutung** hinweisen, z.B. am meisten, gut, schlecht, alle, einige, wenige, größter, kleinster, bedeutend, am besten, Hauptfaktor etc.;

Wörter, die **Definitionen** einleiten, z.B. dasselbe wie, das gleiche wie, synonym, ist, heißt, wird bezeichnet als;

Wörter, die auf **Ursache-Folge-Konsequenzen** hinweisen, z.B. weil, als Ergebnis, daher, als Folge, in Konsequenz, außer, Wirkung;

Wörter, die einen **Vergleich** oder **Kontrast** einleiten, z.B. als, ähnlich, Unterschied, unterschiedlich, Kontrast, Differenz, Widerspruch etc.

Teilschritt: Die Lesegeschwindigkeit
Jeder hat sich an eine bestimmte Lesegeschwindigkeit gewöhnt. Es gibt aber schwierige Texte, die mit dieser Geschwindigkeit nicht zu bewältigen sind. Eine erste einfache Maßnahme, das Verständnis zu verbessern, kann eine Verlangsamung des Lesens sein.

In einem englischen Lernhilfebuch findet sich eine Angabe zur durchschnittlichen Lesegeschwindigkeit: Bei leichtem oder schon bekanntem Material können Sie 100 Wörter pro Minute lesen, bei wissenschaftlichem Text 70 Wörter pro Minute, bei sehr schwierigem Text 40 Wörter pro Minute. Wenn eine vollständig mit Schrift bedeckte Buchseite ca. 600 Wörter enthält, bräuchte man bei leichtem Text also etwa fünf Minuten; viele kommen dafür aber mit drei Minuten aus. Die hier angegebenen Werte beziehen sich auf einen eher langsamen Leser.

Unterscheiden Sie aber immer zwischen einem schwierigen Sachverhalt und einem schlecht und kompliziert geschriebenen Text. Manchmal wird der Sachverhalt ganz einfach, wenn man die komplizierten Sätze des Autors innerlich in einfachen, eigenen Worten ausdrückt. Das raubt allerdings Lesezeit!

Es gibt „Schnelllesetechniken", die unter anderem mit dem Versprechen aufwarten, dass man nach dem Training der Fertigkeit viel schneller lesen und damit lernen kann. Diese Techniken führen jedoch nur bei einfachen Texten zu einem ausreichenden Verständnis (vgl. auch oben).

Schritt 4: Fragen neu bearbeiten

Es kann sein, dass der Text Ihre am Anfang gestellten Fragen gar nicht berührt. Ein Lehrbuch der Lernpsychologie kann z.B. im Wesentlichen vom Lernen der Ratte handeln und vielleicht Fragen, die zum optimalen Lernstoff für Prüfungen gehören, gar nicht berühren. Sie können in diesem Schritt Ihre Fragen neu bearbeiten. Was haben Sie beim ersten Lesen gar nicht so gut verstanden? Formulieren Sie neue Fragen. Was könnte ein Prüfer zu diesem Text fragen?

Schritt 5: Zweites Lesen

Beim zweiten Lesen reduzieren Sie die Textinformation insofern, als Sie wichtige Stellen markieren (unterstreichen) oder herausschreiben oder gleich in Frage-Antwort-Sequenzen auf Karteikarten notieren (vgl. S. 103). Für alle unterstrichenen Stellen werden Abfragestichwörter notiert; daneben schreiben Sie die Seitenzahl, auf der Sie die Antwort nachlesen können. Sie stellen fest, wie weit Ihre neu gestellten Fragen jetzt beantwortet werden und ob eine vertiefte Lektüre die anfänglichen Verständnisprobleme auflösen kann. Beachten Sie auch besonders alle Beispiele. Schauen Sie sich gesondert einmal alle Abbildungen an. Klären Sie Fremdwörter. Bei größeren Lernabenteuern sollten Sie eventuell ein Fremd-/Fachwörter-Vokabelheft anlegen.

Schritt 6: Mehrere Selbstabfragen
Nun fragen Sie sich den Stoff selbst ab. Dabei ist es gut, wenn Sie die Antworten in ganzen Sätzen formulieren. Nehmen Sie Ihre Antworten eventuell auf ein Diktiergerät auf und vergleichen Sie die Antworten mit den Textpassagen. Dies muss einige Male wiederholt werden. Vielleicht finden Sie auch jemanden, der Sie abfragt, oder Sie haben eine Lerngruppe, in der abgefragt wird. Erinnern Sie sich an den Dreischritt des Lernens (Kap. 1).

Schritt 7: Sich in einen Prüfer hineinversetzen
Welche Fragen werden Ihren Prüfer interessieren? Wird er Alltagsbeispiele auswählen, in denen der Stoff angewendet werden kann? Kann es verwirrend einfache Fragen geben, zu denen der Stoff aber doch eine Antwort erlaubt? Hat der Stoff Bezüge zu aktuellen gesellschaftlichen Fragen?

Schritt 8: Ideen entwickeln
Sie sollten versuchen, zu dem Gelernten eigene Gedanken zu äußern. Am einfachsten ist es, individuelle Beispiele zu finden. Suchen Sie nach Querbezügen zu anderen Wissensgebieten. Fragen Sie sich, welche Teile des Stoffs noch weiter erforscht werden müssten. Wie könnte man das machen?

Schritt 9: Sich den Text zu eigen machen
Indem Sie die Aussagen des Textes in Beziehung zu den eigenen Gefühlen und Überzeugungen setzen, wird der Text Teil Ihrer Weltsicht.

Lernen aus gesprochenen Texten: Vorträge, Vorlesungen, Unterricht

Sehr häufig sind Situationen, in denen wichtige Informationen nur mündlich gegeben werden. Weil es sich dabei meist um wenige, im Prinzip leicht speicherbare Informationen handelt, macht man sich keine Notizen und verlässt sich auf sein Gedächtnis. Hier sind nur einige Beispiele genannt. Im Laufe des Lebens gibt es eine Vielzahl solcher Situationen. Beim Arzt bekommt man z.B. Informationen zur Einnahme von Medikamenten, in der Eheberatung zu Verhaltensmaßnahmen im Alltag, beim Rechtsanwalt zum Vorgehen in Vermögensfragen. Studien, die überprüften, wie gut Patienten die Ratschläge des Arztes behalten, brachten überraschende Gedächtnislücken an die mündlich übertragene Information zutage. An einem einzigen Tag können sich mehrere solcher Lernanforderungen ergeben, so dass der Lernstoff am Ende doch recht erheblich ist.

Die Aufmerksamkeit

Anders als beim Lernen aus Texten, bei dem vor- und zurückgeblättert werden kann, schreiten der Vortrag und der Unterricht unaufhaltsam voran – ob der Zuhörer gerade aufmerksam ist oder nicht. Hat man durch eine Unaufmerksamkeit längere Passagen verpasst, ist es schwierig, den Faden wieder aufzunehmen. Trotz dieser gravierenden (und bekannten) Schwierigkeit wird Unterricht in allen Kulturen der Gegenwart ganz wesentlich durch mündlichen Vortrag erteilt, oft sogar so, dass eine wirkliche Interaktion mit dem Lehrenden nicht erfolgt (z.B. in der Vorlesung). Tatsächlich ist der wirkliche Mensch – anders als ein Text oder eine CD-ROM – ein Objekt emotionaler Reaktionen, seine Stimmführung legt Emotionen nahe, und so wird der Lehrstoff im mündlichen Vortrag eben „menschlicher" dargeboten, was vielen Lernenden entgegenkommt. Auf ein Buch oder einen anderen geschriebenen Text hätten sich viele Menschen nicht so lange konzentrieren können.

Dennoch bleibt das Problem der andauernden Konzentration, die von Anfang an vorhanden sein muss. Man kann sich zum Erhalt der Aufmerksamkeit kleine Aufgaben stellen, die ohne Aufmerksamkeit eben nicht gelingen. Dadurch wird man zum „aktiven Zuhörer". Die Aufgaben sollen natürlich nicht zu einem Abschweifen der Gedanken auf ein eigenes Thema führen, sondern nur die Aufmerksamkeit auf den aktuell gesprochenen Text richten.

> **Was man tun kann, um die Aufmerksamkeit zu erhalten**
> - mitschreiben (s.u.);
> - zu jeder Passage eine Frage überlegen, die man am Ende des Vortrags stellen könnte;
> - Vermutungen anstellen, wie der Vortrag weitergehen könnte;
> - Mind-maps anlegen;
> - Kritik zu jeweiligem Punkt überlegen (aber nicht dabei verweilen);
> - Gliederung mitschreiben;
> - Beispiele überlegen (aber nicht beim einzelnen Beispiel verweilen);

- günstige Abbildung überlegen;
- Grammatik der Sätze miterleben;
- stellen Sie sich vor, Sie sind ein „Tester" für Vorträge und sollen hinterher eine (begründete) Note für den Vortrag geben.

Dennoch wird man gelegentlich abgelenkt sein oder auch in Tagträume abgleiten. Das gilt es zu minimieren. Zu diesem Zweck kann eine Selbstkontrollprozedur eingesetzt werden: Machen Sie für jedes Abschweifen der Gedanken einen Strich – bei nur wenigen Strichen können Sie stolz sein.

Vorträge, Vorlesungen

Bei 90 Minuten Vorlesung ist es allein mit Zuhören kaum möglich, alles zu lernen, was vorgekommen ist (90 Minuten Vorlesung entsprechen etwa 30 Manuskriptseiten). Meist ist es das Hauptziel der Anwesenden, zu erfahren, welche Themen vorkommen und welche Bewertungen gegeben werden, und weniger, den Stoff aktuell zu lernen. Manchmal gibt es ein Buch oder ein Skript zur Vorlesung, aus dem der Stoff gelernt werden kann. Wenn das nicht der Fall ist, kann man Vorlesungen auf Tonträger aufnehmen oder in Zusammenfassungen mitschreiben.

a) Mitschreiben bei Vorlesungen

Mitschreiben ist allein deshalb lernfördernd, weil der Text dabei selbst zusammengefasst wird. Dazu kommt, dass der Fortgang der Mitschrift die Aufmerksamkeit fordert und ein unbeabsichtigtes Abgleiten in eigene Gedanken weniger wahrscheinlich ist. Späteres Lernen aus Mitschriften ist allerdings oft aus verschiedenen Gründen schwierig:

- Die Mitschriften sind allzu verkürzt, und es fällt einem nicht mehr ein, was mit den Stichwörtern gemeint oder verbunden war. Will man also aus Mitschriften später einmal lernen, müssen sie unbedingt so nachbereitet werden, dass sie lesbar und verständlich bleiben. Speziell Mitschriften in Form einer Mind-map enthalten ja nur Stichwörter, die nach Wochen und Monaten kaum zu sinnvollen Erinnerungseinheiten führen.

- Die Mitschriften sind nicht mehr gut lesbar, weil man in der Eile noch unleserlicher als sonst geschrieben hat. Besser ist es dann, die handschriftlichen Aufzeichnungen bei der Nachbereitung zu Hause in den Computer einzugeben. Möglich ist auch eine Computereingabe während der Vorlesung (z.B. in ein Handheld mit Aufklapptastatur.) oder aber ein persönliches System von Abkürzungen: „z.B." ist eine übliche Abkürzung oder „Def." für Definition. Vielleicht entwickeln Sie spezifisch für Ihren Lernstoff ein individuelles Abkürzungssystem.
- Die Mitschriften sind unvollständig, weil man nicht alle Vorlesungen besucht hat. Um Lücken zu vermeiden, kann man Gruppen bilden und die bearbeiteten Notizen untereinander austauschen. Dabei ist die verständliche Nachbereitung aber noch bedeutender. Bei eigenen Notizen fällt einem der Stoff der Vorlesung wieder ein, bei fremden Notizen natürlich nicht, sie müssen die Information also viel umfangreicher übermitteln.

b) Aufnehmen von Vorlesungen und Vorträgen

Für den privaten Gebrauch werden die meisten Dozenten Aufnahmen genehmigen. Allerdings hat man nur bedingt etwas davon: Die Arbeit des Zusammenfassens, also des „Mitschreibens", muss man ja ohnehin erledigen, also kann man das auch gleich in der Vorlesung machen. Keine Aufnahme ist akustisch so gut zu verstehen wie der Text in der Vortragssituation. Das spätere Abhören kann allein wegen der Tonqualität und der Störgeräusche sehr mühevoll sein.

Kurze mündliche Informationen wie Termine, Telefonnummern, Wegbeschreibungen etc.

Manchmal erhält man eine kurze mündliche Information, und man hat nichts dabei, um sie aufzuschreiben. Oder es ist keine Gelegenheit, die Information aufzuschreiben, weil die Hände vielleicht am Steuer sind. Oder man glaubt, dass man den Termin für ein Treffen oder den mitgeteilten Straßennamen auf jeden Fall ohne Aufschreiben behalten wird. Dann geht man nach Hause und hat die Information womöglich doch vergessen oder weiß nicht mehr so ganz genau, ob es nun diese oder eine andere Hausnummer oder dieser oder jener Termin war (der 15. oder doch der 14., um 19 Uhr oder um 20 Uhr, in der Kneipe oder vor der Kneipe?).

a) Externe Merkhilfen

Nichts spricht in solchen Fällen gegen eine Verwendung externer Merkhilfen, d.h. gegen das Aufschreiben. Jeder von uns würde selbstverständlich zum Notizblock greifen, wenn er den gerade zur Hand hätte. Man sollte sich geradezu angewöhnen, immer einen kleinen Block mit Stift oder einen Organizer in der Tasche zu haben.

Es sollte aber erwähnt werden, dass der technische Fortschritt eine externe Merkhilfe zur Verfügung stellt, an die man in der kritischen Situation vielleicht gar nicht denkt. Vielleicht haben Sie ja ein Fotohandy (ab ca. 2 Megapixel) in der Tasche, mit dem auch kleine Textelemente wie Straßennamen, Fahrpläne oder einzelne Zahlen wie Hausnummern mühelos fotografiert werden können. Wer sich an einer Statue einen Künstlernamen merken will, fotografiert auch die kleine Texttafel neben dem Kunstwerk; wer sich an den Preis einer Ware erinnern will, fotografiert eben das Preisschild. Kontonummern können von Scheckkarten, Wege von einem Stadtplan fotografiert werden. Die gedächtnisstützenden Funktionen der digitalen Fotografie sind bisher noch nicht in entsprechende Gewohnheiten übergegangen.

Um sich Termine oder andere mündliche Angaben zu merken, ist es wichtig, sie bei der Verabredung innerlich oder auch laut noch einmal zu wiederholen (vgl. den basalen Dreischritt des Lernens). Aber dennoch schleicht sich mit der Zeit manchmal Unsicherheit ein. Man erinnert sich z.B. gar nicht, überhaupt einen Termin ausgemacht zu haben. Da hilft der berühmte Knoten im Taschentuch. Das ist allerdings bei einem Tempotuch schwierig. Technisch lässt sich das auch einfacher machen: Sie nehmen eine Münze aus dem Portemonnaie und geben sie in die Hosentasche. Wenn Sie die Münze dort spüren, wissen Sie, dass Sie sich an eine Sache erinnern wollen, die Sie später aufschreiben werden.

b) Mit bekannten Informationen verbinden

Sie können den Tag des Treffens auch mit einem bekannten Datum assoziieren, wenn sich eines anbietet: z.B. Geburtstage, Zahltage, Gedenktage, Festtage. Auch Wochentage haben ihre Regelmäßigkeiten, die Sie mit dem verabredeten Termin verbinden können: Montag – Sporttag, Mittwoch – Schulgottesdienst, Samstag – frei, Dienstag – Müllabfuhr usw. Die Uhrzeit könnte aus vier Ziffern bestehen, z.B. 19:20. Bringen Sie die Uhrzeit mit einer bekannten Uhrzeit in Verbindung, wie etwa dem Ende der Fernsehnachrichten. 20:15 Uhr wäre dann das Ende der ARD-Nachrichten. Ich (Schuster) will mal bei drei willkürlich gewählten Uhrzeiten probieren, was möglich ist: 10:05 = fünf Minuten nach Ende meiner Sprechstunde; 12:10 = zehn Minuten nach meiner liebsten Essenszeit, 13:50 = in ca. einer halben Stunde beginnt die übliche Nachmittagsvorlesung. Das sind natürlich persönliche Werte, die Sie für sich selbst finden und mit der verabredeten Uhrzeit verbinden müssen.

Bei Zahlen bis 100 kann man sich einen Zollstock vorstellen, dessen zehn Segmente farblich immer langweiliger werden: 1-20 gelb, 20-40 rot, 40-60 grün, 60-80 blau, 80-100 violett. Stellen Sie sich kurz den Ort der Zahl auf dem farbigen Zollstocksegment vor, dann wird es später kaum noch Zweifel geben.

c) Komplexere Techniken

Man kann zu den Techniken der Gedächtniskünstler greifen. Machen Sie ein inneres Bild für diesen Termin, den Sie nicht vergessen wollen. Stellen Sie sich zunächst den Ort des Treffens bildhaft vor. Verbinden Sie die Person, die Sie treffen wollen, mit dem Bild des Ortes. Nun müssen Sie in dem Bild noch den Tag des Treffens unterbringen, das sind zwei Ziffern, die Sie verbildlichen (s.o.) und irgendwie mit dem Ort zusammenbringen (vgl. S. 136).

d) Wegbeschreibungen

Besonders schwierig ist es immer, sich schnell gegebene Wegbeschreibungen zu merken. Je komplexer sie sind, desto schwieriger ist es. Versuchen Sie, sich die Zeit zu nehmen, die Wegbeschreibung gegenüber dem Ortskundigen zu wiederholen. Ist die Wiederholung richtig?

Sie stehen an einer Kreuzung: Ist die schon mitzuzählen? Formulieren Sie in Ihrer eigenen Wiederholung ganz eindeutig: „Über diese Kreuzung und danach die dritte Straße …"

Man kann sich nun den angegebenen Weg innerlich vorsprechen. Wird man dabei aber einmal unterbrochen, ist die Information schon vergessen. Man muss die Angabe irgendwie ins Gedächtnis bringen und kann versuchen, solche Beschreibungen mit einer bildhaften Vorstellung zu verbinden.

> **Beispiel**
>
> Nehmen wir das Beispiel folgender Information: „An der dritten Kreuzung links und nach der zweiten Ampel rechts, das ist die Rochusstraße, die kreuzt dann bald die Sommerstraße, nach der Sie suchen."
> Das ist eine recht komplexe Angabe. Zunächst sollte man versuchen, den gesamten Weg (ohne Namen) innerlich zu visualisieren. Den Weg setzt man in der Vorstellung wie aus Dominosteinen aneinander: 1. Dominostein, ein Pfeil, erste Kreuzung; daran gerade angesetzt 2. Dominostein, ein Pfeil, zweite Kreuzung; daran gerade angesetzt 3. Dominostein: Pfeil, dritte Kreuzung und Ampel; daran links angesetzt: Dominostein erste Ampel, daran gerade angesetzt: Dominostein zweite Ampel; daran rechts angesetzt Dominostein gerader Pfeil mit Querstrich, Rochusstraße.
> Jetzt der Name Rochus, der wie Rochen klingt, am roten Pfeil nach rechts ist eine Harpune für einen Rochen. Rechts und links des letzten Dominosteins befindet sich das Ziel, die Sommerstraße.

Lernen von Ereignissen im Ereignisverlauf

Man meint, Ereignisse prägten sich automatisch ein. So sind viele Studenten der Meinung, die Information eines Films würde ganz ohne Anstrengung im Gedächtnis landen. Das führt dann dazu, dass solche Informationen zu wenig beachtet werden und ganz besonders dem Vergessen anheim fallen. Im laufenden Ereignis kann man vielleicht wie ein Journalist mitschreiben. Versetzen Sie sich in diese Rolle, wenn Sie einen Ablauf behalten wollen (Sie möchten z.B. ein Fest so ähnlich wie das gerade erlebte gestalten). Günstig ist auch, sich zum Ablauf des Ereignisses vorher Fragen zu stellen oder auch Teile des Ereignisses mit ähnlichen Ereignissen zu vergleichen, um Unterschiede und Ähnlichkeiten herauszufinden. Je mehr Aspekte des Ereignisses bewusst und mit innerem Sprechen bearbeitet wurden, desto mehr Einzelaspekte werden auch behalten.

Die berühmten 5 W-Fragen „Was? Wo? Wann? Warum? Wer?" helfen bei einer ersten Strukturierung des Ereignisses.

Sie können, wenn das Ereignis aus sehr vielen einzelnen Schritten besteht und es im Laufe des Ereignisses keine Gelegenheit gibt, etwas aufzuschreiben oder zu diktieren, die Ereignisteile mit Bildvorstellungen auf eine Ortsreihenfolge legen (vgl. Loci-Technik).

In vielen Berufen kommt es auf eine genaue Speicherung und Beschreibung von Ereignissen an. So muss sich ein Polizist die Zeugenaussagen merken können, um sie dann in einer eigenen Ereignisbeschreibung zusammenzufassen. Vielleicht sind Sie im Leben schon einmal in Kontakt mit einer solchen Ereignisbeschreibung gekommen. Es fällt einem dann die merkwürdige Sprache auf, in der der Bericht verfasst ist. Das ist oft eine Sprache, die sich zur schnellen verbalen Erfassung von Ereignissen gut eignet. Dort sind die wichtigsten Beschreibungskategorien vorgeformt. Muss man sich häufig Ereignisse merken, sollte man relevante Fachsprachen suchen und eventuell übernehmen.

Behalten von Witzen

Viele Menschen können sich Witze ganz schlecht merken. Einige wenige scheinen aber wiederum gar keine Schwierigkeiten damit zu haben. Damit wollen wir uns hier ein wenig beschäftigen, weil es eine allgemeine Eigenschaft des Lernstoffs „Witze" gibt, die es so schwer macht, sie zu behalten: Es ist die überraschende Wendung des Witzes, die nicht zu unserem Alltagswissen passt. Wer sich allerdings auf das Witzeerzählen ein wenig spezialisiert hat, kann sich Witze bald ganz leicht merken, weil er ein Schema für Witze aufgebaut hat.

Das gleiche gilt für sehr ungewöhnliche Erlebnisse oder Mitteilungen. Man würde denken, sie ragen so aus dem Alltäglichen heraus, dass man gar nicht anders kann, als sie zu behalten. Weit gefehlt! Gerade solche ungewöhnlichen Episoden vergisst der Mensch besonders leicht. Beim Erinnern an vergangene Ereignisse oder Mitteilungen rekonstruiert man die Information aus dem bestehenden Wissen, in dem die ungewöhnliche Sache eben nicht vorkommt. Der ganz ungewöhnliche Sachverhalt wird daher leicht ausgelassen.

Zurück zum Anfang. Sie hören einen Witz und denken: „Den will ich auch mal erzählen." Wie soll er nun aber ins Gedächtnis kommen? Man denkt ja schließlich nicht alle zehn Minuten daran, einen Witz zu erzählen. Machen Sie es so wie beim Einwerfen eines Briefs. Wenn man den Briefkasten (also den Empfänger des Briefs) sieht, kommt meist automatisch der Vorsatz in den Sinn, den Brief auch einzuwerfen. Genauso sollte man den „guten" Witz behandeln. Denken Sie gleich daran, wem Sie diesen Witz erzählen wollen. Wenn Sie die Person dann sehen, fällt Ihnen der Vorsatz in der Regel ein. Sie wissen wieder, dass es da einen Witz gab, den Sie erzählen wollten...

Jetzt muss der Witz noch vollständig in Erinnerung gerufen werden. Der Witz hat einen Beginn und leitet zu einem ungewohnten Ende weiter. „Kommt einer zum Arzt und sagt: ‚Herr Doktor, ich kann mich an nichts mehr erinnern.' Der Arzt fragt: ‚Wie lange haben Sie das denn schon?' und der Patient antwortet: ‚Was denn?'" Der Beginn – Arzt – führt assoziativ nicht zum Thema „Vergessen einer Frage". Die Assoziation zwischen gewöhnlichem Anfang des Witzes und seinem überraschenden Ende muss man beim Hören selber stiften. Im Beispiel könnte man sich beim Hören des Witzes einen Arzt vorstellen, den man mit dem Ausgang des Witzes bildlich verknüpft: Neben ihm sitzt der Patient mit einem großen Fragezeichen. Das reicht vermutlich, um den Witz zu behalten. Machen Sie einen Test mit diesem Beispielwitz.

Genau so kann man mit ungewöhnlichen Ereignissen umgehen. Wem wollen Sie das Ereignis erzählen? Vielleicht wollen Sie es auch nur aufschreiben. Denken Sie intensiv an den Adressaten (Mensch bzw. Papier). Wieder müssen Sie das gewöhnliche Eingangssetting mit dem unerwarteten Ausgang verknüpfen.

Beispiel

Eine Studentin träumt von einer schwarzen Elster, und morgens liegt eine tote Elster vor ihrer Garage.

Vielleicht kommt Ihnen die ungewöhnliche Geschichte interessant vor, und Sie wollen sie behalten. Sie können die Studentin im Vorstellungsbild in die Garage legen und davor die tote Elster. Der ganze Sachverhalt ist so in einem Bild verbunden und wird besser erfasst.

Lernen für verschiedene Abfrageformen

Schon beim Lernen sollte man sich auf die spätere Prüfung einstellen. Je nach Format der Prüfung – mündlich, Essay-Schreiben oder Mehrfachwahlantworten (Multiple-Choice) – empfehlen sich etwas andere Lernstrategien.

Multiple-Choice (Mehrfachwahlantworten)

In den Fragen geht es oft um Unterschiede und Gemeinsamkeiten von Konzepten. Man soll besonders genau lernen, wie zentrale Konzepte definiert sind.

Nehmen Sie also alle Kernkonzepte des Wissensgebietes und vergleichen Sie einmal jedes mit jedem auf Unterschiede und Gemeinsamkeiten. Konstruieren Sie beim Lesen selbst schon einmal richtige und falsche Alternativen. Das heißt: Nehmen Sie die Multiple-Choice-Frage schon einmal selbst vorweg.

Beim Lesen kann man sich schon gleich auf das relevante Vokabular konzentrieren, das Gemeinsamkeiten, Unterschiede und Ausnahmen bezeichnet (Unterschiedsvokabular, z.B. Wörter wie „immer", „alle", „gelegentlich" usf.).

Intelligentes Ausschließen ist wichtig bei der Beantwortung. Vorher muss man allerdings wissen, ob es einen Punktabzug für falsche Antworten gibt. Wenn ja, dann lässt man unsichere Alternativen besser aus. Natürlich muss man auch wissen, ob bei einer Frage auch mehrere Alternativen falsch bzw. richtig sein können.

In jüngster Zeit zeigt das Fernsehen viele Quizsendungen, bei denen die Kandidaten eine richtige Antwort aus mehreren (meistens vier) Alternativen finden müssen. Die Fragenkonstrukteure haben Traditionen gebildet, wie sie schwere Alternativen finden, und die Kandidaten haben es sich angewöhnt, laut nachzudenken, welche Alternative richtig und welche falsch sein könnte. Daraus können Sie lernen, wie man das macht. Welche Hinweise liegen in den Wortstämmen versteckt? Welche Alternativen scheiden vielleicht aus, weil sie mit „immer" oder „in jedem Fall" formuliert sind, man nach einigem Nachdenken aber Ausnahmen findet? Welche Alternativen passen historisch nicht zusammen etc.? Wenn man bis auf eine Antwort alle als falsch ausschließen kann, muss die übrig gebliebene ja die richtige sein.

Gut ist es, eine spezielle Sensibilität für Formulierungen zu entwickeln. Tatsächlich fallen den Konstrukteuren der Tests (wir haben das selbst einige Male gemacht) nicht so leicht Alternativen ein, die nicht allzu offensichtlich falsch sind. Daher wird ganz besonders trickreich und „von hinten durch die Brust" formuliert. Bereiten Sie sich in einer Arbeitsgruppe vor, kann es ein lustiges Spiel sein, wenn jeder zu den Treffen eine trickreiche Frage mitbringt, die leicht falsch beantwortet werden kann, weil man die Formulierung nicht ganz richtig interpretiert hat. Nehmen wir ein Beispiel:

> **Beispiel**
>
> Was trifft zu (eine Antwort ist richtig)?
> A) Alle Fische atmen.
> B) Manche Fische atmen.
> C) Kein Fisch atmet.
> D) Nur wenn Fische Säugetiere sind, dann atmen sie auch.

Es kommt hier darauf an, die Bedeutung von „atmen" richtig zu erfassen: Auch die Kiemenatmung ist nämlich eine Atmung, also atmen alle Fische! Man könnte sich irritieren lassen, weil es im Meer auch Säugetiere gibt und weil manche Fische ja Lungenatmer sind. Gerade weil plausible Alternativen gar nicht so leicht zu finden sind, kann man davon ausgehen, dass die Antwortalternativen spitzfindig und wenig gutwillig formuliert sind. Und naiv wäre dieser Gedanke: „Wenn da ,manche' steht, dann wird schon die Lungenatmung gemeint sein." Die Alternative D haben wir hinzugefügt, damit Sie ein Beispiel haben, wie Alternativen ausgeschlossen werden können. Wenn zwei Alternativen letztlich gleich sind, wie hier B und D (aber nur eine Antwort richtig ist), dann müssen sie beide falsch sein. Eine spitzfindige Auslegung der Fragen ist also angebracht. Und auf jeden Fall sollten die Frage und die Alternativen mindestens zweimal gelesen werden.

Texte niederschreiben

Wenn Ihr Wissen zu einem Thema im Rahmen eines Aufsatzes abgefragt wird, ist eine gewisse Übung in der Versprachlichung des Stoffs gefragt –

ganz wie bei der mündlichen Prüfung oder einer Klausur. Weil die Schriftsprache ein wenig anders ist als die gesprochene Sprache, ist es eine gute Vorübung für die Prüfung, den einen oder anderen Aufsatz zu schreiben.

Versetzen Sie sich in den Prüfer und überlegen Sie, welche Aufgabe, welches Thema er vielleicht stellen wird. Dann schreiben Sie unter Prüfungsbedingungen, indem Sie sich so viel Zeit geben, wie die Klausur dauern wird. Hinterher versuchen Sie, Ihren Text mit den Augen des Prüfers/ eines Prüfers zu lesen. Welche Verbesserungsvorschläge würde dieser vielleicht machen?

Da man nicht genau weiß, wie das Thema heißen wird, muss man aus dem gelernten Wissen – wie aus Bausteinen – einen Aufsatz zusammensetzen können. Es ist sinnlos, den genauen Wortlaut einer Klausur auswendig zu lernen, da es hinterher wahrscheinlich nicht genau das anvisierte Thema ist und Sie zu stark auf Ihren eingeübten Text fixiert sind. Es ist dagegen günstig, die Gliederungsstichworte für Ihre Module, Ihre Bausteine, auswendig zu können. Dazu können Sie alle Hilfsmittel verwenden, die zum Lernen für Aufzählungen (S. 118) gegeben wurden. Speziell die Loci-Technik eignet sich, eine größere Zahl von Gliederungen zu lernen. Es lohnt sich, vorab zu überlegen, ob der Text mit einer selbst gezeichneten Grafik, einer Tabelle oder Ähnlichem angereichert werden kann.

Mündliche Prüfung

Auch für eine mündliche Prüfung ist Übung in der Versprachlichung des Stoffs gefragt. Das kann man bei einer Selbstabfrage imitieren. Sie können die Antworten jeweils laut und in ganzen Sätzen vorsprechen. Sie können die Antworten mit einem Diktiergerät (oder über Computer) aufnehmen, um hinterher zu überprüfen, ob sie richtig waren. Man kann sich von Partnern und Freunden abfragen lassen; dabei ergibt sich allerdings die Schwierigkeit, dass diese bei komplexeren Sachverhalten nur sehr schlecht beurteilen können, was richtig ist. Bei Vokabeln, Muskeln- und Nervennamen oder ähnlichem Stoff kann man dem Partner die richtige Antwort aufschreiben (z.B. auf der Rückseite der Karteikarte, auf deren Vorderseite die Frage steht). Optimal ist die Stoffabfrage in Lerngruppen, die denselben Stoff lernen müssen. Sie können dann vergleichen, wie Ihre Schicksalsgenossen den Stoff in Worte fassen und was Sie schon können. Dort kann es eine Rückmeldung über richtig und falsch geben. Die Verabredung zur „Probeprüfung" über einen bestimmten Stoffabschnitt in Lerngruppen kann eine mächtige Motivation sein, sich auf diesen Zeitpunkt hin vorzubereiten.

In der mündlichen Prüfung gibt es eine Schwierigkeit, die bereits in der Vorbereitung berücksichtigt werden sollte: Man muss von der Frage eines Prüfers zum relevanten Teil des Stoffs finden. Die Fragen könnten etwas launisch gestellt sein, oder der Prüfer hat aufgrund seines Wissens einen etwas anderen Blick auf den Stoff. Es kann passieren, dass Sie keine Ahnung haben, was der Prüfer hören will. Eine mögliche Übung dafür wäre, einfach Stichwörter des Stichwortverzeichnisses eines Stoffs vorzunehmen und zu überlegen, in welchen Kontexten diese Stichwörter besprochen wurden. In Lerngruppen wird es Spaß machen, sich schräge Fragen auszudenken, deren Bezug zum Lernstoff nicht auf den ersten Blick klar ist. Das ist eine geistige Lockerungsübung, die den Stoff in seiner Verankerung im Gedächtnis ein wenig mehr vernetzt.

Es sei auch darauf hingewiesen, dass Sie in Prüfungen manchmal einfach aus dem Alltagswissen heraus Fragen beantworten müssen. Das kann beispielsweise der Fall sein, wenn der Prüfer die Antwort benutzen will, um damit zu einer Problematik des Lernstoffs zu gelangen. Solche Fragen können für Prüflinge zu einer unüberwindlichen Schwierigkeit werden, weil sie jetzt verzweifelt in ihrem Fachwissen suchen und dort nicht den relevanten Eintrag finden. Also üben Sie in Lerngruppen auch einmal das Umschalten von Fachwissen auf Alltagswissen.

Die Prüfer sind natürlich in ihrem Alltag in der Prüfung nicht so auf den Stoff fixiert wie der Kandidat. Sie haben am Morgen des Prüfungstages – wie immer – die Tageszeitung gelesen und machen sich Gedanken über aktuelle Ereignisse. Das schlägt sich oft in ihren Prüfungsfragen nieder. Es kann gar nicht schaden, darauf vorbereitet zu sein. Gibt es in der aktuellen und halbaktuellen Nachrichtenlage etwas, das mit dem Lernstoff in Beziehung gesetzt werden kann? Auch wenn nicht danach gefragt wird, machen solche Bezüge in der Prüfung einen guten Eindruck.

Aufgaben lösen, Wissen auf Fälle anwenden

juristische Fälle
medizinische Diagnose
Mathematikaufgaben in Klausuren usw.

Hierbei geht es um Verständnis. Der Prüfungskandidat soll Regelwissen oder diagnostisches Wissen praktisch anwenden, weshalb gilt, was im Abschnitt über Verständnis steht (S. 201). Beim Lernen sollte schon immer der Versuch unternommen werden, das Wissen im Alltag anzuwenden. Wenn Sie z.B. medizinisches Wissen anwenden sollen, zeigen Sie Interesse an den Krankheiten Ihrer Freunde und Bekannten. Wie sind diese aufgetreten? Hätten Sie sie richtig diagnostiziert? In vielen Bereichen des Lernens kann man sich Fälle beschaffen (auch im Internet), an denen man die Umsetzung des Wissens üben kann (vgl. wiederum den Abschnitt „Verständnis").

Oft macht es Schülern größte Schwierigkeiten, die Elemente von Textaufgaben in die Leerstellen der Formeln einzusetzen. Man kann das natürlich speziell üben und schon in der Vorbereitung selbst Textaufgaben erfinden. Dann wird die Umsetzung leichter. Gerade beim Selbstfinden von Aufgaben bekommt man den Bogen der Umsetzung heraus:

Nehmen wir eine etwas kompliziertere mathematische Sachaufgabe aus dem Bereich der Grundschule:

Beispiel

Ein Topf und ein Deckel kosten zusammen 11 €. Der Topf ist 10 € teurer als der Deckel. Was kostet der Topf, und was kostet der Deckel?

Versuchen Sie, die Textaufgabe in eine Formel umzusetzen; erst dann wird sie leichter.

```
Deckel plus Topf = 11
Topf − 10 = Deckel    (ist 10 € teurer)
Wir ersetzen Deckel durch Topf -10, also
(Topf − 10) plus Topf = 11
Wir addieren auf beiden Seiten 10.
Topf plus Topf = 21; wir teilen durch 2
Topf = 10,50; d.h. der Deckel kostet 0,50 €
```

Erst die genaue Analyse des Wortes „teurer" führt zur richtigen Lösung. Spontan hätte man gesagt, der Topf kostet 10 € und der Deckel 1 €, aber schnell stellt man fest, dass dann die Differenz nicht wie gefordert 10 €, sondern 9 € beträgt. So muss man stets eine genaue Analyse der Aufgabenformulierung vornehmen!

Ganz allgemein hilft es, sich einige Fragen bewusst zu machen, bevor man sich an die Lösung begibt.

1. Zunächst geht es darum, die Aufgabe zu „diagnostizieren". Welche Wissenselemente (Gesetze, Regeln, Syndrome) passen hier? Sind alle Formulierungen ausreichend untersucht? Eines der Hauptprobleme bei Fallbearbeitungen liegt darin, dass das richtige Wissen zwar vorhanden ist, es aber nicht aktualisiert wird. Es ist „träges Wissen".

Ein Beispiel (nach Renkl 2001, S. 514) illustriert den Sachverhalt. Schüler sollen folgende Aufgabe nach dem Multiple-Choice-Verfahren lösen:

> **Beispiel**
>
> Die 120 Schüler der Marie-Curie-Schule wollen einen Ausflug mit dem Bus machen. In jeden Bus passen 50 Schüler. Wie viele Busse brauchen sie?
>
> A = 2; B = 2; Rest 20; C = 2,4; D = 3
>
> Ein guter Teil 7- bis 8-jähriger Schüler entscheidet sich für B oder C, obwohl dann ja 20 Schüler zu Hause bleiben müssten bzw. es keine 0,4 Busse gibt. Das tun sie, weil die Aufgabe ein mathematisches Gewand trägt und „Rechenwissen" aktualisiert. Das Alltagswissen, das jedem erlaubt, die Aufgabe richtig zu lösen, wird durch die Aufgabe und die angebotenen Zahlen zunächst gar nicht aufgerufen.

Es kann also hilfreich sein, sich nicht nur darauf zu verlassen, dass sich die richtigen Teile des Wissens melden, sondern einfach mal großflächig das gespeicherte Wissen darauf zu überprüfen, was passen könnte. Beim Überprüfen der Gliederung Ihres Wissens kann unerwartet Relevantes leicht erkannt werden. Dazu können Sie eine Gliederung oder eine Mind-map des in Frage stehenden Wissens einfach einmal daraufhin durchgehen, ob irgendetwas zusätzlich relevant ist.

2. Wenn mehr als ein Element, mehr als eine Formel oder Regel zutrifft, ist zu überlegen, wie sich die betreffenden Regeln beeinflussen, welche Regel den höheren Wert hat und deshalb vorgeht, und welche erst nachrangig ausgeführt wird.
3. Überprüfen Sie, ob es Ausnahmen gibt, die hier zutreffen?
4. Gibt es einzelne Elemente, die anscheinend nicht zur Regelanwendung passen? In welche Regel würden diese einzelnen Elemente passen?

Sich besser erinnern

Manchmal suchen wir im Gedächtnis nach Wissen, das aber nicht sogleich auftauchen möchte. Es gibt einige Maßnahmen, dem Gedächtnis auf die Sprünge zu helfen, die hier in verschiedenen Unterpunkten beschrieben sind.

Für alle Fälle gilt, dass man zunächst intensiv im Gedächtnis suchen muss, sozusagen den Stein ins Rollen bringen muss. Dabei stellt man sich kreative Suchfragen. Nehmen wir einmal an, es wir der Vorname einer Bekannten gesucht. Nun könnte man fragen: „Weiß ich, mit welchen Buchstaben der Name anfängt?", „Weiß ich den Nachnamen?", „War es ein langer oder ein kurzer Vorname?", „War es der Name Susanne?" „Wie sah die Person noch einmal genau aus?", „Was haben wir zusammen erlebt?" und so weiter. Es kann auch helfen, innerlich einfach alle Buchstaben des Alphabets durchzugehen und zu spüren, ob ein Buchstabe zum richtigen Namen führt.

Wenn man dem Gedächtnis die Aufgabe auf diese Weise erst einmal intensiv gestellt hat, geht die Suche weiter, auch wenn man sich bewusst nicht mehr damit beschäftigt – und plötzlich fällt einem der Name ein. Voraussetzung war, dass man sich einige Zeit intensiv gedanklich mit der Suche beschäftigt hatte.

> **Beispiel**
>
> Es gibt Fälle, in denen die Erinnerung „intuitiv" zu sein scheint und gar nicht bewusst vorliegt. Ein Bekannter suchte einmal verzweifelt nach der Telefonnummer eines Freundes, dem er einen Termin absagen musste. Er hatte die Nummer schon einige Male gewählt, konnte sich aber nicht richtig erinnern. Er wählte intuitiv spontan eine Nummer – und es war die richtige!

Im Notfall kann man also auch einfach mal der Intuition vertrauen und eine Vermutung über die gesuchte Information zulassen: Wie könnte es sein? Wie könnte es heißen? Manchmal ist diese Intuition richtig.

Sich an Ereignisse erinnern

In der Praxis der Gerichte kommt es oft auf eine genaue Erinnerung an. Auf wissenschaftlicher Grundlage ist für diesen Bereich eine Methode entwickelt worden, um die Erinnerung an vergangene Ereignisse zu verbessern. Sie wird „kognitives Interview" genannt. Forschungen haben den Wert dieses Vorgehens belegt.

1. Es wird versucht, sich am Ort des Geschehens zu erinnern. Nach Möglichkeit soll dort alles so sein wie zum Zeitpunkt des Ereignisses; auch dieselben Personen sollten anwesend sein (Praxis des Ortstermins).
2. Die Person, die sich erinnern soll, wird ermutigt, jedes Detail, das ihr in den Sinn kommt, zu nennen, auch wenn es für den Ablauf des Ereignisses völlig irrelevant erscheinen mag und es vielleicht auch ist.
3. Die Person soll die einzelnen Elemente des Ereignisses in unterschiedlicher Reihenfolge abrufen (vom Ende her, vom Anfang her).
4. Sie soll das Ereignis aus der Sicht verschiedener anwesender Personen erzählen (Opfer, Zeugen etc.).
5. Es wird versucht, die gleichen Gerüche wie zum Zeitpunkt des Ereignisses wieder herzustellen. Gerade Gerüche sind ein starker Abrufreiz, d.h. sie gewähren neue Pfade zu alten Erinnerungen.

Umstritten ist dagegen die Hypnose als Erinnerungshilfe. Es sind einige spektakuläre Fälle berichtet worden, in denen unter Hypnose verloren geglaubte Erinnerungen wiederhergestellt wurden. So konnte ein Zeuge unter Hypnose das Kennzeichen eines Fluchtautos im Vorstellungsbild des Ereignisses „sehen". Andererseits sind Menschen unter Hypnose besonders anfällig für Suggestionen, lassen sich in ihren Erinnerungen also beeinflussen. Für die private Anwendung steht eine Hypnose ohnehin nicht zur Verfügung. Man könnte aber versuchen, sich in tiefer Entspannung an das Ereignis zu erinnern. Dabei wird eine weitere Möglichkeit genutzt, Erinnerungen zu optimieren. Wer sich das vergangene Ereignis mehrfach bildhaft vorstellt (natürlich ohne zusätzliche Informationen zu bekommen), erinnert sich an immer mehr Details des Ereignisses – man nennt das Phänomen Hypermnesie.

Sich an Vorsätze erinnern

Vorsätze, die man häufig vergisst:
etwas besorgen
etwas erledigen, z.B. einen Brief einwerfen
Verabredungen
Termine
Tabletten einnehmen
etwas regelmäßig tun

a) Der Knoten im Taschentuch

Der Knoten im Taschentuch ist gar nicht schlecht als Erinnerungshilfe für einen Vorsatz. Immer wenn man diesen Knoten fühlt, wird man an den Vorsatz erinnert (was das allerdings war, muss einem auch noch einfallen). Aber: Wer hat heute noch Stofftaschentücher? Papiertaschentücher erlauben keinen Knoten und werden ja ohnehin bald weggeworfen. Also muss etwas anderes her. Eine einfache Möglichkeit wurde weiter oben erwähnt, nämlich eine Münze in der Hosentasche zu tragen, die Sie fühlen, sobald Sie die Hand in die Tasche stecken. In Frauenhosen gibt es zugunsten des engen Sitzes manchmal keine Taschen, und die Gewohnheit, die Hand in die Hosentaschen zu stecken ist daher weniger ausgeprägt. Dann tut es auch ein roter Einkaufschip im Portemonnaie. Da hinein blickt man im Laufe des Tages öfter.

b) Regelmäßige Handlungen

Manchmal möchte man etwas regelmäßig tun, das quasi im Vorbeigehen zu erledigen ist, und neigt dazu, es zu vergessen. Das könnte z.B. sein: hilfreiche Gedanken zu haben wie „Ich bin gut vorbereitet und werde die Prüfung bestehen" oder regelmäßig Wasser zu trinken oder immer wieder kurz zu kontrollieren, ob ein Gerät angemessen funktioniert usw. Um das nicht zu vergessen, kann man sich eine Erinnerungshilfe zunutze machen, die in der Kinder- und Jugendlichentherapie entwickelt wurde. Am Morgen steckt man sich eine Anzahl von Münzen in die linke Tasche (links = noch nicht getan). Jedes Mal, wenn man die Münzen fühlt, führt man den Vorsatz aus und transportiert eine der Münzen in die rechte Tasche (rechts = getan). So erinnert man sich leicht an eine immer wieder auszuführende Tätigkeit (vgl. oben). Bei einer größeren Anzahl von Münzen sollte man leichte nehmen, aber wenn die in der Hosentasche auch zu schwer werden, tun es letztlich auch Papierschnipsel.

Es ist ebenfalls nicht leicht, sich Gewohnheiten anzueignen, wie z.B. täglich eine Tablette einzunehmen oder eine Entspannungsübung zu machen. Hierbei ist es hilfreich, die noch ungewohnte Verhaltensweise an eine sehr gut gewohnte Verhaltensweise zu knüpfen, z.B. die Tablette immer vor dem Zähneputzen zu nehmen oder die Entspannungsübung immer vor dem Zubettgehen zu machen.

Wenn man jeden Abend oder jeden Morgen eine Tablette einnimmt, ist das aber bald so automatisch geschehen, dass man sich kaum noch daran erinnern kann, ob man es schon gemacht hat oder nicht. Die Tablettenfabrikanten nehmen Rücksicht darauf, indem Sie z.B. Medikamente so verpacken, dass für jeden Tag ein Fach da ist und man also eine Kontrolle darüber hat, ob man die Tablette heute schon genommen hat. Man kann sich selber helfen, indem man zum Frühstück oder Abendessen nur die eine Tablette neben den Teller legt und dann natürlich sieht, ob man sie genommen hat. Ansonsten machen Sie etwas Analoges, wie im Abschnitt „Knoten ins Taschentuch" erwähnt: Legen Sie immer, wenn Sie die Tablette genommen haben, eine Münze auf den Tisch (oder ähnliches – der Phantasie sind keine Grenzen gesetzt).

c) Die Ausführungsreize im Bewusstsein verstärken

Manchmal hat man sich vorgenommen, etwas Bestimmtes zu tun, das man aber nur in einer bestimmten Situation tun kann. Dem Freund kann man den guten Witz nur dann erzählen, wenn er da ist, den Brief nur einwerfen, wenn ein Briefkasten in der Nähe ist. Da helfen einem die Münzen in der Tasche wenig, die wahrscheinlich den ganzen Tag über immer wieder auffallen, aber gerade dann nicht, wenn ein Briefkasten zu sehen ist. In solchen Fällen ist es nützlich, den Briefkasten (oder den Freund) irgendwie auffälliger zu machen. Stellen Sie sich ein aufregendes Bild vor, das es nötig machen würde, die Situation, in der Ihnen die Absicht einfallen soll, besonders zu beachten. Stellen Sie sich z.B. vor, dass am nächsten Briefkasten

500 Euro kleben, die sie einfach abnehmen könnten, oder dass eine Schlange im Briefkasten ist (wenn Sie Angst vor Schlangen haben). Das wird Ihnen bestimmt einfallen, wenn Sie den nächsten Briefkasten sehen, und dann denken Sie automatisch wieder an Ihre Absicht, deretwegen Sie ja die bizarre Vorstellung entwickelt hatten.

Etwas wiederfinden

Nicht selten suchen wir verzweifelt nach einem Gegenstand, z.B. dem Schlüsselbund. Er ist nicht an seinem angestammten Ort, aber er muss in der Wohnung sein. Nehmen wir an, Sie haben schon überall nachgeschaut. Er scheint einfach nicht da zu sein.

Auch hier gibt es Hilfsmittel, um der Erinnerung auf die Sprünge zu helfen:

1. Rekonstruieren Sie so genau wie möglich das letzte Heimkommen. Was haben Sie gemacht, nachdem Sie die Türe aufgeschlossen haben, was danach? Wenn der Gegenstand auch außerhalb der Wohnung sein kann, muss der ganze Tagesablauf oder vielleicht der Ablauf mehrerer Tage rekonstruiert werden. Schreiben Sie Ihre Rekonstruktion auf einen Zettel und machen Sie mehrere Erinnerungsdurchgänge: Es fallen Ihnen dann immer mehr Details ein, vielleicht ist erst im dritten Erinnerungsdurchgang das richtige und wichtige Detail dabei.
2. Welche Kleidung hatten Sie an, in der der Schlüssel sein könnte?
3. Welche Taschen hatten Sie dabei?
4. Rufen Sie sich das Aussehen des Gegenstands möglichst genau einige Male hintereinander in Erinnerung. Manchmal findet man einen Gegenstand (z.B. ein bestimmtes Buch im Bücherregal) deshalb nicht, weil man nicht das richtige „Suchbild" generiert hat; man hat es sich einfach anders vorgestellt, als es wirklich aussieht. Als letzte Möglichkeit muss man eben alle Bücher, die ungefähr so groß sind wie das gesuchte, in die Hand nehmen.

Dem berühmten Gestaltpsychologen Metzger gelang es, Gegenstände in der Wohnung so zu verstecken, dass sie unauffindbar waren, obwohl sie der Sicht völlig zugänglich waren. Er baute sie nämlich so in eine vorgefundene Anordnung ein, dass sie dazuzugehören schienen; er legte z.B.

einen Chromkugelschreiber auf eine silberne Leiste. Man könnte das auch als „Tarnung" bezeichnen. Also untersuchen Sie im letzten Schritt alle Strukturen besonders genau, die eine ähnliche Oberfläche wie der gesuchte Gegenstand aufweisen, auf der also der Schlüsselbund nicht gleich auffallen würde.

In der Psychoanalyse nimmt man an, dass es ein absichtliches Vergessen oder absichtliches Verlegen eines Gegenstandes gibt, das aus dem Unbewussten gesteuert wird (Verdrängung); man will vielleicht den Schlüsselbund gar nicht finden (weil man das Haus unbewusst nicht verlassen möchte). Überlegen Sie also, wenn gar nichts mehr hilft, wo man den Schlüsselbund gut verstecken könnte, und suchen Sie dort. Geben Sie vor dem Einschlafen Ihrem Traum die Aufgabe, sich an das gesuchte Wissen zu erinnern, vielleicht fällt es Ihnen dann am Morgen plötzlich ein.

Wissen, Verstehen, Kreativität

Je nachdem, was mit dem Lernstoff erreicht werden soll, muss das Lernen etwas anders gestaltet werden. Die folgenden Abschnitte geben hierzu Hinweise.

Lernziel Wissen

Manchmal geht es darum, Faktenwissen zu einem bestimmten Zeitpunkt parat zu haben. Tieferes Verständnis für den Stoff und Kreativität im Umgang mit ihm werden sich dann im günstigen Fall im Laufe der späteren Tätigkeits-/Berufausübung ergeben. Bei Bootsführerscheinen und Waffenscheinen z.B. wird schlichtweg Faktenwissen abgefragt, das genau im Moment der Prüfung vorhanden sein soll. Zusätzliche Maßnahmen zu den hier empfohlenen Lernverhaltensweisen sind zunächst nicht erforderlich.

Lernziel Verstehen

Wenn Sie einen Text beim ersten Lesen nicht verstehen, hilft es meist, ihn noch einmal und langsamer zu lesen. Versuchen Sie, den Text so umzuformulieren, dass er verständlicher wird (das sind übrigens vier bewährte Dimensionen der Textverständlichkeit):

1. Verbessern Sie dabei die Gliederung (Dimension: Gliederung/Ordnung);
2. verwenden Sie einfache Wörter und kurze Sätze (Dimension: Einfachheit);
3. verzichten Sie nicht auf zusätzliche Anregungen und Beispiele;
4. machen Sie es eher kurz (Dimension: Kürze/Prägnanz).

Ein Beispiel von Restle (zitiert nach Lindsay & Norman 1981, S. 416)

> **Beispiel**
>
> **Verstehen Sie den folgenden Satz?**
> Wenn das Puzzle, das Sie lösten, bevor Sie dieses lösten, schwieriger war als das Puzzle, das Sie lösten, nachdem Sie das Puzzle lösten, das Sie lösten, bevor Sie dieses lösten, war dann das Puzzle, das Sie lösten, bevor Sie dieses lösten, schwieriger als dieses?
> Vereinfachen wir es also einmal und setzen für „dieses Puzzle" und „dieses" nun „Puzzle A" ein. Nun lautet der Satz:
> Wenn das Puzzle, das Sie lösten, bevor Sie Puzzle A lösten, schwieriger war als das Puzzle, das Sie lösten, nachdem Sie das Puzzle lösten, das Sie lösten, bevor Sie Puzzle A lösten, war dann das Puzzle, das Sie lösten, bevor Sie Puzzle A lösten, schwieriger als Puzzle A?
> Und jetzt noch eine Vereinfachung: Für den Ausdruck „das Puzzle, dass Sie lösten, bevor Sie Puzzle A lösten" soll B eingesetzt werden:
> Wenn Puzzle B schwieriger war als das Puzzle, das Sie lösten, nachdem Sie das Puzzle B lösten, war dann Puzzle B schwieriger als Puzzle A?
> Aus dem Vorherigen ergibt sich, dass Puzzle B vor Puzzle A stattfand, also kann man weiter ersetzen, denn das Puzzle, das Sie lösten, nachdem Sie Puzzle B lösten, muss Puzzle A sein: Wenn Puzzle B schwieriger war als Puzzle A, war dann Puzzle B schwieriger als Puzzle A?

Jetzt ist es ganz einfach!

Insgesamt befördert es das Verständnis, den Sinn des Textes nach dem Lesen noch einmal laut – mit eigenen Worten – zu verbalisieren. Noch besser ist es, einem Partner den Sinn des Textes zu erklären und festzustellen, ob der Partner die Ausführungen plausibel fand.

Analogien

Viele berühmte Denker der vergangenen Jahrhunderte haben etwas verstanden, indem sie sich ein inneres Modell von dem Sachverhalt gemacht haben. Der Bericht über das Denken Einsteins, das zur Relativitätstheorie geführt hat, beginnt mit dem Modell eines fahrenden Zuges, der vorn und hinten einen Spiegel trägt. Der Beobachter in der Mitte des Zuges sieht nun ein Ereignis am Rande der Zugstrecke in diesen Spiegeln. Wird er es in diesen Spiegeln gleichzeitig sehen? Einstein hat in seinen Schriften darauf hingewiesen, dass er sich immer um bildhafte Modelle von schwierigen Sachverhalten bemühte.

Wenn man eine Analogie, ein Modell sucht, muss man die Regeln des Originalsachverhaltes in Beziehung zu den Regeln des Modellsachverhaltes bringen. Dabei kommt es zu einem vertieften Verständnis, weil nun ein neuer, schwieriger Sachverhalt in Beziehung zu einem bekannten, einfacheren Sachverhalt gesetzt wird. Gleichzeitig fällt aber auch das Lernen leichter, weil ja ein bekannter Sachverhalt verwendet wird.

Wir fanden es immer etwas schwierig zu verstehen, warum das Profil einer Tragfläche einem Flugzeug Auftrieb gibt. In den Physiktexten ist von Unterdruck und Überdruck unter und über der Tragfläche eines Flugzeuges die Rede; das hat uns nie besonders eingeleuchtet, weil ja über und unter der Fläche keine geschlossenen Kammern bestehen und Druck sich sofort ausgleichen wird.

In einem Seminar haben wir mit Studenten nach Analogien für diesen speziellen Sachverhalt gesucht. Ein Student kam auf die Idee, sich Aufprall und Widerstand der Luft als Aufprall von Tischtennisbällen vorzustellen. Nun versteht man, dass ein frontaler Widerstand besteht, die Bälle aber oben und unten ohne Widerstand an der Fläche vorbeigleiten. Frontal prallen die Bälle in einem Winkel von 45° gegen die untere Schräge der Tragfläche. Dabei entsteht eine resultierende Kraft nach oben. Je schräger die Tragfläche angestellt wird, umso stärker wird die resultierende Kraft nach oben. Das ist ganz leicht zu verstehen (vgl. Abb. 14).

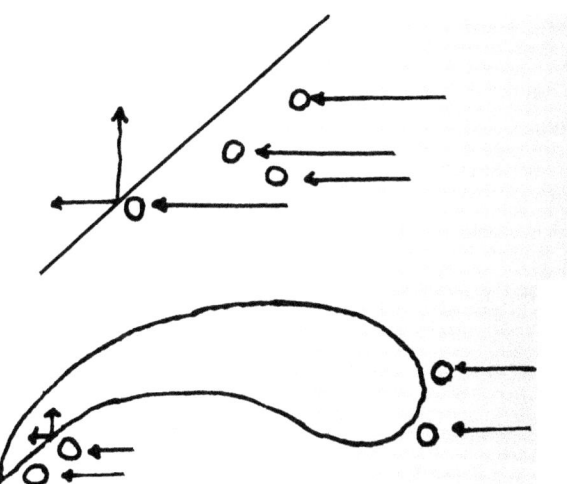

Abb. 14: Auftreffen von Tennisbällen auf eine schräge Fläche und Auftreffen der Luft auf ein Tragflächenprofil

Für manche Sachverhalte gibt es bewährte Modelle:

> - Für den Stromfluss kann man das Modell des Wasserkreislaufs heranziehen;
> - die Atmung wird durch ein pneumatisches Modell verständlich,
> - der Sachverhalt Molekül – Atom als Kuchen aus verschiedenen gemischten Grundstoffen,
> - Lymphozyten als Piranhas;
> - biologische Evolution analog zur Verbesserung von Automodellen;
> - biologische Evolution und Kunstgeschichte sind irgendwie analog (Unterschied: In der Kunstgeschichte kann der Einfluss auch „Stilgenerationen" überspringen; so nimmt z.B. das Art déco alte ägyptische Stilelemente auf).

Manche Sachverhalte vermitteln sich überhaupt nur als Modell: Das klassische Atommodell orientierte sich an der Bewegung der Gestirne und der Planeten.

Gedächtnismodelle sind ein diesem Buch nahestehendes Thema. Weil die neurologischen Funktionen des Gedächtnisses noch nicht endgültig geklärt sind, vermittelt sich das Gedächtnis heute noch weitgehend über Modelle, ja die Geschichte der Erforschung des Gedächtnisses und das Nachdenken über das Gedächtnis lassen sich als Geschichte der Gedächtnismodelle begreifen.

Die Griechen dachten an eine **Wachstafel**. Zum Zeitpunkt der Geburt ist sie leer (die berühmte „Tabula rasa"); das Leben schreibt darauf. Was das Modell nicht erklären kann ist die Frage, wieso kann man, wenn man etwas vergessen hat, wissen kann, *dass* man es vergessen hat (Thomas von Aquin erklärte dies kurzerhand als ein göttliches Wunder).

Gleichzeitig kannten die antiken Autoren das Modell der **Voliere**. Es sollte nur einen Aspekt des Gedächtnisses verbildlichen: Manche Vögel sind da, das weiß man, aber man sieht sie nicht. So gibt es Inhalte des Gedächtnisses, die man im Moment nicht willkürlich hervorrufen kann.

In der Zeit der „Lerntheorien" dachte man an eine Menge von **Verbindungen**, die geschaltet werden, von Reizen zu Reizen und von Reizen zu Reaktionen, die sich durch Kontiguität, das heißt durch Gleichzeitigkeit bilden. Das Modell erklärt noch am besten das Verhalten von Ratten in einem Experimentierkäfig. Man könnte es mit einer **Telefonvermittlung** vergleichen: Zwischen dem Hereinkommenden (Anrufer) und dem Herausgehenden (Empfänger des Anrufs) wird eine neue Verbindung gestöpselt.

Komplexer ist das Modell der **Bibliothek**. Sie hat einen Speicher (Bücherregal) und ein Suchsystem (Karteikästen, Register). Hierbei kommt zum ersten Mal die Ordnungscharakteristik des Gedächtnisses in den Blick. Nach welchen Kriterien sind die „Bücher" (die Gedächtnisinhalte) in den Regalen geordnet? So ist verständlich, dass man feststellen kann, wenn ein Buch fehlt (wenn etwas vergessen ist).

Als die Informationswissenschaft aufkam und die ersten PCs auf den Schreibtischen standen, wurden diese Computer zum Modell für das Gedächtnis: Das **Dreispeichermodell** sieht verschiedene Speicher mit unterschiedlichen Funktionscharakteristika vor, wie ja auch der Computer unterschiedliche Speicher hat (Festplatte, Diskette, CD-ROM). Wir können verstehen, dass nicht alle Informationen in denselben Speicher kommen müssen und daher einige schnell vergessen werden, während andere behalten werden. Keins der bisherigen Modelle erlaubte das.

In der modernen Gedächtnisforschung entstehen neue Modelle: Das Gedächtnis wird mit einer leicht schrägen **Sandebene** verglichen, durch die sich Ströme Wege bahnen. Wo viel Wasser fließt, wird ein tiefer Graben eingeschliffen, der Seitenflüsse zu sich zieht. So kommt es, dass im Alter Assoziationen immer zu den gleichen Themen führen. Bestehenden Wasserwegen kann durch neue Wege Wasser abgegraben werden. Das bedeutet, dass alte Informationsstrukturen vom Durchfluss, d.h. von der Wiedererinnerung abgetrennt werden können (vgl. das Modell in Kap. 1 dieses Buchs).

Keines der Modelle erklärt die große Kapazität zur Musterergänzung. Welches Modell könnte die Tatsache erklären, dass wir nur den kleinsten Zipfel einer Sache sehen müssen und schon wissen, worum es sich handelt? Vielleicht Modelle von Resonanzkörpern, die in Schwingung geraten, wenn eine Teilfrequenz angetaktet wird? Sind die Wahrnehmungen Codes, die dann automatisch ganze Zimmerfluchten von Assoziationen öffnen? Das Lernen wird in nahezu allen bisherigen Gedächtnismodellen als unproblematisches Hineingeben von Information aufgefasst; die Tatsache, dass eine Abfrage die Gedächtnisspur festigt, kann nur das (relativ neue) „Sandebenen-Modell" erklären.

Wir hoffen, dass Ihnen deutlich geworden ist, wie das Denken in und über die relevanten Analogien das Verständnis fördert. Das Nachdenken über Grenzen und Möglichkeiten der Analogie, der Metapher setzt ein vertieftes Verständnis der Sache voraus und bringt auch eine Vertiefung des Verständnisses ein. Gleichzeitig haben wir hier ein Werkzeug für kreatives Denken: Neue Modelle rücken neue, bisher nicht bedachte Aspekte der Sache in den Blickpunkt.

Mind-maps, Sinngewebe

In Kapitel 6 wurde das Erstellen von Mind-maps als Methode zum sinngemäßen Textlernen eingeführt. Gleichzeitig ist das Erstellen (nicht allein das Besitzen) von Mind-maps eine wichtige Methode, das Verständnis für den Sinn eines Textes zu verbessern. Wie man Mind-maps erstellt, wurde schon ausführlich im genannten Abschnitt besprochen. Hier eine kurze Zusammenfassung:

- Zunächst muss man die wichtigen Aussagen eines Textes identifizieren.
- Deren Inhalte müssen in wenige Stichwörter umformulieren werden.
- Dann wird dem Text durch weiter und näher liegende Kästchen eine zusätzliche Untergliederung hinzugefügt.
- Dabei werden neue Zugliederungen und Neugliederungsmöglichkeiten sichtbar, die den Text noch verständlicher machen.

All das ist ohne Sinnverstehen nicht möglich. Bei einem einfachen Lesen kann es der Leser bei einem Gefühl von Plausibilität belassen und im Text fortfahren. Bei der Erstellung von Mind-maps aber muss man sich neben der Oberfläche der Worte auf den Sinn konzentrieren, und diese Konzentration bewirkt eben Verständnis.

In verschiedenen Kursen haben wir Studenten kurze Artikel zur Psychologie in einem Fachlexikon lesen lassen. Sie waren nach kurzer Lesezeit überzeugt, diese Artikel verstanden zu haben. Als wir dann gemeinsam daran gingen, eine Mind-map dazu zu erstellen, wurde deutlich, wie wenig sie zunächst die Kernideen benennen konnten. Nach der gemeinsamen Arbeit an der Mind-map waren alle Teilnehmer der Kurse überrascht, dass sie eigentlich erst jetzt den Text richtig verstanden hatten.

Sie erinnern sich an die Mind-map zu einem klassischen Text (Abb. 13, S. 175). Es handelt sich um den Erziehungsroman „Emile" von Rousseau, der 1762 erschienen ist (übrigens ist der Roman Prüfungsstoff in vielen Pädagogikprüfungen). Eine kurze Passage handelt davon, dass und wie der Erzieher seinem Zögling Emile das Zeichnen beibringen will (S. 169–172/ Kap. 6). Zwei andere Stellen fügen noch hinzu, wie mit dem Mädchen Sophie in dieser Hinsicht zu verfahren sei. Die Mind-map soll in ihren Worten aber so „ausführlich" sein, dass man sie auch ohne die Lektüre des Textes verstehen kann. Bei der Erstellung – wiederum mit einer Studentengruppe – kam es zu interessanten Beobachtungen. Beim ersten Lesen fiel keinem von uns etwas Ungewöhnliches an dem Text auf. Während der Arbeit aber bemerkten wir zunächst, dass ein Satz unserer Quelle unvollständig war und – was in unserem Kontext noch bedeutsamer war – dass ein kleiner Widerspruch im Text vorhanden ist. Erst wird nämlich apodiktisch behauptet, Emile solle nur und ausschließlich nach der Natur zeichnen, dann aber wird gesagt, Emile dürfe auch aus der Erinnerung zeichnen, wenn sich die Form der Natur seiner Erinnerung genügend eingeprägt habe.

Manche spätere Passage nimmt einen vorher bereits erwähnten Sachverhalt auf und ergänzt ihn, so dass er nun in der Mind-map an der einen richtigen Gliederungsstelle vollständiger aufgeführt ist. Eine mehr zeitgemäße Formulierung der Inhalte des Romans des 18. Jahrhunderts fügt manches zum besseren Verständnis seines Inhalts hinzu. Vergleichen Sie den Text von Rousseau und die danach erstellte Mind-map.

Die Konzeptstruktur vervollständigen

Man muss sich die Relation aller relevanten Konzepte eines Sachgebiets bewusst machen.

> **Beispiel**
>
> Ich (Schuster) erinnere mich gut an eine Englisch-Nachhilfestunde, die ich als Jugendlicher verordnet bekam. Davon abgesehen, dass Nachhilfe als Schande galt, war die junge Studentin, die sie erteilen sollte, in ihrem Lebensumfeld, in ihrer Studentenbude interessant, und so war ich doch positiv gespannt, was passieren würde. Die Studentin fing mit langweiliger Grammatik an. Tatsächlich aber hat sie mir geholfen, zum ersten Mal die englische Grammatik aufzufassen. Sie hatte nämlich eine Tabelle, in der alle möglichen Zeitformen in eine Relation gesetzt waren. Das war eine endliche (!) Anzahl von Zeitformen, die ich mir nun in der chronologischen Anordnung der Tabelle auch irgendwie bildhaft vorstellen konnte. Nie wieder habe ich vergessen, dass die Form „has been" in ihrer zeitlichen Erstreckung bis an die Gegenwart reicht.

Der daraus folgende Ratschlag ist, die Konzepte eines Sachgebiets nicht immer nur „nacheinander", sondern einmal gleichzeitig in ihrer Relation zueinander zu betrachten. Manchmal werden sie erst aus dieser Relation heraus verständlich.

Im Beispieltext auf S. 159 kam das Wort Ontogenie (= die Ontogenese) vor, das ist die Individualentwicklung. Warum sagt man also nicht einfach „Entwicklung" zu dem Sachverhalt? So gibt es ja z.B. Lehrbücher der „Entwicklungspsychologie"; da reicht das Wort doch auch vollständig aus. Tatsächlich bezieht sich das Fremdwort „Ontogenese" auf ein anderes Fremdwort, nämlich „Phylogenese", die Entwicklung der Art; beide Wörter bilden ein Begriffspaar. Wenn man die menschliche Entwicklung unter biologischem Aspekt betrachtet, muss man diese beiden Arten von Entwicklung unterscheiden können. Das Wort „Ontogenese" wird also eigentlich erst sinnvoll mit Bezug auf das Wort „Phylogenese".

Ich will noch ein zweites, ganz einfaches Beispiel hinzufügen: Unsere Studenten müssen sich in Phasen zur Prüfung melden. In den Anweisungsblättern für die Anmeldung findet sich der Satz: „Die Anmeldung für die Prüfungsphase I erfolgt bis zum 12. Dezember." Der Satz allein ist schwer zu verstehen. Man muss den Sachverhalt „Prüfungsphase" erst komplettieren. Es gibt nämlich Phase I und II, und das sind die Halbjahre. Erst wenn man das weiß, kann man den Anweisungssatz verstehen: Wer sich in der ersten Hälfte eines Jahres prüfen lassen will, muss sich bis zum 12. Dezember des vorherigen Jahres anmelden.

Dieses „Vervollständigen der Konzeptwelten" eines Sachgebiets führt in noch umfassenderem Sinne zum „Verständnis", als dies bisher erklärt wurde. Nehmen wir beispielsweise Definitionen eines Sachverhaltes. Sie erklären manchmal weniger den infrage stehenden Sachverhalt selbst, als vielmehr seine Differenz zu vorherigen und überholten Ansichten bezüglich eben dieses Sachverhalts. Wenn z.B. Lernen in einem (älteren) Lehrbuch der Psychologie als „Verhaltensänderung" definiert wird, dann ist nur vor dem Hintergrund der Theorie zu verstehen, dass ausschließlich messbares Verhalten Gegenstand der Psychologie sein sollte. Somit kann auch eine Vervollständigung von Konzepten in historischer Hinsicht das Verständnis fördern.

Regeln und Gesetze

Viele Sachverhalte folgen einer Reihe von Regeln oder Gesetzen. Manchmal sind sie explizit vorhanden, manchmal nicht. Wenn man den Sachverhalt verstehen will, ist es wichtig, sich klarzumachen, wie sich die Regeln im Zusammenwirken gestalten, welche Ausnahmen es gibt etc.

Nehmen wir z.B. die Fotografie: Was muss man unternehmen, um ein optimal scharfes Bild zu erhalten? Die Regeln hierfür muss man sich erst einmal verdeutlichen, wobei es zu vertieftem Verständnis kommt. Neben der Tiefenschärfe wird noch eine weitere Bezeichnung für Bildschärfe erforderlich:

> **Beispiel**
>
> 1. Regel: Je kleiner die Blende, umso größer die **Tiefenschärfe**.
> **Aber:**
> 2. Regel: Bei sehr kleinen Blenden (16, 22) wird das Licht an der Blendenöffnung gebeugt, was zu Unschärfen führt.
> **Und:**
> 3. Regel: Unter Belichtung 1/125 sec. kann man das Bild leicht durch die Auslösebewegung verwackeln, und es wird unscharf. Diese Regel schlägt Regel 1, d.h. dass die Blende auf jeden Fall weiter geöffnet werden muss, wenn das Licht nicht für die Belichtungszeit 1/125 sec. ausreicht.
> 4. Regel: Jedes Telezoom erfordert für ein verwacklungsfreies Fotografieren je nach Vergrößerungsfaktor zunehmend kürzere Belichtungen.
> 5. Regel: Wenn sich das Motiv bewegt (z.B. Sportfotografie), muss die Belichtungszeit auf Kosten der **Tiefenschärfe** so kurz wie möglich gewählt werden. Zusatzregel: Verwacklungen durch die Auslösebewegung kann man ausschließen, wenn die Kamera auf ein Stativ montiert oder fest aufgelegt wird.

Im gegebenen Fall müssen alle diese Regeln berücksichtigt werden (heute tun das die Kameraprogramme meist automatisch).

Versuchen Sie, die Regeln zu kombinieren und folgende Fragen zu beantworten:

Auf welche Regel muss man zuerst achten, um schnell und angepasst zu reagieren? Mit welcher Blende fotografiert man bei hellem Sonnenlicht eine Landschaft? Welche beiden Schärfearten werden implizit unterschieden, obwohl die eine Schärfeart nie benannt wird – und in Fotobüchern keinen eigenen Namen hat (Lösungen im Anhang)?

Zeichnungen, Grafiken, Tabellen

Wissen lässt sich in Grafiken und Tabellen übersichtlicher darstellen. Allein die Gestaltung einer Tabelle oder Grafik führt zu vertieftem Verständnis. Man kann mit den verschiedenen Tabellenformen experimentieren

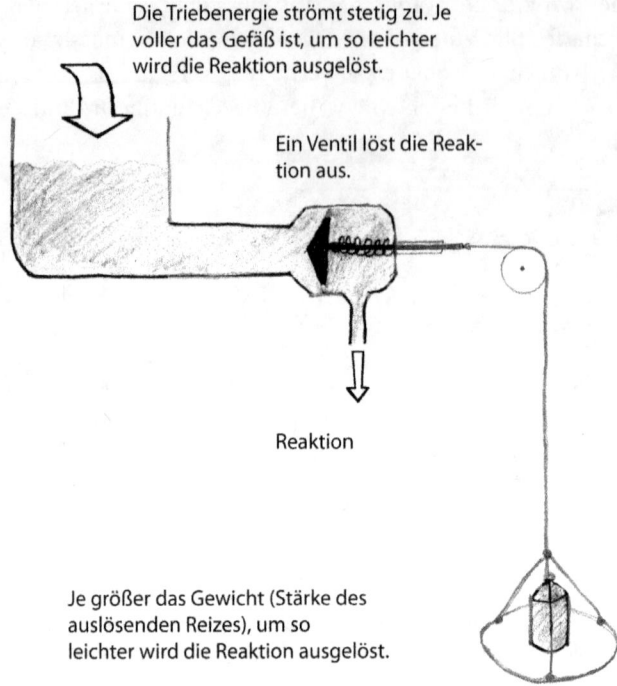

Abb. 15: Triebmodell von Konrad Lorenz: Man versteht, wie unter großem Triebdruck auch Leerlaufhandlungen zustande kommen.

(z.B. im Programm Excel), bis eine Tabelle besonders leicht aufzufassen ist. Kleine Zeichnungen können den Sachverhalt ganz in der Art einer Analogie, eines Modells verständlich machen und gleichzeitig die Überlegenheit bildhafter Speicherung nutzen.

Konrad Lorenz hat sein Triebmodell mit einer kleinen Zeichnung ausgestattet, die es erlaubt, so komplizierte Begriffe wie „doppelte Quantifizierung" und auch „Instinktbatterie" ganz unmittelbar aus der Anschauung zu verstehen. Der Instinkt wird nämlich 1. vom Wasserdruck ausgelöst und 2. vom „Zug" des aktuellen Reizes. Diese beiden Komponenten wirken zusammen.

Allein das Nachdenken darüber, welche Abbildung zum Stoff passen könnte, vertieft Ihr Verständnis. Umgekehrt: Wenn Sie Lehrer sind und

Abb. 16: Das Bild zeigt lustig, dass sich der Hund von seinem Herrn auch etwas ganz anderes abschauen kann als die zu lernende Verhaltensweise.

gute Modelle und Abbildungen finden, machen Sie Ihren Schülern das Verstehen viel leichter.

Karikaturen und humorvolle Abbildungen rufen Emotionen auf und prägen so den Stoff ein. Niemals werde ich die humorvolle Zeichnung zum Modelllernen vergessen, die ganz ohne Worte eine fundamentale Kritik an dieser Theorie vermittelt.

Lernziel Anwendung des Stoffs

Am besten probieren Sie Ihr Wissen an konkreten Fällen aus (vgl. auch Kap. 9).

Fallbezogenes Lernen

Regeln und Gesetze lernt man oft einzeln und voneinander unabhängig. Wenn sie auf die wirklichen Fälle des Lebens angewendet werden sollen, müssen aber meist andere Regeln mit berücksichtigt werden; da gelten auch Grenzen der Regel und Ausnahmen. Bei der Anwendung entwickelt man ein besseres Verständnis für die Regel. Im so genannten Projektunterricht geht es darum, Wissenserwerb an einem konkreten Anwendungsfall zu ermöglichen. Manche Ausbildung oder auch Prüfung besteht in der Anwendung des gelernten Wissens auf konkrete Fälle des wirklichen Lebens, so z.B. die Fragen der Führerscheinprüfung, die Fallklausur im Jurastudium, ein Fallgutachten im Psychologiestudium, eine Diagnosestellung an Patienten im medizinischen Vorbereitungsjahr etc. Manchmal gibt es solche Fälle, an denen man sein Wissen ausprobieren kann (im Internet finden sich bei den Suchwörtern „Fälle" und „Medizin/Jura/Steuerrecht/Betriebswirtschaft" relevante veröffentlichte Fallsammlungen). Manchmal muss man sich Fälle suchen. Dabei sollen die folgenden Fragen helfen:

- Kennen Sie Personen oder Ereignisse, auf die das Wissen angewendet werden kann?
- Gibt es natürliche Phänomene, die Sie mit dem gelernten Wissen erklären können?
- Könnten Sie selber in eine Lage kommen, in der Ihnen das gelernte Wissen nützlich sein kann?
- Können Sie Fälle finden (Bedingungen nennen), in denen die gelernten Regeln keine Gültigkeit haben?
- Gibt es Gegenstände, auf die das Wissen angewendet werden kann?
- Kennen Experten in Ihrer Umgebung Fälle, bei denen es schwierig war, das Schulwissen anzuwenden und bei denen es zu überraschenden Lösungen kam?

Bei selbst gesuchten Fällen sollte man die eigene Lösung allerdings einmal mit der Lerngruppe oder einem Experten besprechen. In der Lerngruppe kann es unterhaltsam sein, Fälle mitzubringen, die gemeinsam zu lösen sind.

Wissen selten anwenden

In Bezug auf die Anwendung von Wissen möchten wir noch einen Sonderfall abgrenzen, der häufig gegeben ist und den Anwender immer wieder vor Schwierigkeiten stellt: Es kommt nur selten dazu, dass sie ihr Wissen einsetzen können, z.B. bei vielen Bedienungsanleitungen oder bei Geheimnummern.

- (Video-)Kamera bedienen
- Fahrkartenautomaten bedienen,
- sich an Code-Nummer fürs Fahrradschloss oder PUK-Nummer fürs Handy erinnern,
- aber auch: für den Partner/die Partnerin ein Kleidungsstück in der richtigen Größe kaufen etc.

In diesen Fällen muss man auf dauerhafte Eselsbrücken zurückgreifen, wie sie im Kap. 5 beschrieben sind. Auch wenn die Information lange nicht gebraucht wurde, lässt sie sich dann noch abrufen.

Kreativität

Kreativität ist heute in vielen Berufsfeldern eine sehr geschätzte Eigenschaft. Angestellte werden für Verbesserungsvorschläge belohnt. Ganze Firmenimperien entwickelten sich aus der Kreativität der Gründer, die ohne alles Grundkapital als Bastler in einer Garage begonnen haben. So entstand z.B. eine der weltgrößten Firmen: Microsoft. Arbeitslose möchten sich mit einer guten Idee für eine „Ich-AG" selbstständig machen. Kreativität gibt es also nicht nur in Kunst und Literatur (und da wird sogar oft mehr kopiert als erfunden!), sondern sie kann in allen Lebensbereichen nützlich sein.

Allerdings bedarf es dazu der richtigen Einstellung, der Entscheidung zur Erfindung: Man muss sich richtig vornehmen, auch einmal eine neue Idee zu haben! Dazu gehört natürlich das Selbstbewusstsein, dass gerade mir etwas einfallen kann, was noch keinem anderen eingefallen ist. Und dazu gehört eine kritische Einstellung dem Bestehenden gegenüber.

Kritische Einstellung einnehmen

Das Neue entsteht aus der Kritik am Alten. Will man zu Innovation kommen, muss also eine kritische Einstellung geübt werden. Fragen Sie sich: Was ist an den Texten, die Sie lesen, falsch? Welche zugehörigen Phänomene werden durch den Text, durch die Theorie nicht oder nur unzureichend erklärt? Was widerspricht der Alltagserfahrung? Hierbei muss man eine gewisse Dickfelligkeit gegen Drohgebärden der anerkannten Autoritäten entwickeln.

> **Beispiel**
>
> Der berühmte Autor W. Wundt schreibt in der „physiologischen Psychologie" über die Futtersuche der Bienen, dass diese hintereinander herfliegen, um die Futterquelle zu finden. Wenn man die Flugreihe unterbräche, flögen sie in die Irre. Er selber habe das ausprobiert. Ein wenig Zweifel an seiner Annahme muss ihm dennoch geblieben sein, denn dann lässt er zur Festigung seiner Behauptung Beschimpfungen gegenüber abweichenden Meinungen los. Wer das jetzt noch nicht glaube, müsse ein wenig dumm und ignorant sein. – Heute wissen wir, dass Wundt irrte und die Bienen sich mit einer Sprache über Ort und Entfernung der Futterquelle verständigen. Um das eigene Denken zu trainieren, kann es sich lohnen, alte Lehrbücher des eigenen Fachs zu lesen. Man kann dann schmunzelnd beobachten, wie ein heute als falsch erkanntes Wissen mit Autorität vorgetragen wird. Aber auch was in heutigen Lehrbüchern steht, wird in 100 Jahren zu einem großen Teil als falsch oder völlig irrelevant gelten.

Man kann sich fragen, welche bislang unerklärten Phänomene durch die gelesene Theorie bei angemessenen Veränderungen der Theorie erklärt werden könnten. (In manchen Fächern gibt es Sammlungen unerklärter Phänomene, z.B. in der Psychologie die „unsolved mysteries of mind".)

Es ist ganz wichtig, eine knallharte Respektlosigkeit einzunehmen gegen alles, was für sicher und richtig genommen wird. Oft ähnelt die etablierte Wissenschaft – und auch dies ist eine Analogie – einer Büffelherde, die mit großem Getöse in eine Richtung jagt, während die besten Weidegründe in einer ganz anderen Richtung liegen.

Zusammenbringen getrennter Wissensgebiete

Ein nicht zu unterschätzender Anteil aller bedeutenden Erfindungen ist durch das Zusammenführen von Wissen aus unterschiedlichen Fächern entstanden. Das Wissen existiert oft entweder nur in verschiedenen Köpfen oder aber unter so unterschiedlichen Oberbegriffen, dass man es niemals zusammenbringen würde.

> **Beispiel**
>
> Ein Beispiel ist die Erfindung der Fotografie. Das nötige optische Wissen war schon lange im Besitz der Kultur und wurde seit Jahrhunderten in Form der Camera obscura angewandt. Auch das chemische Wissen über die Verfärbung von Silber-Stickstoff-Verbindungen unter Lichteinfluss war schon seit Jahrzehnten vorhanden. Komischerweise wurde die Fotografie viel später und dann aber fast gleichzeitig an zwei verschiedenen Orten erfunden (Nipice/Daguerre und Talbot).

Man weiß ja nun nicht, welches Wissensgebiet eine Entdeckung (bzw. eine interessante Hypothese) ermöglicht. Das muss man einfach testen. Nehmen Sie sich eine Liste möglicher Wissensgebiete, suchen Sie willkürlich eines oder mehrere heraus und prüfen Sie, ob Sie Sachverhalte dieses Wissensgebietes in Verbindung zum eigenen Ausgangswissensgebiet bringen können.

In der für ihre Kreativität so bewunderten Kunst läuft der Prozess der Innovation in wirklich vielen Fällen fast noch simpler ab: Es wird eine (möglichst emotional aufgeladene) Bildwelt gesucht, die für die Kunst noch nicht ausgenutzt ist, und in die Welt der Kunst übertragen.

> **Beispiel**
>
> Andy Warhol war ein Meister dieses Vorgehens. Erst verwendete er Pressefotos von Selbstmördern im Sprung oder Fotos vom elektrischen Stuhl, dann Idole (wie Elvis oder Marilyn), Produktdesign (Campbell-Suppendose), später auch religiöse Bilder oder das Abbild von Geldscheinen (100-Dollar-Note).

So kommt es zur Copy-Art, zur Kunst mit Röntgenbildern, mit Knipserfotos, mit Relikten von Essenstafeln etc. Vielleicht ist es außerdem wichtig, den Bildern einen therapeutischen Zweck zuzuweisen. Was sollen sie für den Betrachter tun? Dalí versuchte, tabuisierte, unterdrückte Impulse ins Bewusstsein zu heben. Die Mechanik der Erfindung der Künstler ist auch oft das Zusammenbringen von zwei Wissensgebieten. Das Wissen über Gestaltung und visuelle Bearbeitung (bei Warhol eine eigene Siebdruckerfindung) wird auf ein neues Gebiet (Bilder, die bis dahin noch nicht zur Kunst gehörten) angewandt.

Analogien

An der Wiege vieler bedeutender Entdeckungen stand eine Analogiebildung (Darwin: Der Ursprung der Arten wird als Baum dargestellt; Einsteins Relativitätstheorie benutzt das Bild einer Zugfahrt). Das wundert nicht, wenn man sich vor Augen führt, dass die Analogie ja nichts anderes ist als die In-Beziehung-Setzung von zwei verschiedenen Wissensgebieten. Die Analogie ist nichts anderes als die Aussage: X verhält sich in vielen Aspekten wie Y. Wenn man z.B. den Stromfluss durch die Analogie des Wasserflusses in einer Leitung verstehen will, so wendet man eben Kenntnisse aus der Strömungslehre auf die Elektrizitätslehre an. Die Analogie führt von sich aus zu neuen Hypothesen. Man kann sich fragen, ob es alle Sachverhalte des Ausgangsgebietes auch in der Analogie und umgekehrt gibt. Man kann sich ebenso fragen, wie man eine Innovation des Wissensgebietes in der Analogie erreichen könnte. Nehmen wir ein Beispiel:

> **Beispiel**
>
> Wie müsste im Wasserfluss eine Anordnung aussehen, die nur Wasser mit niedrigen Fließstärken durchlässt, aber nicht mit hohen Fließstärken? Das können wir leicht konstruieren. Man könnte ein Ventil nehmen, das sich bei hoher Flussstärke gegen eine Feder drückt und die Leitung verschließt, bei niedriger Strömungsstärke aber nicht weit genug vorgedrückt wird und an den Rändern Wasser durchlässt. Kann diese Erkenntnis für die Entwicklung einer entsprechenden (Schutz-) Vorrichtung gegen zu starken Stromfluss genutzt werden? Wir sind keine Experten für diese Dinge und wollen hier nur die Art des Nachdenkens zeigen, die zu neuen Ideen führen kann. Für alle brauchbaren Erfindungen gilt, dass sie nicht ohne wirklich fundierte Kenntnis des Wissensstandes ihrer Zeit möglich sind.

Manchmal führt es zu einer Erfindung, wenn man sich selbst als Analogie nimmt. Jemand will beispielsweise eine Mechanik für einen Reißverschluss erfinden und fragt sich nun: Wie müsste man sich festhalten, damit eine Reißverschlusskette aus Menschen möglich wäre? Wie müssten Arme oder Beine ineinander greifen?

Wie kommt man zu Analogien?

1. Zur Analogiebildung nimmt man, wie oben im Abschnitt über die Wissensgebiete, den Zufall zu Hilfe. Man blickt im Raum umher, ob

sich eine zufällige, nützliche Assoziation ergibt. Wer den Zufall systematischer suchen möchte, nimmt sich ein Lexikon und liest die Begriffe von A-Z so lange, bis ein Eintrag zu einer brauchbaren Idee führt. Sucht man bildhafte Einfälle, kann man die Zufallsstrukturen einer bröckelnden Wand nutzen, um dort Anregungen – z.B. für die Form einer Landschaft – zu finden. Das schlägt Leonardo da Vinci vor; Max Ernst nutzte zum gleichen Zweck Durchpausungen von Holzmaserungen, so genannte Frottagen.

2. Man sucht den Oberbegriff für den Sachverhalt, für den man eine Analogie finden möchte, und prüft, ob da andere Unterbegriffe existieren. Wenn man z.B. eine Analogie für den Stromkreislauf sucht, führt dieses Vorgehen zum Oberbegriff „Kreislauf". Ein anderer Kreislauf ist der Wasserkreislauf, der die bewährte Analogie für den Stromkreislauf liefert.

Vitales Interesse und verlängertes Nachdenken

Damit man sich ein umfangreiches Wissensgebiet so intensiv erarbeiten kann, dass Erfindungen möglich werden, ist eine starke Motivation erforderlich. So haben Ärzte neue Kuren für Krankheiten erfunden, weil ihre geliebte Frau davon betroffen war. Diese Selbst-Betroffenheit ist manchmal Voraussetzung für den Einsatz der Energie und für die Bereitschaft, dauerhaft über ein ungelöstes Problem nachzudenken. So gelang es zuweilen gerade solchen Künstlern, die selbst ein wenig missgestaltet waren, besonders schöne Bilder zu schaffen (Toulouse-Lautrec, Jacques-Louis David und viele andere mehr). Sie konnten in der Schönheit des Werks ihre eigene Missgestalt stellvertretend überwinden. Ist es also das Ziel eines Menschen, der Kultur durch Erfindung zu dienen, so kann es nicht schaden, wenn er sich ein Problem sucht, an dessen Lösung er ein vitales persönliches Interesse hat.

Die neue Idee ist gar nicht so oft die Frucht bewussten Nachdenkens, wie man glaubt. Sie kommt im Schlaf oder taucht plötzlich auf, wenn man gerade gar nicht an das zu lösende Problem denkt. Im Hinterkopf hat das Getriebe des Denkens irgendwie doch noch weitergearbeitet, hat möglicherweise minimale Hinweise aus der Umgebung aufgenommen und verwertet. Wie das passiert ist, kann man nicht sagen. Damit es passieren kann, muss man sich dauerhaft mit der Lösung eines Problems beschäftigen, über das man so viel wie möglich weiß. Das wiederum wird leichter fallen, wenn man sich für die Lösung des Problems wirklich stark interessiert.

Natürlich kann auch der Stolz (oder die Hoffnung auf den Stolz), eine Erfindung zu machen, eine starke – und völlig berechtigte – Antriebsfeder für die Beschäftigung mit einem Problem sein.

Lernprodukte, E-Learning und Nützliches im Internet

Es gibt viele Produkte, die das Lernen unterstützen und die auf dem Computer laufen. Solche Produkte sind, eben weil sie auf dem Computer laufen, stärker mit dem Internet verbunden, obwohl man manche auch in Buchhandlungen oder Computergeschäften finden kann. Einige Produkte sind aber ausschließlich im Internet zugänglich, sogar als Freeware; andere lassen sich als Demos aus dem Internet herunterladen. Wegen dieser Affinität von Lernsoftware, Computer und Internet findet man gerade im Internet Portale, die Lernsoftware auflisten und zum Teil Bestellungen ermöglichen. Solche Portale sind im Folgenden angegeben.

Das Internet

Sucht man im Internet Informationen, die das Lernen unterstützen, so findet man noch manches andere. Das geht los mit Examensfragen und endet bei interaktiven Lernprogrammen, hier allerdings einige Warnungen vorab:

- Internetadressen sind kurzlebig: Von einer 2002 veröffentlichten Liste mit Lerntipps konnten wir die Hälfte erst gar nicht öffnen!
- Weitere 25 Prozent verfolgten irgendwie geartete kommerzielle Interessen, ohne viele Informationen vorzuhalten (z.B. Verkauf irgendwelcher Seminare).
- Wieder andere sind Psychologie-Buchtexte, die ins Internet gestellt wurden und die eher den Theoretiker interessieren (z.B. *www.stangl-staller.at*).
- Unter 34 Internetadressen haben wir eine einzige interessante gefunden, die im Folgenden verarbeitet ist. Der Zeitaufwand war selbst mit der Link-Liste enorm; ohne Hinweise ist der Zeitaufwand noch größer.

Dennoch findet man eben auch Information, die sonst nur von Insidern gesammelt werden könnten. Es folgen einige Beispiele.

Examensfragen

Unter dem Suchstichwort „Examensfragen" (oder eingeengt: „Examensfragen Psychologie") kommen massenweise Angebote von Sammlungen und Veröffentlichungen; das kann ein Download, eine CD-ROM oder auch ein Buch oder Skript sein. Dabei sind der Medizin- und der Pflegebereich stark vertreten, andere Prüfungen nicht so sehr. Es gibt sogar Seiten mit Examensfragen, die in Prüfungen aller deutschen Universitäten gestellt wurden (z.B. www.uni-protokolle.de). Allerdings fanden sich für das Jahr 2005 aus der Universität Köln nur drei Prüfungsberichte über Mathematik und Geologie. Da muss man abwarten, ob sich diese Sammlungen füllen. Das Personal der Universitäten wechselt natürlich gelegentlich, und die Fragen des Lehrstuhlvorgängers sind nicht sehr hilfreich: Nutzen Sie solche Angebote nur, wenn Sie Fragen von derselben Person finden, die auch Sie prüfen wird! Oft haben Fachschaften und ehemalige Prüflinge bessere Fragensammlungen, die sie zum Kopieren anbieten.

Examensfragen findet man zu den folgenden Themen. Wer den Suchbegriff „Examensfragen" eingibt, wird natürlich am häufigsten zu veröffentlichen Fragesammlungen verwiesen, die man käuflich erwerben soll. Immerhin ist es gut zu wissen, ob es so etwas für das eigene Lerngebiet gibt.

- Medizin: Augenheilkunde; Physikum; 2. Staatsexamen; Biochemie; Neurologie; Sozialmedizin.
- Pflege: Krankenschwestern; Krankenpflege.
- Jura: Straßenverkehrs-Strafrecht; Betäubungsmittel-Strafrecht; Ökonomie für Juristen.
- Verschiedene: Rettungsassistent.

Eselsbrücken und Ersatzwörter

Das Internet bietet Hunderte, ja Tausende von Seiten mit Eselsbrücken. Schaut man genauer hin, sind es aber immer wieder die (wenigen) gleichen Eselsbrücken (333 bei Issos Keilerei – und noch zwei andere beim Thema Geschichte). Nur für das Medizinstudium haben wir in den Webseiten der großen Medizinverlage (Springer, Thieme) etwas umfangreichere Sammlungen gefunden. Dennoch waren es in den einzelnen Sammlungen für alle Fächer der Medizin zusammen nicht mehr als ca. 150 Eselsbrücken. Sammlungen mit jeweils ein wenig abweichendem Inhalt findet man unter *www.viamedici.de*, *www.medizinstudent.de* und *www.madmed.de*.

Ersatzwörter für medizinische Begriffe, mit denen man dann weiter Eselsbrücken konstruieren kann, findet man unter: *www.mnemotechnik.de*.

Chat zu Gedächtnistechniken und speziell auch Gedächtniskunst: *www.brainboard.de*.

Internetbörse zur Gründung von Lerngruppen: *www.lernag.de* (auch überregionales Angebot des Kölner Studentenwerks).

Instrumente zum Herstellen von Lernhilfen

Für verschiedene hier beschriebene Vorgehensweisen können freie Programme aus dem Internet heruntergeladen werden. Es gibt Shareware, die man eine Zeit lang frei ausprobieren kann und dann bestellen soll, und Freeware, die man kostenlos herunterladen kann.

1. Mind-maps und Concept-maps

FreeMind ist ein brauchbares und nicht allzu großes Programm für Mindmaps. Ganz ähnlich sind Concept-maps. Dafür gibt es geeignete Freeware, die man herunterladen kann: *www.cmap.ihmc.us*.

2. Karteikartensysteme

Es werden verschiedene käufliche Karteikartensysteme angeboten (vgl. S. 103). Es gibt auch Programme, die ein Karteikartensystem anbieten, die aber erst vom Lernenden selbst mit Inhalten gefüllt werden müssen.

Lernsoftware

Das selbstständige Lernen soll von einem nahezu unüberschaubaren Angebot von Lernsoftware unterstützt werden. Es ist fast unmöglich, nur anhand der Texte auf den Verpackungen eine geeignete Software zu finden.

Es gibt Ratgeber und Bewertungen, bei denen schwer einzuschätzen ist, inwieweit sie interessengeleitet sind. Unter der Adresse *www.softguide.de* finden sich beispielsweise viele Lernprogramme, die dort auch bestellt werden können; manchmal kann man Demo-Versionen herunterladen. Die Programme werden beschrieben und bewertet (man kann zusätzlich eine CD mit einer Liste von 9800 Lernprogrammen bestellen).

In einem Seminar „Mnemotechniken" wurden die Studenten gebeten, Vokabeltrainer und Sprachlernprogramme vorzustellen. Dabei kam heraus, dass die Spracherkennung (Rückmeldung, ob die Aussprache eines Wortes richtig war) nur sehr fehlerhaft funktionierte; es wurden z.B. völlig andere Wörter als das gesprochene als richtig erkannt. Es kommt anscheinend auch sehr auf das richtige Mikrofon an. Es stellte sich weiter heraus, dass sich eines der beliebtesten Sprachprogramme bei mehreren Teilnehmern, die das Programm erworben hatten, in der Mitte des Lernprozesses „aufgehängt" hatte und man anschließend nur sehr aufwendig wieder zu dieser Stelle gelangte. In den Besprechungen und Bewertungen der Programme finden sich solche Informationen nicht. Das kann daran liegen, dass die professionellen Bewerter in den Medien das Lernprogramm im Wesentlichen nach der Beschreibung und den Startseiten bewerten, es kann aber auch daran liegen, dass solche Besprechungen doch auch immer Werbeveranstaltungen sind. Mit dieser Mahnung zur Skepsis weisen wir auf einen Führer für Lernsoftware für Kinder hin:

Feibel, T. (2002). *Die beste Lernsoftware*, Rowohlt.

Das Buch gibt einen Überblick über Lernsoftware für Kinder und Jugendliche und zum Teil auch für erwachsene Lerner, der nach Schulfächern gegliedert ist. Lehrer und Schüler haben die Software ausprobiert und geben jeweils in einem zumeist positiven (fiktiven) Satz eine Stellungnahme zu dem Programm ab. Vom Autor (vermutlich unter Mitarbeit der Lehrer) wird das Programm mit 1 bis 6 Punkten (so genannten Büffeln) nach folgenden Kriterien bewertet: **I. Inhalt**: Stand der Fachwissenschaft, fachgerechte Sprache, Lernen im Zusammenhang, Koordination mit dem Lehrplan der Schule. **II. Didaktik**: Vom Einfachen zum Schwierigen? Lerneinheiten? Wird Vorwissen berücksichtigt? Unterschiedliche Schwierigkeitsstufen? Lernkontrolle? Entspricht die Didaktik dem Lebenskontext der Schüler? **III. Mediengerechte Umsetzung**: Erklärt Funktionen, lokale Anbindung und ob der Sinn der Symbole klar ist.

Es lassen sich generelle Vor- und Nachteile des Lernens mit Lernsoftware ausmachen.

Vorteile
Man kann seine Lernzeit selbstständig festsetzen.
Man wird nicht von einem Menschen kritisiert, wodurch das Lernen kränkungsfrei verläuft.

Nachteile
Man lernt allein und wird nicht durch eine Gruppe motiviert.
Die Lernsoftware geht gegebenenfalls nicht auf die speziellen Bedürfnisse ein (z.B. beim Sprachenlernen: urlaubstaugliches Vokabular).
Die Lernsoftware funktioniert manchmal nicht wie beschrieben.

Es folgt eine Liste von Produkten, die dem Leser eine Vorstellung davon gibt, in welchen Bereichen er Hilfe durch Lernprogramme und Lernspiele erwarten darf. Programme für Kinder sind motivierend (oft gibt es Lob, wenn eine Aufgabe richtig gelöst ist) und durch die Animation auch spannend, aber die meisten Programme erfordern dennoch die Anwesenheit eines erwachsenen Begleiters. Es handelt sich um Freeware (F), Shareware (S) oder käufliche Programme (KP); dies ist jeweils durch den entsprechenden Buchstaben gekennzeichnet.

Lernspiele

Es gibt viele Lernspiele. Über Shareware und Freeware informiert „Otto's Lernspiele Lexikon", das man als CD bestellen kann; aus der CD heraus können alle Lernspiele einmal angespielt werden. Für Bewertungen und mehr Informationen sollte man die Webseite *www.lernspiele.at* aufsuchen. Einige Spiele sind im Anhang aufgeführt (ohne Geschicklichkeitsspiele und Denkspiele).

Eine kleine Auswahl von kommerziellen Lernspielen

Im Internet findet man Kreuzworträtsel (z.B. *www.nonstopenglish.com*), das den Anfangswortschatz in Englisch, Französisch, Spanisch bzw. Italienisch abfragt.

Im Lernspielkrimi „Technikus – Ten hours left" von Klett muss Wissen aus Physik und Elektrotechnik eingesetzt werden, um ein Schloss auszurauben (KP, empfohlen von „Focus").

„Englisch lernen mit Ritter Rost" (ab 3. Klasse, Terzio, KP) erlaubt es, nebenbei Englisch zu lernen, während Ritter Rost König werden will (empfohlen in der „Welt am Sonntag", aber von Benutzern kritisiert, z.B. weil die deutsche Anleitung grammatisch fehlerhaft ist).

Der **Zahlenteufel** (Terzio) oder **Lollipop** (Cornelsen, KP) bringen Kindern die Welt der Zahlen und die Grundrechenarten nahe (empfohlen in der „Welt am Sonntag"); es gibt auch ein Kreuzworträtsel „Grundrechenarten".

Training für Schüler mit Lese-Rechtschreibschwäche
Cesar Lesen 1.1 und **Cesar 1.0 Schreiben** (2.-4. Klasse, KP) ist ein Lernspielsystem. Trainiert werden das Erkennen der Raumlage von Buchstaben und der Buchstaben selbst, Lautanalyse und -synthese, Sinn erfassendes Lesen. Unsere Studenten berichteten über gute Erfahrungen mit Kindern, die das Spiel gern nutzten.

Duden-Lernsoftware: Prozente, Zinsen und Dreisatz (Altersgruppe 10-16 Jahre, KP): In einem Lehrgang wird knapp und an Beispielen Grundwissen vermittelt, das in Übungen mit unterschiedlich gelungener Animation vertieft wird. Es können individuelle Schwierigkeitsgrade gewählt werden.

Lernspiele in Buchform

In den Buchhandlungen steht ein reiches Lernspielangebot in Buchform zur Verfügung, das sich meist mit vorschulischem und schulischem Lernen befasst. Es gibt Angebote zu den Bereichen Rechnen, Lesen und Schreiben (Grammatik, Diktat schreiben), außerdem natürlich viele Spiele zum Sprachenlernen (Englisch, Französisch, Spanisch, Italienisch – zum Teil mit CD, zum Teil mit Quartett-Karten). Daneben haben wir entdeckt: „Die Uhr lernen", „Verkehrserziehung", „Neue Rechtschreibung".

In den Internetbuchhandlungen können Sie Kundenrezensionen und -bewertungen finden; inwieweit diese von Autoren und Verlagen eingeladen oder vorsortiert sind, bleibt natürlich offen. Wenn wir davon ausgehen, dass die Verlage und Autoren sich nicht gegenseitig „in die Pfanne hauen" wollen, sind negative Bewertungen am ehesten „echte" Kundenmeinungen. Die Begründungen für negative Stellungnahmen sollte man also besonders aufmerksam lesen.

(Noch einmal: Achtung, Internetadressen wechseln schnell! Finden Sie eine hier erwähnte Adresse nicht, versuchen Sie es mit einer anderen oder verwenden Sie eine Suchmaschine für das relevante Stichwort.)

Anhang

An dieser Stelle finden Sie zwei ausgearbeitete Lernsysteme. Ähnliches könnte man für viele Bereiche konstruieren.

Das kyrillische Alphabet: eine memotechnische Aufbereitung

Hier finden Sie eine Lernhilfe zum Lesen der kyrillischen Schrift. Unterwegs in Russland, z.B. in der U-Bahn, fällt dem Reisenden die Orientierung schwer, wenn er die kyrillische Schrift nicht lesen kann. Vor einer Russlandreise lohnt es sich also, diese Mnemotechnik einmal aufmerksam durchzulesen. Wer im Anschluss die kyrillische Schrift oft liest, automatisiert die Buchstabenerkennung und braucht die kleinen Merkhilfen bald gar nicht mehr. Die Merkhilfe lohnt sich also besonders dann, wenn man die auf diese Weise neu erworbenen Kenntnisse auch wirklich bald verwenden kann. Meist werden zu einem sichtbaren Merkmal des Buchstabens bildhafte oder phonemische Assoziationen geknüpft, die man sich sehr leicht merken und daher mit wenig Aufwand lernen kann.

Die Wirksamkeit der Merkhilfe ist praxiserprobt: Eine Gruppe von acht Studenten, die über diese Merkhilfe verfügte, konnte die kyrillische Schrift nach einer 14-tägigen Reise überwiegend lesen. In einer Reisegruppe von zehn Akademikern ohne diese Merkhilfe, die sich ebenfalls 14 Tage in Moskau aufhielt, gab es am Ende der Reise kaum Kenntnisse der kyrillischen Schrift.

Die Buchstaben lassen sich nach den Lernanforderungen in drei Gruppen einteilen:

A) Buchstaben, die gleich aussehen wie in unserem Alphabet, aber eine andere Bedeutung haben

B, C, H, P, X, Y

Im Zweifelsfall kann man mit dem folgenden Satz überprüfen, welche Buchstaben dazugehören; es sind jeweils die Anfangsbuchstaben dieser Wörter:

- **Y**vonne **C**remt **P**apas **X**-Beine **H**albherzig
- Wie kann man sich die einzelnen Buchstaben merken?
- B wie „Beule", tut weh, ist W
- H wie „hoch den Querstrich", ist N
- X wie im griechischen Christuszeichen, **P**
   X
- ist Ch wie „Christus" (Die Aussprache ist dann aber Ch wie „Chile" und nicht K wie „Christus")
- P Papa trägt noch einen „Schlips", ist R
- C Denke „complete!" und zeichne die zweite Hälfte zum S an, ist S
- Y kleines v mit U̱nterstrich, ist U

B) Buchstaben, die gleich sind

A, E, K, M, O, T

Im Zweifelsfall kann man mit folgendem Wort überprüfen, welche Buchstaben dazugehören:

„KOMETA"

oder mit den Anfangsbuchstaben des Satzes:

„Kann Man Ohnehin Alle Einfach Tadellos"

C) Neue Buchstaben

Was ein bislang unbekannter Buchstabe ist, sieht man ja sofort.

- Б sieht wie b aus, ist B
- Г wie G̱algen, ist G
- Д sieht aus wie D auf Stelzen oder Dreieck, ist D

- Ж 3 Striche – einer für s, einer für c, einer für h, ist SCH (wie in Garage)
- З wie alte deutsche Schreibschrift z: z, ist Z
- Ë oben Punkte oder Strich, ist O
- И „Neiiiin falsches N, iii!", ist I
- Й zum „i" etwas dazu, ein Buchstabe weiter als i, ist J
- Л linker Bogen oder gekipptes L, ist L
- П wie Symbol für Parkhaus, ist P
- Ф Symbol wie Fangeisen, ist F
- Ц zwei Striche nach oben, ist Z
- Ч sieht aus wie eine 4, hat 4 Buchstaben, ist TSCH
- Щ ist doppelt Ч, also doppelter Laut, ist SCHTSCH
- Ш drei Linien, wieder für drei Buchstaben: s,c,h, ist SCH
- Ы wie in Blitz, der sieht aus wie Y, ist Y oder EY
- Э Euro-Zeichen verkehrt herum, ist E
- Ю io, sieht so ähnlich aus wie IU mit einem kleinen Unterschied, ist IU
- Я Nein, kein R, ist JA
- Ь Ausspracheanweisung
- Ъ Ausspracheanweisung

Liste einiger italienischer Vokabeln mit Schlüsselwörtern

(ab Wort 20 finden Sie bitte eigene Schlüsselwörter!)

Nummer	Schlüsselwort	Bedeutung	Vokabel	Bild selbst gestalten!
1.	China/Schema	das Abendessen	la cena	
2.	Kammer	Kellner	il cameriere	
3.	Colt	Messer	il coltello	
4.	Forke	Gabel	la forchetta	
5.	Liste	Speisekarte	la lista	
6.	Platte	Teller	il piatto	
7.	Kutsche	Löffel	il cucchiaio	
8.	Portalscharnier	Aschenbecher	il portacenere	

Nummer	Schlüsselwort	Bedeutung	Vokabel
9.	Feger	Leber	il fegato
10.	Riese	Reis	il riso
11.	salzig	Würstchen	la salsiccia
12.	Lepra	Hase	il lepre
13.	Servus/ Servo-Lenkung	Hirsch	il cervo
14.	Combo/ Lombardei	Rücken	il lombo
15.	Korsika	Keule	la coscia
16.	pieseln	Erbse	il pisello
17.	Fagott/ Fidschi	Bohne	il fagiolo
18.	Zucker	Kürbis	la zucca
19.	Pinocchio	Fenchel	il finocchio

Finden Sie jetzt selbst Schlüsselwörter!

Nummer	Schlüsselwort	Bedeutung	Vokabel
20.		Zwiebel	la cipolla
21.		Gurke	il cetriolo
22.		Schlagsahne	la panna montata
23.		Apfel	la mela
24.		Pflaume	la prugna
25.		Dattel	il dattero
26.		Birne	la pera
27.		Feige	il fico
28.		Himbeere	il lampone
29.		Erdbeere	la fragola
30.		Kirsche	la ciliegia
31.		Walnuss	Il noce
32.		Herz	il cuore

Lösung der Fotofragen von S. 209

Die Landschaft wird man mit Blende 8 fotografieren, weil dann die höchste Tiefenschärfe erreicht wird, aber noch keine Interferenzen durch die Blende entstehen.

Zuerst wird man auf die richtige Belichtung achten, erst dann interessiert die Tiefenschärfe.

Beim Zusammenstellen der Regeln wäre auch der Begriff der „Ebenenschärfe" nützlich, also der Schärfe der Bildebene, in der das Motiv liegt. Bei der Fotografie von Sportereignissen z.B. kommt es ja gar nicht auf die Ausdehnung der Schärfe in der Tiefe, sondern auf die Schärfe des Motivs an. Daher kann man mit geöffneter Blende zugunsten der „Ebenenschärfe" auf die Tiefenschärfe verzichten.

Lösungsvorschlag für die Mind-map der Aufgabe auf S. 174 (A) und der Beispielaufgabe zur Codierung einer Zahl S. 141 (B)

A) Abb. 17 (S. 232)
B) 744996

Eine Hilfe zum Erlernen des Alphabets

Diese Lernhilfe eignet sich für den Erstleseunterricht, aber auch zur Unterweisung von Menschen, die erst im Erwachsenenalter das Lesen lernen. Die Kenntnis der deutschen Sprache wird allerdings vorausgesetzt.
1. Alle (Druck-) Buchstaben werden als Körperhaltung dargestellt (Abb. 18).
2. An der jeweiligen Figur lässt sich das Phonem ablesen (P = Puppe, T = Tänzerin, F = Fußballspieler, H = Händehalten).
   Solche Bilder von bewegten Figuren lassen sich leicht merken. Aus ihnen kann man – wie gesagt – Form und Phonem des Druckbuchstabens ableiten.
3. Die Buchstaben treten in einer Comic-Geschichte auf, deren erste Teile vorgelesen werden. Darin werden die neuen, wie beschrieben animierten Buchstaben eingeführt. Wenn dann alle Buchstaben in der „ani-

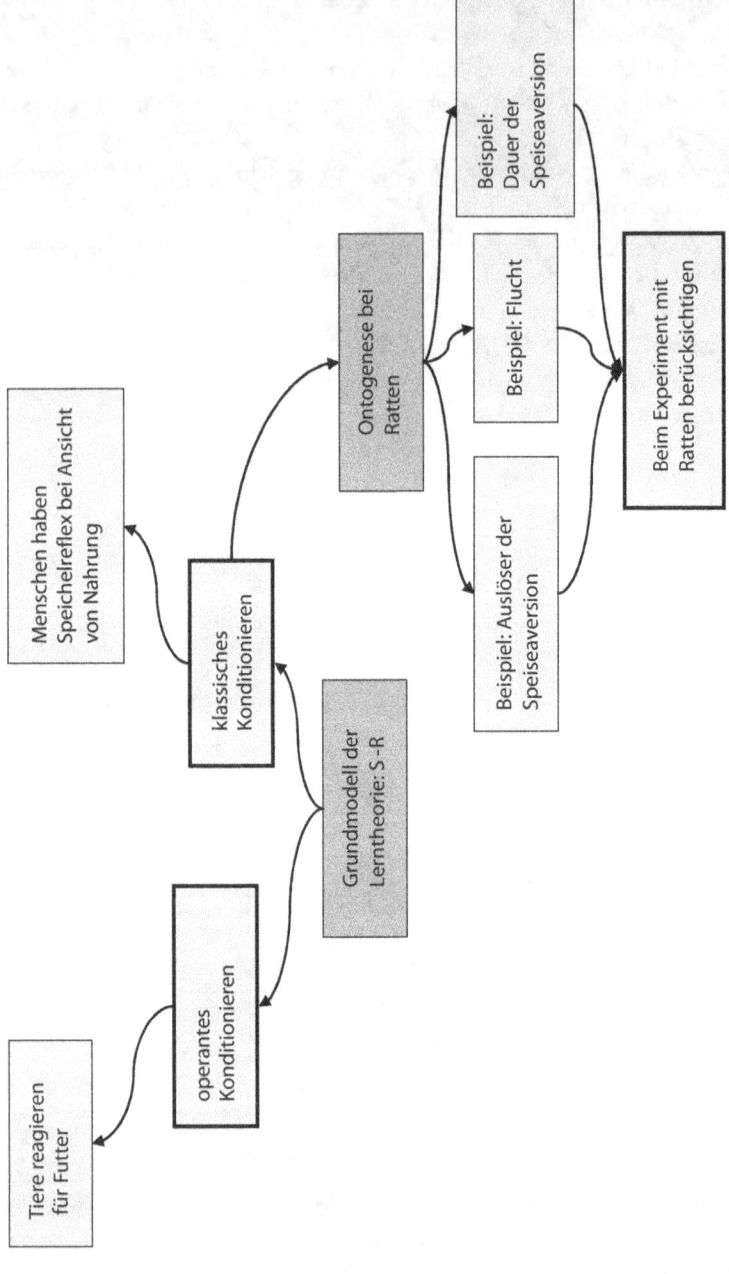

Abb. 17: Muster-Mind-map für das Textstück.

Abb. 18: In dieser Präsentationsform lassen sich die Verbindungen von Form und Phonem leicht lernen.

mierten" Form (Abb. 18) aufgetreten sind, kann der Lernende schon bald selber Textteile lesen. Die Geschichte von Martin Schuster und Ulrich Overländer kann beim Autor (Schuster) bestellt werden.

Software, die beim Lernen hilft

Im Folgenden finden Sie Lernprogramme nach verschiedenen Lernstoffen unterteilt. Unsere Liste erhebt nicht den Anspruch, vollständig oder aktuell zu sein. Das liegt vor allem daran, dass fast täglich neue Software bzw. Neuauflagen auf den Markt kommen. Deshalb haben wir auch darauf verzichtet, die genaue Version des entsprechenden Lernprogramms anzugeben. Trotz dieser Einschränkung kann Ihnen unsere Auflistung sowohl einen Eindruck von den Möglichkeiten (die sich im Prinzip nicht so schnell ändern) als auch von der bestehenden Vielfalt der Lernsoftware geben. Darüber hinaus gibt es Hinweise, wie und wo Sie suchen können.

Fast alle diese Programme sind – zumindest zum Ausprobieren – kostenlos (Freeware, Public-Domain-Software, Shareware). Handelt es sich um reine „Kaufprogramme", so wird dies hier extra erwähnt (mit „KP").

Hauptsächlich haben wir die Lernspiele aus „Otto's Lernspiele-Lexikon" in unsere Liste aufgenommen, weil sie das Lernen in besonderer Weise motivieren. Dieses kann man als CD bestellen, aus der heraus man alle Lernspiele einmal anspielen kann (*www.lernspiele.at*). Alle Lernprogramme auf der nachfolgenden Liste, bei denen kein Hersteller genannt ist, befinden sich in „Otto's Lernspiele-Lexikon". Denk- und Geschicklichkeitsspiele sind in unserer Auflistung nicht enthalten.

Sprache allgemein

Preschool Pack: Abzählen, zuordnen; **Lernspiele für Vorschulkinder**; **Cesar Lesen**: Buchstaben erkennen für die 2.–4. Klasse (KP); **Cesar Schreiben** (KP); **PrismaSpell**: Diktate und Fehleranalyse; **Pollux Rechtschreibtrainer**: Klasse 1-4; **SLP2000**: Interaktives Programm zum Erlernen der Sütterlin-Schrift.

Sprache Deutsch

ABC: Buchstaben lernen – ähnlich: **ABC-Spiel; Alex. Budenberg-schnupperlizenz**: Silbenlesen und anderes; **Deutsch-Wurli**: Rechtschreibtraining; **Deutsch/Mathematik i.d. Grundschule**: Lernprogramm, Demoversion; **Deutsch/Mathematik i.d. Hauptschule**: Lernprogramm, Demoversion; **Wörterkiste Deutsche Grammatik 1**: Training von Stammformen; **Wörterkiste Deutsche Grammatik 2**: Training von Stammformen; **BF Leselernprogramme**: versch. Förderprogramme zum Lesenlernen; **Lalipur** (Demoversion): Blitzlesen; **Lectra**: Lesetraining; **Lesen 2000 4XL – Shareware**: Training von Lesen und Rechschreiben; **Sprüche- und Zitatelexikon**: Nachschlagewerk.

Verschiedene Fremdsprachen

Basti's VocProf: Vokabeltrainer für alle gängigen Sprachen; **IntelliTrainer**: für alle Sprachen geeignet – ähnlich: **Learnit; Meista JO; PowerVoc; Teachmaster; Voc2000; WinVok II; Vokalix; Befovok. Der Vokabulator**: Vokabellernprogramm versch. Sprachen – ähnlich: **Do test … !; Ultimate Language Tutor; Vokabel Champ; Smartvokabel. Wordsearch Maker**:

Wortsuchrätsel herstellen; **Belearn Vokabeltrainer**: Vokabeldateien für Englisch, Latein, Französisch, Spanisch; **Lang-Trek**: Vokabel- und Grammatiktrainer für Englisch und Französisch; **SKS Vokabel**: Fremdsprachenwörterbuch mit Vokabeltrainer für Deutsch-Englisch, Französisch, Spanisch, Italienisch; **tmx.de**: Sprachprogramm und Vokabeltrainer für Englisch, Französisch, Spanisch (... *Spiegel: „Prädikat cool", c't-magazin: „hochinnovativ und sehr gelungen..."*); **Scottie-Teachware**: Lernprogramm für Deutsch, Englisch, Französisch, Latein.

Verb: Konjugation französischer Verben im Präsens; **Voc-DF**: französischer Vokabeltrainer; **Lingua Latina**: Lateinische Deklinationen und Konjugationen; **Parcenator**: Lateinlernprogramm; **Wörterkiste Türkisch-Deutsch 1** und **Wörterkiste Türkisch-Deutsch 2**: Training von türkischem Wortschatz; **ThaiTrainer111**: Lernhilfe für Thai; **DeutschTrainer111**: Deutsch-Lernprogramm für Thailänder; **Dr. Do's Chinesisch Trainer**: Chinesisch-Lernprogramm; **BodyTalk**: Körpersprache verstehen lernen.

Fremdsprache Englisch

Amy's First Primer: Anfängerenglisch – ähnlich: **Animated Beginning Phonics; Animated Clock for Windows; Clock Face; Kid's Querty; Michelle's ABCs; Pictures ABC; Talking Teacher for Windows**: Übungen zum englischen Alphabet; **Roxie's ABC Fish; Tell The Time; Words Alive; Wordtrix. Wörterkiste Deutsch-Englisch 1**: Wortschatztraining ab 2. Lernjahr; **Wörterkiste Deutsch-Englisch 2**: Wortschatztraining ab 3. oder 4. Lernjahr; **X-Figure**: englisches Zahlenkreuzworträtsel; **Englisch lernen mit Ritter Rost**: spielerisch Englisch lernen, während Ritter Rost König werden will (ab 3. Lernjahr; Kaufprogramm: Terzio) – ähnlich: **Word Rescue; Do Don't**: Training von Verneinung und Frage mit „to do"; **Memorary**: spielend Englisch lernen; **Idioms**: Redewendungen Englisch-Deutsch – ähnlich: **Idioms für Windows. Oliv V 1.01**: unregelmäßige englische Verben – ähnlich: **Verb-E; Sentence Builder**: englische Satzstellung; **Teachman**: Grammatik-Lernprogramm; **The Spelling Voice**: Rechtschreibtraining; **The Strongest Link**: englisches Ratespiel; **The PC / Internet Lexicon**: ausführliches Nachschlagewerk; **Voc-DE**: Vokabeltrainer; **Wintelligence**: englischsprachiger Intelligenztest; **WinWise**: Zitate, Sinnsprüche; **Vokatrain**: Bildschirmschoner (immer, wenn sich der Bildschirmschoner einschaltet, werden verschiedene englische Vokabeln gezeigt. KP; Haeger New Media).

Tastaturbedienung: 10-Finger-Schreiben

Tippgeschwind: 10-Finger-Schreibtraining – ähnlich: **Der Schreibtrainer für Windows; Ein kleiner Tipptrainer; Harry's PC Schreib**; Input; Tipp-Rapid Shareware.

Mathematik

Lernprogramme für Vorschule und 1. Schulklasse
Mathe 1+1; Äpfel; Beat the Bomb; Counting Frame; Drachenkugeln; Drachenstadt; FIPS; Formen finden; Fructus for Windows; Kaufladen; Luftballon-Rechnen; Dreieck-Rechenspiele, Buttons1; Rechnen mit Stiftli und Multiplo; Sea School – Math Waves: Spiele im Zahlenraum bis 10.

Training für ausgewählte Lernstoffe der Grundschule
MathePower; **BF Mathelernprogramme**; **Ganze Zahlen**: Rechnen mit ganzen Zahlen; **BK – Umrechnung; Bruchmax; Bruchrechnen; Art Software**: Lernen und Trainieren der Grundrechenarten; **Math Wizard; CalCul; Mathe-Trainer; Grundrechenartentrainer; Mathematik Lern- und Trainingsprogramm; Alessas Mathematikstunde; Calcul; Chalkboard Math; Math in a Flash; Rechenlernsystem 3. Klasse; Zahlenteufel** (KP: Terzio); **Lollipop** (KP: Cornelsen); **Learn and Play**: kleines und großes Einmaleins; **Leka Bruchrechnen**: Einführung des Bruchbegriffs; **Markus Maier Software – Mathe-Blitz**: Lernprogramm für den Stoff der Grundschule; **Euro Währungsrechner**: Umrechnen zwischen Währungen; **Everlasting Worksheet – Addition**: Üben des schriftlichen Addierens; **Flächenmaße**: Flächenmaße umwandeln; **Frio**: Kettenrechnen; **Kinder-Lernpaket Rechenübungen; Klammerauflösen; Kopfrechnen; Math Rescue**: Mathematik-Abenteuer; **Math Sampler**: Grundrechenartentrainer in Englisch; **Mathe 1**: Grundrechenarten und darüber hinaus; **MatheTris für Windows**: alle Grundrechenarten; **Mathe-Memo**: Grundrechenarten, gleichwertige Brüche; **MATRAIN für Windows**: Festigen des schriftlichen Rechnens; **Meister der Bruchzahlen**: Bruchrechentraining; **Meister der Flächenmaße**: Flächenmaße umwandeln; **Multiplication Drill**: Multiplikationsregeln; **Quattro**: Kettenrechnungsspiel; **Rechenreihen**: Addition und Subtraktion in einer Reihe; **Sir Addalot's „Mini" Math Adventure**: Spiel mit einfachen Additionen und Subtraktionen; **Times

Tables: Malreihen von 1 bis 12; **Torwand 1x1**: Spiele zum Üben des Einmaleins; **Vergleichen**: Zahlen miteinander vergleichen; **Der Rechenmeister**: Stoff der 4. Klasse; **Der Zahlenstrahl**: Training am Zahlenstrahl; **Deutsch/ Mathematik i. d. Hauptschule**: verschiedene Lernprogramme; **Die Zeitmaschine**: Kopfrechen-Textaufgaben.

Training für ausgewählte Stoffe der höheren Schulklassen
Let's Schätz: Schätzen von Prozentsätzen; **MatheWarp**: Stoff der 5. und 6. Klasse; **Algebra-Kontrolleur u. Termwandler**: Umformung von algebraischen Ausdrücken und verschachtelten Zahlentermen; **Crazy Rotary**: Geometriespiel; **Lineare Funktionen**: Funktionen, Graphen, Schnittpunkte; **Pi und der Kreis**; **Prozente**: Prozentrechnen üben; **Prozenttiger**: Prozentwerte schätzen; **Winkeltrainer**: Winkel schätzen; **Würfel Kanten Ecken**: Lage von Ecken und Kanten am Würfel; **Würfel Netz**: Würfelnetze erkennen; **Duden – Prozente, Zinsen und Dreisatz** (KP: Bibliographisches Institut & F.A. Brockhaus); **Matrix**: Programm zur Berechnung von Matrizen; **TM-Formel**: 295 Formeln für 18 geometrische Objekte; **Mathprof**: Geometrie, Algebra, Stochastik, Statistik.

Naturwissenschaften

Allgemein

Hypermedial erstelltes Lernprogramm: Lernprogramme für Biologie, Geographie, Mathematik, Physik, Chemie; **Physik/Chemie 4**: Physik- und Chemielehrstoff der 4. Klasse HS/AHS.

Physik

BK – Formelsammlung: Formelsammlung für Physik; **Bremsweg und Anhalteweg**: Berechnen von Reaktions-, Brems- und Anhalteweg; **Crazy Atoms**: Aus einzelnen Atomen werden spielerisch Moleküle gebaut; **Crazy Gravity**: Ein Raumgleiter wird gesteuert; **Fliegen**: Bewegte Mengen erfassen und zählen; **Generator und Strom**: Funktionsweise von Strom und Generator; **Geschwindigkeit**: Geschwindigkeiten berechnen, eine „Radarfalle" aufbauen; **OptiCom**: Lernsystem zur geometrischen Optik; **Optische Linsen: Lernen von optischen Gesetzen; **Pferdesprung als schiefer Wurf**: physikalische Auswertung des Bewegungsablaufs beim Springreiten; **Wellenmaschine**: Simulationsprogramm von Kugel-Feder-Kette und Pendelkette; **Widerstandsberechnung**: Widerstandsberechnung; **Technikus – Ten hours left**: Lernspielkrimi mit Physik und Elektrotechnik (KP: Klett).

Chemie

Chemie-Ass: Elementeigenschaften, Formeln, Verbindungen; **Gift?**: Informationen über Lebensmittelzusatzstoffe; **Laborant Chemiestation**: Messwertverarbeitung und anderes; **Periodensystem der Elemente**: Periodensystem der Elemente mit Zusatzinformationen – ähnlich: **Periodensystem der Elemente; Periodic Table. Rutherford – Lexikon der Elemente**: Periodensystem der chemischen Elemente mit Hintergrundinformationen.

Biologie

Abenteuer Wald: Rollen- und Planspiel zum Thema „Wald"; **Auge**: Informationen über das menschliche Auge; **Bert's African Animals**: Afrikas Tiere stempeln und ausmalen; **Bert's Dinosaurs for Windows**: Dinosaurier stempeln und ausmalen; **Bert's Whales and Dolphins**: Wale und Delphine stempeln und ausmalen; **Farm Animals for Windows**: Tiere vom Bauernhof stempeln und ausmalen; **Flora**: Bestandteile einer Blüte erkennen und benennen; **Insecta**: Informationen über Insektengattungen – Bilder und englische Texte; **Look and Listen Animals**: Bilder und englische Namen einiger Tiere; **Monster**: Informationen über Fliegen, Flöhe, Zecken, Milben und ähnliches; **Pferde-Quiz**: kleines Programm für Pferdeliebhaber(innen); **SF Aquariumberater**: Tipps zum Thema „Aquarium"; **Wa-Tor for Windows**: Simulation des Räuber-Beute-Verhältnisses.

Geographie

Amiglobe: Weltatlas mit statistischen Daten; **BRD-Lernkarte**: Lernspiel zur Geographie Deutschlands; **Der Club der Reichen**: Wirtschaftssimulation für 1-4 Spieler; **Deutschland Atlas**: Atlas der BRD; **Europe!**: Europa-Quiz; **Euros**: Euro-Münzen erkennen; **Flag Hunt**: Gedächtnisspiel mit Flaggen und (englischen) Namen vieler Staaten – ähnlich: **Flags of every nation under the sun; World Flags Geograf**: Quiz mit Hauptstädten der Erde; **Geographie Trainer**: Länder, Städte, Flüsse, Seen; **Klimadiagramme**: Klima an verschiedenen Orten der Erde; **Life in the USA**: Informationen über die USA; **Mobility**: Simulationsspiel zu den Themen Verkehr und Stadtplanung; **Name the States**: Quiz mit Namen und Hauptstädten der USA; **No Future?**: Eine Insel aufbauen – wirtschaftlich, ohne Umweltschädigung; **Our Solar System**: Die Planeten unseres Sonnensystems; **PlanetWatch**: Astronomie-Programm; **Schweizer Atlas**: Schweizer Landkarte – Suchfunktionen, Statistiken; **The Universe**: Bilderschau mit Weltraumphotos; **TMS-Deutschland**: Geographie-Lernprogramm zur Topographie Deutschlands; **wetterware**: Wettervorhersage zum Selbermachen; **Energie Manger**: Öko-Wirtschaftssimulation.

EDV

Word XP Basis (KP: LearnKey); **Excel XP Basis** (KP: LearnKey); **Access XP Professional** (KP: LearnKey); **Access XP Basis** (KP: LearnKey); **Office 2000 Gesamtausgabe** (KP: LearnKey).

Musik

AudiLab: Höraufgaben, Intonations- und Transpositionsübungen zur Vorbereitung auf die Aufnahmeprüfung an einer Musikhochschule – ähnlich: **MusicTeacher**. **Easy-Music**: Erlernen von Musiknoten im Violin- und Bassschlüssel; **Klavitomat**: Lernen von Noten und Klaviertasten; **Musica.at**: Memo-Spiel, Melodien-Quiz und Rhythmus-Trainer; **Noten-Checker**: Programm zum Üben des Notenlesens – ähnlich: **Score-Trainer**. **Nussknacker**: Lern- und Übungsprogramm für den gesamten Bereich der allgemeinen Musiklehre; **ZimSofts Gehörbildung**: Schulung und Entwicklung des musikalischen Gehörs; **Angela's Cat Notes**: Klavierspiel per Maus; **Childsplay Windows Recorder**: Blockflöte spielen lernen; **Klimperfritz**: Lernprogramm für Tasteninstrumente; **NoteFace**: Notenlesen lernen; **Rhythmus-Trainer**: einen vorgegebenen Rhythmus nachklopfen; **Sound

Effects Generator: Toneffekte selbst erzeugen; **Guitar Workshop**: Gitarre-Lernprogramm mit Sound und Graphik; **Musical Pairs**: Merkspiel – Karten mit gleichem musikalischem Motiv paarweise aufdecken; – ähnlich, jedoch mit Komponisten, Instrumenten, Melodien: **MusicMemoGame**; **MusikTeacher**: Programm zur Musiktheorie und Gehörbildung.

Bildende Kunst

Bert's Christmas: Ein Weihnachtsbild stempeln und ausmalen; **Child's Play**: einfach bedienbares Malprogramm; **Coloring Book**: einfaches Ausmalprogramm für die Jüngsten; **Der Color Wizard**: Ausmalbilder mit Farbverläufen und Schatten; **Farbdreieck**: Überblick über alle darstellbaren Farbvalenzen; **Farbwürfel**: Veranschaulichung der additiven Farbmischung aus den drei Grundfarben – ähnlich: **Additive Mischung**.

Literatur

1. Bednorz, P. & Schuster, M. (2002): Einführung in die Lernpsychologie. München: Reinhardt
2. Brown, R. & Kulik, J. (1977): Flashbulb memories. Cognition 5, 73–79
3. Erdely, M.W. & Becker, J. (1974): Hypermnesia for Pictures. Cognitive Psychology 6, 159–171
4. Haehnel, G. (2002). Endlich Noten lernen. AOL-Verlag
5. Leitner, S. (2006). So lernt man lernen. Der Weg zum Erfolg. Freiburg: Herder
6. Metzig, W. & Schuster, M. (2006). Lernen zu lernen. Heidelberg: Springer
7. Renkl, H. (2001). Träges Wissen. In: Rost, D. H. (Hrsg.) Handwörterbuch Pädagogische Psychologie. Weinheim: PVU
8. Restle, F. & Shiffrin, R. M. & Castellan, N. J. & Lindemann, H. R. & Pisoni, D. B. (1975): Cognitive Theory. Vol. 1. Hillsdale, NY: Lawrence Erlbaum Associates. (zitiert aus Lindsay, P.H. & Norman, D.A. (1981) Einführung in die Psychologie, Heidelberg: Springer, S. 416)
9. Sanford, E.C. (1982): Professor Sanford's Morning Prayer. In: Neisser (ed.) Memory Observed. Westminster: W.H. Freemen
10. Ernst Wasserzieher, E. & Betz, E. (2001) Woher? Ableitendes Wörterbuch der deutschen Sprache. Dümmlers

Eine Checkkiste über Verhaltensprobleme bei Hausaufgaben findet sich in:

Doepfner, M. & Schürmann, S. & Fröhlich, J. (2002). Therapieprogramm für Kinder mit hyperkinetischem und oppositionellem Problemverhalten. THOP. Weinheim: Beltz (S. 239)

 springer.de

Lernen zu lernen
Lernstrategien wirkungsvoll einsetzen
W. Metzig, M. Schuster

Wer wirkungsvoll lernen will, findet in diesem Buch bestimmt die richtige Lernmethode für seinen Lernstoff. Jede Lerntechnik wird so beschrieben, dass man sie direkt anwenden kann.
Jetzt mit zusätzlichem Kapitel zu interaktiven Lernangeboten im Internet

7., verb. Aufl. 2006. X, 222 S. 31 Abb. Brosch.
ISBN 978-3-540-26030-1
▶ € (D) 19,95 | € (A) 20,50 | sFr 31,00

Prüfungsangst und Lampenfieber
Bewertungssituationen vorbereiten und meistern
W. Metzig, M. Schuster

Wer kennt nicht das Herzklopfen vor einer Prüfung, einem Bewerbungsgespräch, einem Vortrag oder einem Auftritt vor Publikum? Die Psychologen Werner Metzig und Martin Schuster zeigen, welche Methoden gegen Streß, Angst und Lampenfieber helfen. Von der effektiven Vorbereitung bis zu angstreduzierenden Übungen geben sie zahlreiche praktische Hinweise für alle Situationen, in denen es gilt, Leistung zu zeigen.
Mit Techniken zur Kontrolle von Lampenfieber und Angst, sowie Tipps zum Verhalten in Prüfungssituationen, leicht anwendbar und wissenschaftlich fundiert.

3., aktualisierte Aufl. 2006. VIII, 167 S. Brosch.
ISBN 978-3-540-28357-7
▶ € (D) 16,95 | € (A) 17,42 | sFr 26,00

Besser lernen
M. Schuster, H. Dumpert

In diesem Lernratgeber werden für jedermann verständlich und leicht nachvollziehbar Lerntechniken vorgestellt. Beispiele von wirklichen Lernvorhaben (z.B. Klausuren, Examen, Abiturprüfung) zeigen, wie mögliche Maßnahmen individuell angepasst und umgesetzt werden können.
In einem Lernkompass werden die Lerntechniken den jeweiligen Anforderungen zugeordnet, so dass der Leser direkt zu den relevanten Abschnitten des Textes geführt wird.
Mit Hinweisen zu Lernprodukten und Lernhilfen im Internet.

2007. VIII, 242 S. 18 Abb. Brosch.
ISBN 978-3-540-29377-4
▶ € (D) 19,95 | € (A) 20,50 | sFr 31,00

Erfolgreich promovieren
Ein Ratgeber von Promovierten für Promovierende
S. Stock, P. Schneider, E. Peper, E. Molitor, (Hrsg.)

Der Promotionsratgeber richtet sich an Promovierende aller Disziplinen. Er hilft, die Arbeit an der Promotion effektiver zu gestalten, indem er den gesamten Promotionsprozess von der Entscheidung zur Promotion über Rahmenbedingungen und Durchführung des Promotionsvorhabens bis hin zur Fertigstellung der Dissertation, Prüfung und Veröffentlichung begleitet. Der Ratgeber will Krisen des Promovierenden wie Vereinsamung, Schreibblockaden, Zeitproblemen und Stress vorbeugen sowie Tipps zu deren Bewältigung geben.

2006. XII, 326 S. 21 Abb. Brosch.
ISBN 978-3-540-29671-3
▶ € (D) 22,95 | € (A) 23,60 | sFr 35,50

Bei Fragen oder Bestellung wenden Sie sich bitte an ▶ Springer Distribution Center GmbH, Haberstr. 7, 69126 Heidelberg
▶ **Telefon:** +49 (0) 6221-345-4301 ▶ **Fax:** +49 (0) 6221-345-4229 ▶ **Email:** SDC-bookorder@springer.com ▶ € (D) sind gebundene Ladenpreise in Deutschland und enthalten 7% MwSt; € (A) sind gebundene Ladenpreise in Österreich und enthalten 10% MwSt.
▶ Preisänderungen und Irrtümer vorbehalten. ▶ Springer-Verlag GmbH, Handelsregistersitz: Berlin-Charlottenburg, HR B 91022. Geschäftsführer: Haank, Mos, Gebauer, Hendriks

GPSR Compliance

The European Union's (EU) General Product Safety Regulation (GPSR) is a set of rules that requires consumer products to be safe and our obligations to ensure this.

If you have any concerns about our products, you can contact us on

ProductSafety@springernature.com

In case Publisher is established outside the EU, the EU authorized representative is:

Springer Nature Customer Service Center GmbH
Europaplatz 3
69115 Heidelberg, Germany

www.ingramcontent.com/pod-product-compliance
Lightning Source LLC
LaVergne TN
LVHW010339260326
834688LV00036B/789